원칙은 곧게
믿음은 굳게

금융이 지켜야 할 원칙
고객과 지켜야 할 약속
한국투자증권이 지켜갑니다

한국투자 ^{증권}

One
Shinhan
고객을 위한 하나의 신한

Shinhan

앞으로도 신한금융그룹이 늘 함께하겠습니다
Hope. Together.

고맙습니다. 희망을 잊지 않겠습니다

안녕하세요?
'희망으로 같이가게' 캠페인에 참여한 하보리 떡방입니다.
올해 코로나19로 막막한 상황에서
'희망으로 같이가게'는 버틸 수 있는 희망이 되어주었습니다.

이 캠페인을 계기로 난생처음 시작해본 온라인 판매,
첫 주문이 들어왔을 때의 두근거림, 그리고 감사함과 더불어
천천히 조금씩 성장하는 매출 덕분에 이렇게 버틸 수 있었습니다.
함께해주셨던 모든 여러분께 감사드립니다.

사회적 거리는 멀어졌지만,
온라인 판매로 더 가까이 다가가도록 하겠습니다.

앞으로도 또 더 많은 소상공인과 함께해주세요.
감사합니다.

— '희망으로 같이가게' 캠페인 참여자 이정인 드림

'희망으로 같이가게' 캠페인에 참여해주신 소상공인분들을 응원합니다

용산떡방앗간. 케이푸드바이오. 오인은하수공방. 부각마을. 제이에로스. 119레오. 동동. 도산도방. 지평도예. 허브앤조이. 기운찬. 덕포식육점 감자이모. 한터식품. 한방굼뱅이한곰. 하워짓커피랩. 하보리떡방. 제이엠그린. 아리아리떡사랑. 세미락. 모양맛김. 간식여왕. 강화까까. 고후나비 굴다리식품. 한우돌곱창. 한가람. 시장기름집. 유화컴퍼니. 메밀꽃이일다. 모이앤피. 버드윌리엄. 어반파머. 와이에이치디랩. 청년바른식. HIT 진한지flower. 초아틱. 프롬유. 라마당. 청산제과. 자연데코. 오르리어. 디모멘트. 대광수산맛김. 금메달. 해마루팜. 토미153. 달콤공장. 투테일스

대한민국 소상공인분들이 보다 쉽게 온라인 마켓에 진출하실 수 있도록, 온라인 마켓 입점 가이드 영상을 준비했습니다

· 1강_ 온라인 진출 사전 준비편
· 2강_ 상품선정 및 촬영 편
· 3강_ 운영 및 관리 편

* 신한금융그룹 유튜브 또는 좌측의 QR코드를 통해 가이드 영상을 만나보세요

신한은행　신한카드　신한금융투자　신한생명　오렌지라이프　신한캐피탈　신한BNP파리바자산운용　제주은행
신한저축은행　아시아신탁　신한DS　신한아이타스　신한신용정보　신한대체투자운용　신한리츠운용　신한AI　네오플럭스

미래를 함께 하는 따뜻한 금융 신한금융그룹

DUNKIN'

커피를 만나는 좋은 습관

좋은 커피는 좋은 친구다

The Style

Standard Toner

세련된 남성들을 위한
피부 스타일 솔루션

보닌 더 스타일

스타일리시한 남성은 피부부터 다르죠
당신의 피부 스타일에 꼭 맞춘 보닌 더 스타일로
완벽한 스타일을 완성하세요

VONIN

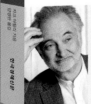

구스타브 카유보트 Gustave Caillebotte
비오는 날 파리의 거리
Paris Street, Rainy Day

"오늘은 매운곱창이 예술이다"

가장예술적인홈술 | 안주하면, 안주夜

Let's 리츠!

금융과 부동산의 전문가 대신증권이
제안합니다.
100세 시대 자산관리는 장기적인 투자가
필요합니다.
장기적인 투자 관점에서 대신증권은
주식과 채권 등 전통적인 투자와 더불어
리츠에 대한 투자를 제안합니다.

오늘도 대신증권은 100세 시대 노후를
위해 다양한 연구를 합니다.

지키고 불리는 자산관리
대신증권이 함께 합니다.

고객감동센터 1588 – 4488

대신증권
Daishin Securities

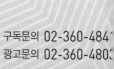

돈의 흐름을 꿰뚫는
산업 트렌드 2021

한경비즈니스 · 전병서 엮음

'산업 트렌드 2021'을 발간하며

한경비즈니스 취재편집부

2020년 겨울 초입, 세계 경제와 한국 경제는 유례없는 위기를 겪고 있습니다.

바로 신종 코로나바이러스 감염증(코로나19)의 대유행입니다. 코로나19는 개인과 개인을 넘어 공동체와 공공체 그리고 국가와 국가 간의 모든 교류를 제한하도록 만들고 있습니다. 소통을 통해 발전하는 경제는 코로나19에 막혀 점점 활력을 잃어 가고 있습니다. 그나마 다행스러운 사실은 치료제와 백신 개발에 대한 희망이 싹트기 시작했다는 것입니다. 물론 이 희망이 실제가 될지, 상상만으로 끝날지는 아직 모릅니다.

또 세계 최강대국인 미국은 새 정부가 들어설 것으로 보입니다. 자국 우선주의를 강조하던 '사업가' 도널드 트럼프 대통령이 물러나고 노련한 정치가이자 외교 전략가인 조 바이든 당선인이 새로운 미국을 이끌 것으로 보입니다. 지난 수년간 이어지던 '트럼프노믹스'는 이제 '바이드노믹스'로 바뀌게 됩니다.

매년 '산업 트렌드'를 준비하다 보면 경제와 산업은 살아 움직이고 있다는 말을 실감하게 됩니다. 그 사이 화려한 스포트라이트를 받으며 급성장한 산업이 있는가 하면 새로운 흐름에 밀려 존재감이 사라진 산업도 있습니다. 또 완전히 잊혔다가 부활하며 주목 받는 산업도 생깁니다. 산업 사이클은 불과 몇 년 전보다 더 짧아지고 있습니다. 업종 간 융합과 복합은 더 강력하게 나타나고 있습니다. 이런 환경에서 산업의 미래를 정확하게 예측하는 일은 매우 어려운 일입니다.

'산업'의 사전적 정의는 인간이 살아가는 데 필요한 여러 가지 재화와 서비스를 만들어 가는 활동을 의미합니다. 좀 더 넓게 보면 모든 분야의 생산적 활동 전반을 지칭하는 동시에 전체 산업을 구성하는 각 부문. 다시 말해 각 업종을 지칭하는 말로도 사용됩니다. 자동차·휴대전화·반도체로 대표되는 제조업이 그간 우리 산업의 핵심이었고 최근 들어 인터넷 등의 서비스업이 부상하며 산업의 판도를 바꿔 놓고 있습니다. 이커머스를 중심으로 하는 유통 산업도 급부상 중입니다.

각 산업을 보다 자세히 들여다봐야 하는 이유는 분명합니다. 하나의 산업이 그저 하나의 재화나 서비스를 만들어 내는 데만 그치지 않는다는 점입니다. 산업은 산업 내부에서 유기적으로 움직이고 또 외부 산업과 맞물리며 생물처럼 살아 움직입니다. 이 산업들이 모여 '경제 시스템'이라는 큰 틀이 만들어집니다. 반대로 경제 시스템이 하나의 작은 산업에 큰 영향을 미치기도 합니다.

산업을 자세히 파악하는 일은 꼭 한 나라의 경제 관료나 기업의 경영자에게만 중요한 것은 아닙니다. 예를 들어 주식 투자를 하건 펀드에 돈을 묻어 두건 산업의 흐름을 모르고는 수익을 올리기가 거의 불가능합니다. 기업인들도 마찬가지입니다. 돈을 벌면 늘 새로운 투자를 생각하는 기업인들이 산업 정보를 모르고 제대로 된 투자가 가능할까요.

그런데 문제는 이렇게 중요한 산업에 대한 정리된 정보를 찾는 것이 쉽지 않다는 점입니다. 신문이나 잡지를 보고 인터넷을 찾아도 파편화된 정보만 있을 뿐입니다. 단편적인 것들은 실시간으로 업데이트되고 있지만 산업의 흐름을 한눈에 파악하는 것은 무척 어렵습니다.

한경비즈니스가 '산업 트렌드 2021'을 펴내는 것은 이런 배경 때문입니다. 이 책은 각 산업에 알토란같은 정보를 체계적으로 담았습니다. 전체 산업을 32개 업종으로 분류했습니다. 그리고 각 업종의 주요한 변화 포인트를 구체적으로 다뤘습니다. 특히 올해는 해당 산업에 대한 연구와 전망은 물론 최신 투자 이슈를 한자리에 모아 분류했습니다.

내용을 효과적으로 전달하기 위해 책 전반에 걸쳐 그래픽 중심으로 편집했습니다. 텍스트가 빽빽한 다른 책보다 '보는 맛'을 추구했습니다. 그래픽 중에서도 복잡한 표를 단순화해 독자들이 머리에 넣기 편하도록 하는데 주력했습니다. 아무쪼록 경제 주체들이 사업 계획을 세우고 투자하고 행복한 가정을 꾸려 나가는 데 조금이라도 도움이 되는 자료가 됐으면 좋겠습니다. 감사합니다.

Contents

Contents

2021년 인사이트 : 포스트 팬데믹과 리질리언스의 시대

전병서 중국경제금융연구소장

중국 베이징 칭화대에서 석사, 상하이 푸단대에서 금융학으로 석사와 박사 학위를 받았고 2002년부터 18년간 중국 경제와 금융을 연구하고 있다. 대우경제연구소 수석연구위원을 거쳐 대우증권 상무, 한화증권 전무를 지냈다. 여의도 금융가에서 25년간 일하면서 17년은 반도체 정보기술(IT) 애널리스트로 일했고 8년은 리서치 · IB본부장을 지냈다. 애널리스트 시절에는 한국은 물론이고 전 세계 펀드매니저로부터 베스트로 인정받았고 상장사 시가 총액의 40%를 담당하면서 한국 "IT 리서치 분야의 살아있는 전설'로 불렸다. 한국 투자은행(IB) 최초로 중국 리서치를 했고 중국 기업의 한국 상장 업무를 담당했다. 중국과 상하이중국경제금융센터 초빙 연구위원을 지냈고 현재는 중국경제금융연구소 소장으로 있으면서 대학의 MBA 과정에서 중국 경제와 중국 금융 시장론을 강의하고 있다.
저서로는 '시진핑의 신시대', '중국 100년의 꿈 한국 10년의 부', '중국의 대전환 한국의 대기회', '금융대국 중국의 탄생' 등이 있다.

인류 강타한
코로나19 쇼크

1. '균'이 만든 100년 만의 고립

총·균·쇠가 세상을 바꿨다고 하지만 인류의 역사에서 수많은 사람을 죽이며 급속도로 퍼져 나간 전염병은 사회 구조 자체를 근본적으로 뒤흔들기까지 했다. 수많은 희생자를 내고 백신과 항생제라는 무기를 얻은 인간은 전염병과의 전쟁에서 우위를 얻은 것처럼 보이지만 변신의 귀재 전염병에 인간은 번번이 당했다. 하지만 인류의 역사에서 전염병은 주기적으로 찾아왔지만 지구의 종말은 없었다. 전염병의 공격에 인간의 대응은 시간이 문제였지 항상 전염병의 공격을 극복했다.

신종 코로나바이러스 감염증(코로나19)이 100여 년 만에 전 세계에 최악의 경기와 고립을 만들었다. 세계 최고의 나라 미국이 세계 최대의 확진자와 사망자를 냈다. 중국에서 발생한 박쥐의 날갯짓이 인도양·대서양을 건너 미국에 도착하자 태풍으로 변한 것이다.

코로나19 팬데믹(세계적 유행)의 공포는 사망의 공포보다 확산의 공포다. 역대 최대인 217개국에 전염됐지만 사망률은 2.5%에도 못 미친다. 접촉의 공포가 인간을 '100년 만의 고독'이 아닌 '고립'을 자초하게 만들었고 접촉의 시대를 살아온 사

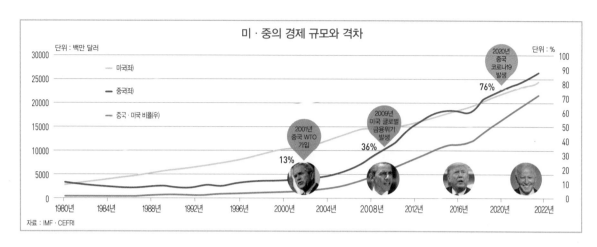

미ㆍ중의 경제 규모와 격차

단위 : 백만 달러

단위 : %

— 미국(좌)
— 중국(좌)
— 중국ㆍ미국 비율(우)

2001년 중국 WTO 가입 13%
2009년 미국 글로벌 금융위기 발생 36%
2020년 중국 코로나19 발생 76%

자료 : IMF · CEFRI

회적 동물 인간에게 잔인한 고독을 만들었다.

하지만 인류는 인터넷과 휴대전화를 발명해 쓰고 있어 언택트(비대면)로 접촉하지 않은 듯하면서 더 많은 랜선 접촉을 하면서 잘 살아가고 있다. 균이 만든 새로운 변화다. 이번 코로나19 팬데믹이 바꾼 세상의 큰 변화는 세 가지다.

첫째, 미ㆍ중의 경제력 경쟁에서 변화다.

도널드 트럼프 미국 대통령이 최근 2년간 중국과 무역 전쟁을 벌이면서 하고 싶었던 것은 중국과의 경제력 격차를 벌려 놓는 것이었다. 미국 국내총생산(GDP)의 66%까지 쫓아온 중국을 좌초시키는 것이 목표였다. 하지만 이번 코로나19로 미국 경제는 마이너스 성장하고 중국은 플러스 성장하는 바람에 미ㆍ중의 격차는 오히려 좁혀졌다. 국제통화기금(IMF)이 2020년 10월 예측한 자료로 보면 미국 대비 중국 국내총생산(GDP)은 2020년 71%로 오히려 더 높아질 것으로 전망된다. 이는 1995년 일본이 당시 미국 GDP의 71%를 달성했던 이후 최대의 수치다. 일본은 1995년을 피크로 빠르게 추락해 지금은 미국 GDP의 25% 선에 그치고 있다. IMF는 2025년이면 중국 GDP가 미국 GDP의 90% 선까지 올라설 것으로 전망했다. 이렇게 되면 미국은 역사상 가장 강력한 넘

버2를 맞게 되는 것이다.

더 기고만장해진 중국은 2020년 10월 말 개최된 제5중전 회의에서 2021~2025년과 2035년까지의 경제 계획을 발표하면서 2035년에는 현재 GDP의 2배 달성을 목표로 내걸었다. 이는 2035년 이전에 중국이 GDP에서 미국을 추월하겠다는 의지를 간접적으로 밝힌 것이다.

둘째, 기술 혁명에서의 변화다.

2016년 다보스포럼 이후 세계는 4차 산업혁명에 빠졌다. 모든 기업의 최고경영자(CEO)와 최고정보책임자(CIO)들이 입만 열면 4차 산업혁명 기술 도입을 외쳤고 각국 정부도 4차 산업혁명을 떠들었지만 속 시원한 성과는 없었다. 신기술 혁명에 저항하는 '붉은 깃발'이 사회 곳곳에서 강한 저항 세력으로 작용했기 때문이다.

그런데 이를 5개월도 안 된 시간에 해결한 것이 코로나19다. 코로나19 바이러스가 만든 비대면ㆍ비접촉이 언택트 경제를 만들었고 이것이 4차 산업혁명을 앞당기는 기폭제가 됐다. 화상회의ㆍ재택근무ㆍ비대면 결제 등의 서비스가 정부ㆍ기업ㆍ가정ㆍ학교 등 모든 사회 전반에 일거에 도입됐다. 그리고 이 과정에서 급격히 늘어난 빅데이터는 인공지능(AI) 사회로 진

중국, 미국 GDP 대비 수준

66%

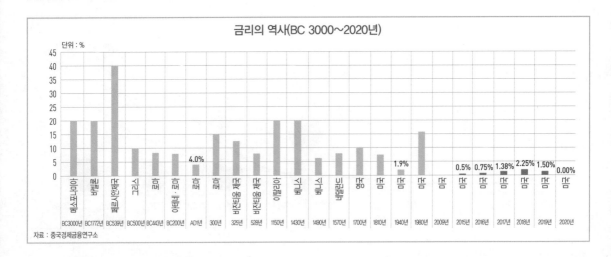

금리의 역사(BC 3000~2020년)

자료 : 중국경제금융연구소

입하는 거대한 기반이 되고 있다.

코로나19의 장기화로 언택트 경제는 이제 뉴노멀이 됐다. 전통 산업을 대체하는 새로운 성장 동력이 됐고 4차 산업혁명 기술을 가진 기업들은 빅테크란 이름으로 주가와 시가 총액이 하늘 높은 줄 모르고 올라가고 있다. 아이로니컬하지만 사람의 생명을 위협했던 '균'이 신기술에 저항하는 붉은 깃발을 순식간에 모두 뽑아버렸다.

셋째, 금융에서의 대변화다.

지금 전 세계의 금융은 미증유의 길을 가고 있다. 역사상 특정 시점, 특정 국가에 금리가 제로 혹은 마이너스 금리로 간 적은 있었지만 전 세계가 동시에 제로 금리, 마이너스 금리로 들어간 적은 없었다.

메소포타미아 시대 이후 처음 겪는 마이너스 금리는 세계 금융 시장과 실물에 엄청난 변화를 몰고 오고 있다. 실물 경기는 100년 만의 최악인데 주가는 사상 최고치를 경신하고 있다. 금리는 돈의 가격이고 금리가 마이너스라는 것은 돈의 가치가 없다는 것이다.

금리는 돈의 가격을 결정하는 중요한 지표인데 이것이 무용지물이라는 것이다. 아무리 돈을 풀어도 더 이상 금리가 내려갈 수 없는 유동성 함정에 빠지고 자산 버블이 뭉게뭉게 피어오르고 있다. 이는 코로나19 방역과 대처에 실패한 각국 정부가 서로 경쟁적으로 돈을 풀고 금리를 제로 혹은 마이너스로 내린 때문이다. 정부가 나서 시장 기능을 파괴한 것이다.

경기 부양을 위해, 재선을 위해, 장기 집권을 위해서 등등의 이유로 세계 각국에서 포퓰리즘이 극성을 부리면서 경쟁적으로 국채를 발행해 밑 빠진 독에 물을 붓듯이 돈을 퍼부었다. 금리를 제로로 가져가면 부채 만기 도래 시 차환하더라도 정부의 이자 부담이 없어 마구잡이로 국채를 발행해도 별 부담이 없기 때문이다. 10년, 30년, 50년 심지어 100년 만기 국채까지 등장하는 판이다.

결국 금리가 제로면 이론상 자산 가치는 무한대로 가는 것이고 그래서 주식 시장과 자산 시장에서 가격이 폭등하는 것이다. 하지만 진정으로 경기가 회복돼 금리가 올라가는 상황이 오

> 금리가 제로면 이론상 자산 가치는 무한대로 가는 것이고 그래서 주식 시장과 자산 시장에서 가격이 폭등하는 것이다

면 버블은 터지게 돼 있다. 그리고 빌린 돈은 언젠가, 누군가는 갚아야 하는데 50년, 100년짜리 국채를 발행한다는 것은 할아버지가 태어나지도 않은 손자손녀들의 밥그릇을 빼앗는 심각한 도덕적 해이가 존재하지만 표심에 목숨 거는 정치인들은 관심이 없다. 그사이에 금융 버블은 한여름 뭉게구름처럼 커지고 있다.

2. 진정 세계화의 종말, 역글로벌화의 시작인가

신종 코로나바이러스 감염증(코로나19) 사태 이후 미·중 간의 무역 전쟁이 반도체 전쟁, 금융 전쟁, 탈중국화 전쟁으로 번지고 있다. 코로나19 이후 미국 정치권과 언론을 중심으로 글로벌 공급망 재검토가 대세일 것이라는 예측이 차고 넘친다.

미국의 정치권과 언론에서는 이번 코로나19로 인한 공급 차질로 두 개 이상의 공급망 확보, 생산 시설의 본국 귀환, 리쇼어링 붐이 일어날 것이라고 한다. 그리고 글로벌화보다 지역 내 제품을 완성하는 로컬라이제이션이 더 의미 있고 글로벌 공급 체인보다 소비지에 가까운 조립이 일반화될 것이라는 예측이 많다. 결국 아시아의 생산 기지를 미국과 유럽으로 다시 옮겨야 한다는 얘기다.

하지만 표심에 목숨 거는 미국 정치인들의 말, 시류에 영합하는 미디어의 조류를 액면대로 믿으면 안 된다. 통상적으로 전염병은 후진국 병이지만 이번 코로나19로 보면 실제로는 선진국이 더 문제였다. 이번 사태에서 보면 전염병은 도시화율이 높고 교통 운송이 발달한 지역이 더 심각했다.

재난이 발생하면 사회와 국가의 취약성이 적나라하게 드러난다. 코로나19의 충격을 보면 중국·한국·대만·싱가포르·동남아를 포함한

미국 1인당 소득

6만8000달러

아시아는 유럽·미국·남미보다 더 빨리 끝났다. 전염병의 발병으로 글로벌 공급망의 안전이 문제가 된다면 기업의 선택은 유럽·미국·남미에서 공장을 빼 아시아로 생산 기지를 더 옮기는 것이 합리적이지 않을까.

세계화·역글로벌화의 진짜 주인공은 기업이다. 요즘 언론에서 중구난방 얘기하는 '세계화의 종말', '역글로벌화의 시작', 정작 기업의 선택은 무엇일까. 아시아가 아닌 미국으로 생산 기지를 옮기는 것이 최선의 선택일까.

역글로벌화 선택은 정치가 아니라 기업이 결정한다. 1인당 소득 6만8000달러의 나라 미국에서 전통 3교대 산업을 내재화한다는 것은 불가능하다. 그럼에도 불구하고 미국이 잘 먹고 잘사는 것은 미국은 정보기술(IT)에서 헤게모니와 금융에서 달러 패권의 두 장의 카드로 세계 경제를 주물렀기 때문이다. IT의 헤게모니를 이용해 주문자상표부착생산(OEM) 기지로 아시아와 신흥국을 이용해 떼돈을 번 것이다. 미국의 시가총액 2위 기업인 애플은 스마트폰을 미국이 아니라 중국에서 만든다.

코로나19의 충격에 애플이 탈중국화해 아이폰을 중국에서 만들지 않고 미국에서 만들까. 가 봐야 베트남 아니면 인도다. 정치적·원가 측면에서 탈중국화는 가능하지만 가봐야 다시 아시아다. 탈중국화의 수혜를 조립 원가가 더 싼 인접국이 볼 수는 있지만 이미 선진국에서 30~40년 전에 집 나간 철강·화학·자동차·조선·기계·가전 등은 다시 본국으로 돌아가기 어렵다.

법인세를 낮추고 공장 이전 비용을 지원한다고 미국 기업 다시 미국으로 돌아 갈수 있을까. 숙련공이 없고 인건비가 아시아의 수십 배가 넘는데 전통 제조업이 다시 선진국으로 돌아갈 수

는 없다. 돌아가는 순간부터 매년 기업의 이익은 쪼그라들게 빤한데 이익을 먹고사는 기업이 돌아 갈 수 있을까.

선진국에서 집 나간 선진국 제조업, 아시아로 떠나면서 부품·소재·장비 기업들을 다 데리고 같이 떠났다. 저스트인타임 모형의 실현을 위한 최선의 선택이었다. 그 덕분에 아시아는 거대한 산업 생태계를 갖췄고 기술만 미국에서 오면 최적의 생산 시스템으로, 최저 원가로, 최단기에, 최대 규모의 납품을 하는 시스템을 갖췄다.

선진국으로 역글로벌화, 리쇼어링, 말은 좋지만 이 거대한 생태계에서 벗어나는 순간 세계의 원가 경쟁에서 바로 탈락이다. 이익을 먹고사는 기업, 주주 이익의 극대화가 목숨 줄인 기업의 월급쟁이 최고경영자(CEO) 자리가 당장 날아가는데 이런 선택을 할 수 있을까.

3. 버블은 기술로 잠재우고 불황은 신기술로 극복한다

모든 언론과 연구 기관들의 공통의 관심사는 포스트 코로나 시대의 변화다. 1918년 4000만 명 이상의 사망자를 낸 스페인 독감 이후 2018년의 에볼라 바이러스까지 10차례의 세계적인 전염병이 유행했지만 그 충격이 이번 신종 코로나 바이러스 감염증(코로나19) 사태와 같은 상황은 아니었다.

역대 전염병의 치사율과 이번 코로나19의 치사율을 보면 코로나19는 2.5% 수준으로 역대 전염병 중 가장 낮다. 그런데도 전 세계가 두려움에 떠는 것은 사망의 두려움보다 '감염의 공포' 때문이다. 사망률은 낮지만 전염된 국가 수를 보면 2009년의 돼지 인플루엔자 발생 당시

> 돈은 불과 같아 잘 쓰면 대박이지만 잘못 건드리면 집을 태우고 동네를 태우고 나라를 태울 수 있다. 불로 일어선 자 불로, 부채로 일어선 자는 부채로 망한다

코로나19 치사율

2.5%

감염국이 214개국이었는데 이번 코로나19는 217개국으로 역대 최대다.

도시화의 진행으로 인한 밀집 생활과 운수 교통 수단의 발달이 감염의 공포로 이어진 것이다. 발병국이면서도 책임론에서는 발뺌하는 중국이 뻔뻔스럽고 이런 태도는 대국의 자세가 아니지만 중국의 방역 결과를 보면 이번 코로나19는 격리 후 방역을 철저히 한다면 확산을 막지 못하는 병은 아니다. 지난 100년간 10여 차례의 세계적인 전염병은 대부분 1~2년 내에 잡혔고 3년을 넘는 경우는 없었다.

돈은 불과 같아 잘 쓰면 대박이지만 잘못 건드리면 집을 태우고 동네를 태우고 나라를 태울 수 있다. 불로 일어선 자 불로, 부채로 일어선 자는 부채로 망한다. 달러의 저주, 돈의 저주를 두려워해야 한다.

미국은 싼 통화의 무한 방출로 코로나19의 충격을 막으려고 하지만 이는 새로운 버블을 만든다. 그리고 무한대의 달러 프린팅은 결국 달러 가치의 하락과 달러 패권을 갉아먹는다. 이미 1913년 미국 중앙은행(Fed) 출범 이후 100년간 황금 대비 달러 가치는 96% 하락했다. 물보다 싼 석유가 되면 석유 패권이 흔들리고 화장지보다 싼 달러가 되면 달러 패권이 흔들린다.

결국 버블은 기술로 잠재우고 경기는 신산업으로 일으켜 세운다. 위기가 오면 다시 기본으로 돌아가게 돼 있다. 버블을 잠재우고 경기를 일으켜 세울 것은 본능 산업이다. 위기가 오면 생존과 번식의 욕구가 번쩍 고개를 들기 때문이다.

산업으로 표현하면 '바이오와 정보 산업'이다. 중세의 페스트는 생산력을 없애는 바람에 산업 체계 변화와 르네상스를 가져왔다. 하지만 현재 코로나19는 생산력이 없어진 게 아니라 없어질 수 있다는 공포가 산업과 세계에 사고의 변

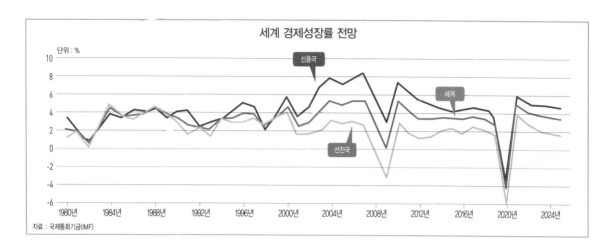

세계 경제성장률 전망

단위 : %

신흥국
세계
선진국

1980년 1984년 1988년 1992년 1996년 2000년 2004년 2008년 2012년 2016년 2020년 2024년

자료 : 국제통화기금(IMF)

화를 가져오고 있다.

이번 코로나19가 가져올 대변화는 '디지털 르네상스'와 '홀로 경제·비접촉 경제'다. 재택근무, 비대면 소비, 온라인 집회가 대세다. 노트북과 스마트폰으로 일상의 업무를 70~80% 해낼 수 있는 시대를 열었고 이것이 디지털 르네상스를 가져올 가능성 있다.

이번 코로나19는 인류에 엄청난 고통을 줬지만 새로운 역사의 변곡점을 만들 것 같다. 코로나19의 감염 공포가 만든 언택트(비대면) 문화가 기술과 산업에 중요한 역사의 변곡점을 만들 것으로 전망된다.

전 세계가 코로나19의 대불황을 막으려고 무제한의 돈을 퍼부어 금융 버블을 만들고 있다. 실물 경제는 얼음장인데 증시는 활황이고 미국 전통 산업이 중심인 다우지수는 반등에 그쳤지만 기술주 중심의 나스닥은 사상 최고치를 경신했다. 증시가 주는 답은 대버블의 시대 버블을 잠재우는 것은 기술(tech)이라는 것이다.

언택트는 결국 디지털 커넥트(digital connect)의 다른 말이다. 말로만 4차 산업혁명 하던 기업은 코로나19가 만든 대불황의 중심에

언택트란?

'콘택트(contact: 접촉하다)'에서 부정의 의미인 '언(un-)'을 합성한 말로, 기술의 발전을 통해 점원과의 접촉 없이 물건을 구매하는 등의 새로운 소비 경향을 의미한다.

서 살아남기 위해, 정부는 경기 부양을 위해 4차 산업혁명에 올인하고 있다.

이 불황의 와중에 반도체 가격이 상승했다. 언택트에 따른 데이터의 폭증이 데이터 처리와 저장을 위한 반도체 수요를 불러온 것이다. 가장 먼저 코로나19를 안정화한 중국은 4차 산업혁명의 기반이 되는 7대 신SOC 산업에 집중 투자한다.

세계에서 가장 먼저 코로나19를 안정화한 한국은 주인 없는 돈, 세금 퍼 돌리기에 정신 팔기보다 언택트 문화가 만들 기술과 산업의 중요한 역사의 변곡점에서 치고 나갈 묘수를 생각하고 과감하게 실행할 때다.

4. 2021년 세계 경제, 리질리언스의 시대

지금 세계는 앞이 보이지 않는 불확실성의 바다가 펼쳐진 것 같다. 그간 인류가 만든 글로벌 공급망이 붕괴되고 경제 활동의 중단으로 사회 긴장과 갈등은 더 악화되고 불평등은 더 심화된 것처럼 느껴진다. 하지만 2021년의 세계 경제는 리질리언스(resilience : 회복 탄력성)의 시대, 인류 사회의 위대한 회복력을 보여주는 한

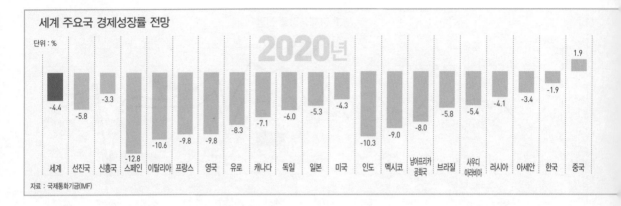

세계 주요국 경제성장률 전망

단위 : %

2020년

세계	선진국	신흥국	스페인	이탈리아	프랑스	영국	유로	캐나다	독일	일본	미국	인도	멕시코	남아프리카공화국	브라질	사우디아라비아	러시아	아세안	한국	중국
-4.4	-5.8	-3.3	-12.8	-10.6	-9.8	-9.8	-8.3	-7.1	-6.0	-5.3	-4.3	-10.3	-9.0	-8.0	-5.8	-5.4	-4.1	-3.4	-1.9	1.9

자료 : 국제통화기금(IMF)

해가 될 가능성이 높다.

2020년 중국에서 발생한 신종 코로나바이러스 감염증(코로나19)으로 인한 충격으로 앞이 보이지 않는다. 전 세계가 난리인 천하 대란이다. 하지만 앞이 보이지 않을 때는 역사책을 펴보라고 한다. 최근 100년 팬데믹(세계적 유행)의 역사가 말해주는 것은 인류가 극복 못한 전염병은 없었고 전염병 때문에 망한 나라도 없었다는 것이다.

전염병은 시간의 문제였다. 역병은 경제와 사회에 충격은 줬지만 대세를 바꾼 것은 아니다. 이번 대란은 공교롭게도 1980년대 이후 10년마다 찾아온 10년 주기 위기지만 이번에는 경제 금융적 요인이 아니라 누구도 예측하지 못한 중국발 전염병이 범인이다.

동병상련에 쌓인 전 세계가 일심으로 '인류 질병 공통체'로서 위기를 극복하기 위한 노력이 동시에 일어나고 있기 때문이다. 또한 2021년에는 백신의 등장, 전 세계 모든 정부의 동시다발의 경기 부양 정책의 효과, 빅테크의 역할이 기대되기 때문이다.

전 세계가 무한대의 통화 발행과 역사 이후 최대의 재정 지출을 동시 다발로 진행하고 있다. 돈을 풀면 죽은 고양이도 튀어 오른다지만 경기도 마찬가지다. 이번 경기 하강이 과거 경기 불황과 다른 점은 천재지변으로 생산 기반이 무너지거나 기업의 줄도산이 일어난 것이 아니라 방역을 위한 격리와 사회와 국가의 거리 두기로 인한 갑작스러운 수요 부족이 만든 불황이다.

이번 대란의 본질은 공포다. 감염 공포가 금융 대란, 소비 대란, 실업 대란, 부동산 대란, 안전 대란으로 이어진 것이다. 당장 금융 대란이 일어난 미국의 대응은 2008년의 글로벌 금융 위기의 교훈을 교과서 삼아 금융 시장에 무제한 돈 뿌리기였다.

중앙은행이 통화를 조절하고 물가를 관리하는 것이 아니라 증시에서 상장지수펀드(ETF)를 사고 채권을 사고 이젠 기업과 민간 정부의 대출까지 사 주겠다는 것이고 여차하면 주식까지 매수할 태세다. 금융 만능의 시대다. 제로 금리 시대이기 때문에 무한대로 국채를 발행해도 이자 부담이 없다. 10년, 30년, 100년 국채를 마구 발행해 쓰더라도 프린터만 고장 나지 않으면 계속 롤오버하면 된다.

접촉의 공포가 만든 수요 부족이 만든 불황에서 경기 회복은 코로나19 방역 성공의 순서대로

> 이번 대란의 본질은 공포다. 감염 공포가 금융 대란, 소비 대란, 실업 대란, 부동산 대란, 안전 대란으로 이어진 것이다

단위 : %

세계	선진국	신흥국	스페인	이탈리아	프랑스	영국	유로	캐나다	독일	일본	미국	인도	멕시코	남아프리카공화국	브라질	사우디아라비아	러시아	아세안	한국	중국
5.2	3.9	6.0	7.2	5.2	6.0	5.9	5.2	5.2	4.2	2.3	3.1	8.8	3.5	3.0	2.8	3.1	2.8	6.2	2.9	8.2

2021년

간다. 이미 중국과 아시아에서 답이 나왔다. 인구 이동, 모빌리티의 강도가 경제의 건강함의 척도다. 빠른 코로나19 안정화는 빠른 경제 회복을 가져오고 느린 코로나19 안정화는 경기 침체를 가져온다. 세계에서 가장 먼저 코로나19가 발병했지만 코로나19의 조기 안정화에 성공한 중국은 2020년 전 세계가 모두 마이너스 성장에 신음하는데 유일하게 플러스 성장했다.

면역력은 선천 면역과 후천 면역이 있지만 사람이든 사회 시스템이든 위기가 닥치면 방어 기제가 작동한다. 결국 경험이 최고의 선생님이다. 수업료를 내고 경험과 훈련을 통해 내구력이 길러지고 면역력이 생기는 것이다 이번 세계경제 위기는 그 본질은 금융이나 실물의 위기가 아니라 사회 시스템의 위기. 세계 최고의 의료 시스템을 가진 미국이 세계 최대의 사망자와 확진자를 가져왔고 분기 실적으로 최악의 국내총생산(GDP)을 만들었다.

코로나19는 그야말로 세상을 바꾼 대사건이지만 중증급성호흡기증후군(사스)과 중동호흡기증후군(메르스)과 에볼라 바이러스를 경험한 아시아는 코로나19에 상대적으로 안정적으로 대응하고 있고 미국과 유럽은 2차, 3차 확산의 공포에 떨고 있다. 하지만 선진국은 하루아

2021년
한국 경제성장률
전망

2.9%

침에 이뤄진 것은 아니다. 그간 수많은 사회 혼란과 질병에서도 이를 극복하고 살아남은 것이 선진국이다. 선진국의 시스템 회복력이 나타날 때가 됐다.

중국과 미국 유럽에서 개발 중인 백신은 3상에 들어갔고 2021년 6~12월 사이에 완료될 것으로 전망된다. 그런데 중국은 긴급 상황임을 고려해 3상 중인 백신을 특수 상황의 경우에 투약을 허가해 준 상태다. 2020년 9월 중국의 백신 개발 업체 시노백은 자사 직원 3000여 명에게 백신 접종을 실시했고 베이징 시민 1만 명에게 접종했지만 심각한 부작용은 발견되지 않았다.

또한 또 다른 백신 개발 업체인 중국의약집단(시노팜)은 수만 명에게 접종한 것으로 알려져 있다. 중국 당국은 2020년 10월 시노팜이 베이징과 우한에서 자체 개발 중인 백신 접종에 대해 7만 명의 유학생에게 예약 접종을 실시하는 것을 용인했다. 중국 업체들은 연간 3억 명이 접종할 수 있는 백신을 생산할 능력을 갖추고 있는 것으로 알려져 있다.

2020년 국제통화기금(IMF)이 예측한 2021년 세계 경제 전망을 보면 선·후진국 관계없이 전 세계 주요국의 모든 국가들이 플러스 성장으로 전환될 것으로 보인다.

바이든의 새 시대 연 미국

1. 대선 이후 미국 경제, 미국의 '시스템 회복력'에 기대

최악의 상황 다음에 등장하면 정상화만 해도 잘하는 것으로 칭찬 받고 평균만 가도 생큐다. 조 바이든은 행운아다. 바이든은 도널드가 막은 역글로벌화를 정상화시키기만 해도 성장률이 1~2% 올라간다. 미국은 대선에 한눈파는 사이 하루 신종 코로나바이러스 감염증(코로나19) 확진자 수가 13만 명을 넘어섰다. 코로나19가 확산되면 다음은 락다운이고 그러면 아무리 돈을 풀어도 경기가 살아 날 수 없다.

지금 '경제=코로나19 확진자 수'다. 바이든은 코로나19 백신 개발에 올인해 백신을 개발하고 격리 수용 3주만 수용하면 코로나19 충격이 바로 회복기에 들어간다. 이미 검증된 샘플이 있다. 중국의 사례다. 한국을 제외하고 최단시간에 코로나19를 안정화했고 전 세계에서 유일하게 경제성장률을 플러스로 만들었다. 백신보다 봉쇄 격리 치료가 유효하고 이를 수용할 사회 시스템이 코로나19를 잡는 데 중요하다. 휴대전화의 위치 정보를 이용한 중국의 '디지털 공산주의'가 코로나19에 즉효 약이었다.

코로나19에는 백신보다 휴대전화가 더 잘 든다. 감염 지역, 감염자 접촉은 본인에게 묻지 말고

공약 비교

구분	트럼프(공화당)	바이든(민주당)
재정 정책	작은 정부 지향, 1.8조 달러 경기 부양책	큰 정부 지향, 2.2조 달러 경기 부양책
SOC 투자	전통 SOC 투자 1조 달러 전통 에너지 지지	신에너지 투자 1조 달러 4년간 석유 의존 축소, 2035년까지 화력발전 폐지
대외 정책	역글로벌화 관세 이용 중국 제재 미국 기업 리쇼어링 중국 의존도 종료(Decoupling)	글로벌화 유지, WTO 가입 회복 중국 관세 취소 주장-다른 방법 압박
세금 정책	감세 정책 지속 부자 보호 통화 증가, 증시 중시 중산층 세율 15%까지 인하	증세 정책 빈부 격차 축소, 약자 보호 자본이득 세최고세율 23.8%에서 39%로 상향
고용 정책	10개월 내 1000만 개 일자리 창출 100만 개 중소기업 창업 중국으로부터 100만 개 일자리 회복	고소득 신업종 창업 지원 수백만 개 일자리 창출 중소기업 창업 보조, 소수민족 등 보호
의료 정책	전국민 의료 반대 의료보험비 인하, 의료보험 시스템 개선	전국민 의료(오바마케어 실시) 15% 4700만 명 의료보험 미가입자에게 혜택

자료 : 미국 민주당·공화당 공약집

휴대전화에 물어 보면 간단하다. 격리와 치료가 확실하게 이뤄지면 확산은 바로잡는다. 개인 정보 보호의 틀만 잠시 벗어나면 코로나19를 한 방에 잡을 수 있다. 생명과 개인의 자유의 선택이다.

지금 둘 다 잡으려면 긴 시간이 걸리고 개인과 사회, 국가의 선택이 코로나19 방역과 경제 회복의 관건이다. 도시화와 운송 수단의 발달이 역대 최악의 감염과 확산을 가져왔지만 전 세계적인 통신 수단의 발달은 코로나19 방역의 또 다른 비밀 병기다. 이것을 쓰느냐 마느냐는 국가와 국민의 합의와 선택이다.

국민의 건강과 자유를 지키지 못한 나라의 대통령이 가는 길을 트럼프가 보여줬다. 감염병 확산과 경제 활동의 시소 게임에서 둘 중 하나의 희생이 답이고 두 마리 토끼는 잡을 수 없다는 것을 오판했다. 그렇게 믿었던 공화당의 표밭 러스트 벨트가 코로나19 때문에 트럼프를 배반했다.

목구멍이 포도청이고 밥이 정치 성향보다 중요하다. 이게 경제다. 바이든 취임 후의 최우선 과제는 미·중 전쟁이 아니라 방역과 경제 회복이

민주당 집권 시 미국 GDP 성장률

4.3%

다. 코로나19를 잡지 못하면 경제는 물 건너간다. 그러면 구관이 명관이라는 소리가 나올 수 있다. 그래서 오바마 케어, 신SOC 투자, 기후 환경에 관한 바이든의 공약과 정책이 더 힘을 받는다.

미국 경제는 트럼프보다 바이든 정책의 회복력이 더 빠를 수 있다. 트럼프의 해법은 실패했고 미국은 바이든의 해법을 선택했다. 100년 패권, 미국의 시스템 고스톱으로 딴 것이 아니다. 미국의 저력은 관성과 회복력이다. 한두 사람이 일시적으로 혼란을 야기해도 시스템은은 강하면 다시 원상 복귀한다. 미국의 회복 시간이 문제일 뿐이다.

2.'바이드노믹스(Bidenomics)', 미국을 구할 것인가

전미경제연구소(NBER)가 분석한 자료에 따르면 2차 세계대전 이후 집권한 해리 트루먼부터 버락 오바마 대통령까지 16명의 대통령 임기 중 미국의 경제성장률을 보면 민주당 집권 시 연간 국내 총생산(GDP) 성장률은 평균 4.3%였고 공화당 집권 때는 2.5%였다. 그 기간 역대 5차례의 경기 침체는 모두 공화당이 권력을 잡고 있을 때 시작됐

다는 조사 결과도 있다.

하지만 민주당의 조 바이든에 대한 기대와 불안은 병존한다. 미국 지도자들은 취임 할 때 자신의 국가가 부를 창출하고 분배하는 방식을 변화시킬 강력한 경제적 비전을 가지고 있다. 그리고 대부분은 자신이 물려받은 정치적·경제적 세력을 활용해 비전을 달성하는 실용주의자로서 권력에 접근한다.

바이든은 그의 인생을 보면 중도주의자로, 타협과 협상을 기반으로 당의 중심에 올라선 사람이다. 바이든은 미국이 열심히 일하고 타협과 협상으로 민주를 실천하는 미국의 가치의 정상화와 회귀다. 하지만 그간의 양극화와 편 가르기로 점철된 미국 사회를 통합하고 아우를 수 있는 능력을 보여줄지는 아직 미지수다.

좌파 우파 모두 바이드노믹스(Bidenomics)에 대해 기대와 염려를 하고 있다. 바이든이 2020년 12월 14일 선거에서 승리하고 2021년 1월 오벌 오피스에 입성한다면 그는 엄청난 압력을 받는 특별한 상황에 직면하게 될 것으로 보인다. 신종 코로나바이러스 감염증(코로나19) 사태 이후 경제는 슬럼프에서는 벗어나고 있지만 전염병이 남긴 유산들이 만만치 않기 때문이다. 사상 최고치에 달한 미국의 국가 부채, 수백만 명의 장기 실업자, 공공 부채, 많은 산업에서 더 많은 파산과 디지털화에 가속화된 전통 산업의 추락에 직면하게 될 것으로 보인다.

난세의 영웅과 불황의 거상 출현은 역사의 고비마다 틀린 적이 없다. 지금 코로나19로 전 세계가 실물 경기는 불황, 금융은 버블이다. 하지만 역사를 보면 버블은 기술로 잡는다. 코로나19가 5년간 전 세계 최고경영자(CEO)와 최고정보책임자(CIO)들이 거품 물고 그렇게 하고 싶어 했던 4차 산업혁명 기술 도입을 단 5개월 만에 도입시켰다. 언택트(비대면) 경제, 랜선 경제, 재택 경제가 일거에 도입되고 이들 산업은 전통 산업이 대불황의 구렁텅이에서 신음하는 사이 동화 속 잭의 콩나무처럼 커지고 있다.

역대 인류가 겪은 팬데믹(세계적 유행)은 항상 혁명을 가져 왔다. 코로나19는 예기치 않은 대재앙이지만 이것이 인류에게는 새로운 기회다. 코로나19가 세상의 패러다임과 인간의 노동, 레저 활동을 구조적으로 바꾸고 있다. 비대면·비접촉은 온라인화·자동화·지능화를 가져오고 있고 이것이 모든 산업에 전파 확산되면서 신산업에서 부가 가치 창출 능력을 전통 산업이 절대 추격할 수 없는 수준으로 올려줬다. 이런 추세라면 인간의 생활은 현재 5일 일하고 7일 먹는 패턴에서 로봇과 인공지능(AI)이 작동을 제대로 하는지 점검하는 1일 일하고 7일 먹는 패턴으로 바뀔 것으로 전망된다.

방역 이후 미국의 과제는 로봇과 AI가 작동을 제대로 하는지 점검하는 1일 일하고 7일 먹는 패턴의 전쟁터에서 누가 먼저 이 수준에 도달하느냐의 싸움이다. 이는 플랫폼의 크기와 빅데이터의 크기와 질, IP화의 정도와 AI로의 전환과 로봇화의 수준에서 결판난다. 15초짜리 쇼트 비디오 사이트를 하나 만들지 못해 미국이 중국의 틱톡을 국가 안보의 이름으로 제재하는 것이 아니다. 빅데이터 영토 싸움, IP 싸움, AI 전쟁에서 기선 잡기, 중국 길들이기다. 틱톡의 영상 빅데이터는 미국은 없고 중국은 가지고 있기 때문이다.

바이드노믹스의 핵심은 그린 뉴딜이다. 러스트 벨트와 석유 방산에 올인했던 도널드 트럼프의 정책과는 정반대다. 전통 산업이 저지른 환경 파괴를 그린 뉴딜로 회복한다는 것이다. 명분도 실

> 역대 인류가 겪은 팬데믹(세계적 유행)은 항상 혁명을 가져 왔다. 코로나19는 예기치 않은 대재앙이지만 이것이 인류에게는 새로운 기회다

리도 모두 좋다. 기후협약, 탄소 배출 제로, 신환경 에너지 사회간접자본(SOC)에 대대적인 투자에 반대할 명분도 이유도 없다. 재정 적자를 아무리 크게 내도 미래를 위한 투자로 모두 용서될 판이다. 공급 과잉 전통 산업에 돈을 퍼부어 봐야 중국과의 경쟁에서 이길 수 없다. 새 술은 새 부대에 부어야 맛이다.

표심에 목숨을 걸어야 하는 4년제 민주주의 대통령 선거제도는 당선자를 자만하지 않게 자극하고 격려하는 효과가 있다. 다른 한편에서는 국가의 백년대계보다 정치인의 개인적·정치적 이익의 극대화를 위한 포퓰리즘적인 정책을 마구 쏟아내게 만드는 부작용도 있다.

집권당이 바뀌면 전 정권의 정책을 모두 뒤집고 새로운 정책을 시행하는 것은 그 어느 나라나 비슷하다. 미국의 지난 4년을 돌아보면 버락 오바바 대통령의 정책을 도널드 트럼프 대통령이 집권하자 모두 뒤집거나 폐기했다. 미국이 전 세계 최대 감염자와 사망자를 낸 코로나19 사태도 따지고 보면 오바마 케어의 폐지와 상관성이 있다. 오바마 대통령이 심혈을 기울였던 환태평양경제동반자협정(TPP)은 트럼프 대통령이 집권하자 바로 폐기했다.

2017년 트럼프 대통령 집권 이후 공화당의 표밭인 방산·석유·농업·자동차 관련 분야는 정책이 넘쳐 났지만 정보통신기술(ICT)의 나라 미국에서 민주당 표밭인 실리콘밸리를 위한 ICT 정책이 나온 것은 별로 없다. 철저하게 표를 준 사람들의 표심에 보답하는 정책이 넘쳐 났다.

바이든의 공약을 꼼꼼히 살펴보면 대중국 정책·무역·금융·조세·의료·기후 분야 등 모든 분야에서 트럼프와는 거의 정반대다. 대중 정

바이든 시대의 기업 법인세

28%
⬆
21%

책에서 트럼프는 '중국은 적(enemy)'이라고 했지만 바이든은 '적은 아니다(not enemy)'는 답을 했다. 트럼프와는 대중국 전략의 접근법에 미묘한 차이가 있다.

트럼프는 보호무역, 바이든은 자유무역을, 트럼프는 중앙은행(Fed)에 마이너스 금리를 강요하지만 바이든은 Fed 독립을, 트럼프는 법인세 인하를 바이든은 인상을, 트럼프는 오바마 케어 폐지를, 바이든은 부활을 공약으로 내걸었다.

바이든은 부자 증세하고 트럼프가 4년 동안 13%의 세금을 낮춰 이득을 본 기업들의 주머니를 턴다. 기업 법인세 21%에서 28%로 7% 올려 그린 뉴딜에 필요한 자금을 조달한다. 그리고 머니 게임에 환장한 금융가도 손본다. 메가테크·빅테크로 명명되는 인터넷 독점 기업들도 손본다.

3. 미국의 중국 때리기, '웃으면서 때리는 놈'이 더 무섭다

실리콘밸리의 힘은 아직까지 중관춘보다 세다. 신종 코로나바이러스 감염증(코로나19) 사태 이후 미·중의 전쟁은 기술 전쟁이다. 전통 산업에 무역으로 하는 전쟁에서 미국이 중국을 좌초시키는 것은 이미 차가 지나갔다. 미국은 후발 2위 국가 죽이기에 이골이 난 나라다. 구소련과 일본이 좋은 사례다.

강한 2인자를 절대 키우지 않는 미국은 중국이라고 예외해 주지 않는다. 일본을 죽인 것은 무역의 칼이 아니라 엔고로 대변되는 금융 전쟁과 미일 반도체 협정으로 대변되는 기술 전쟁이었다. 미국과 중국의 전쟁은 기술과 금융 전쟁이지 무역 전쟁이 아니다.

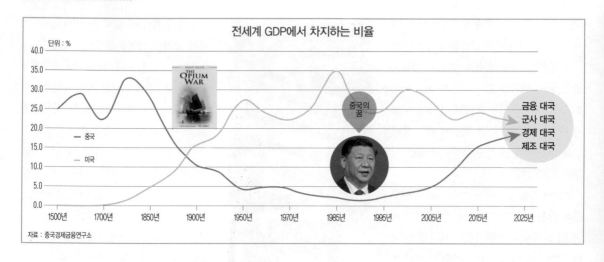

전세계 GDP에서 차지하는 비율

단위 : %

자료 : 중국경제금융연구소

실리콘밸리와 월스트리트의 지지를 받고 탄생한 바이든의 새 정부는 경제도 기술로 회복시키고 금융으로 후진국 양털 깎기로 경기를 회복시킨다. 공격 대상 1순위는 중국이다. 미·중의 기술 전쟁, 금융 전쟁은 바이든 정부에서 트럼프 시대와는 차원이 다른 수준으로 더 세게 붙을 가능성이 높다.

미국의 일방주의와 마치 북한 김정은 국무위원장을 보는 듯한 트럼프의 벼랑 끝 전술은 종쳤다. 미국 정치계에서 외교통으로 이름 날린 노회한 정치인 바이든은 웃으면서 중국을 때린다. 말로 상대를 죽이는 것이 진짜 외교다. 몸 쓰는 전쟁이 아니고 머리 쓰는 전략이다. 공사판 현장이 중요한 건설업자 트럼프와 협상과 '밀당'에 능한 정치꾼 바이든은 전략이 다르다. 대문을 때려 부숴 곳간을 터는 전략과 스스로 대문을 열게 만들어 알아서 내놓게 하는 것의 차이다.

그리고 이 과정에서 중국이 스스로 연 대개방의 문이 독이 될지 약이 될지 결판난다. 78년 제조업의 개혁·개방은 40년 만에 중국을 넘버 2로 만들었지만 금융 개방은 중국을 넘버 1로 만들지, 끝없는 추락의 길로 보낼지는 미국 금융의 창의

예리함과 중국 방패의 수비 능력에 달렸다.

중국은 기술 국산화와 금융 개방으로 산업 업그레이드가 일어나면 대박이고 실패하면 지옥 간다. 중국은 기술 국산화와 금융 산업 업그레이드에 국가의 명운을 건다. 중국은 2020년 10월 끝난 14차 5개년 계획과 둘째 백년대계인 2050년 사회주의 현대화 강국 건설의 중간 목표인 2035년 사회주의 현대화 계획에서 이를 명확히 했다.

4. 장사꾼에서 '정치꾼'으로 미국 외교의 리셋

바이든은 36년간 상원의원을 하면서 7명의 대통령을 지켜봤고 부통령을 두 번 한 정치꾼이다. 아니면 말고 식의 단칼 승부하는 최고경영자(CEO) 스타일의 승부사 트럼프와 산전수전 공중전 다 겪어본 노회한 얼굴을 가진, 웃으면서 목에 칼을 들이대는 검투사 바이든은 다르다.

바이든은 할 말 다하는 외교 전문가, '정칠감삼(정보7직감3)'의 원칙을 가지고 자기 소신을 확실하게 말하는 정치인이라고 한다. 외교 무경험의 트럼프와는 급이 다른 외교통 바이든의 외교 전략이 진짜 궁금하다. 일본·중국·북한·한국을 어떻게 대할까.

정치인의 수는 단기 이익을 극대화해야 하는 장사꾼보다 보는 눈이 길고 깊다. 이번에 양보하지만 다음번에는 이자를 붙여 더 받아 가는 것이 있을 때만 져주는 것이 정치인의 양보다. 중국은 미국과의 전쟁을 이겨도 이긴 것이 아니다. 진짜 미국의 실력은 나중에 나온다. 바이든과 트럼프가 내질러 놓은 수많은 사태 수습이 먼저지만 미국의 양보·후퇴라고 보는 것은 난센스다. 장사꾼 트럼프가 친 사고를 거름으로 쓰면서 거기에서 열매를 따는 것이 정치꾼 바이든의 전략이다.

노회한 정치꾼 바이든의 외교 정책은 웃더라도 웃는 것이 아니다. 일본·중국·북한·한국은 사나운 개를 피해 산으로 갔다가 '양의 탈을 쓴 늑대'를 만날 수 있다. 조심해야 한다. 미국의 외교 전통은 웃으면서 쇠주먹 날리는 것이지 말싸움 길게 하는 스타일 아니다. 트럼프는 중국과 2년간 시답지 않은 말싸움으로 2년을 보냈고 결국 스타일을 구겼고 중국의 간만 키웠다. 전 세계가 지켜보는 가운데 싸움을 했지만 중국은 사사건건 대들었고 미국은 단 한 번도 중국을 완벽하게 KO시킨 적이 없었다.

장군도(將軍刀)는 적의 목을 베라는 칼이 아니라 지휘하라는 칼이다. 장군이 장군도를 들고 전장에 나가 칼을 휘두르면 진 전쟁이다. 장사에서의 백전노장인 트럼프, 이익의 극대화가 뇌리에 꽂힌 최고경영자(CEO) 스타일로 '백전백승'을 노려 직접 전장에 뛰어들어 승리감을 맛보고 싶어 했다. 결과는 상대 100명 죽이려다 아군도 70~80명 죽인 상처뿐인 영광을 건지는 데 그쳤다.

5. 바이든의 대중국 공격 포위망

중국은 그간 4년간 정치인이 아닌 장사꾼 트럼프를 상대로 전쟁하느라 힘들었다. 익숙하지 않음이 문제였다. 지난 40년간 미국과 수교 후 정치인 대통령들과 협상했던 중국은 장사꾼 트럼프의 등장에 당황했다. 가 보지 않은 길에 별짓을 다 했다.

황제의 거처인 자금성에서 환영 만찬도 하는 등 파격적인 의전을 했지만 장사꾼 트럼프는 돈 먹고 접대 받을 때만 잠깐이었지 바뀐 게 없었다. 철저하게 이익을 추구하는 상인의 기질을 유감없이 보여줬다. 돈 주면 안 되는 것 없는 중국은 돈이면 뭐든지 해결할 수 있는 미국이라고 봤는데 트럼프는 돈을 넘어 의자까지 노렸다. 중국은 허를 찔렸지만 미국 제도의 허점을 파고들었다.

4년짜리 표심에 목숨 걸어야 하는 미국 대통령은 뒷심이 약하다. 40년 자란 중국을 2년 만에 죽이기는 불가능했다. 문제는 시간이다. 그냥 트럼프에게 4년만 더 맡겨 두면 중국을 묵사발을 만들었을 텐데 선거가 원수다. 미국은 1985년, 중국보다 못한 일본을 죽이는 데 10년 걸렸다. 지금 중국은 1985년 일본의 2배 이상 몸집이 커졌다. 2년 만에 죽여 없앨 수 있는 체급이 이미 아니다.

그리고 미국이 1980년대 잘나가던 일본을 죽여 없앤 것은 공화당이 12년간 집권했기 때문에 가능

바이든
1979년부터 중국 지도자 면담

바이든
키신저 이후 최고의 중국통

마오쩌둥 / 덩샤오핑 / 장쩌민 / 후진타오 / 시진핑

X / 1979년 / 2001년 / 2011년 / 2013년

자료 : CEFRI

했다. 정권의 정책의 일관성이 있었기 때문이다. 만약 이번에 공화당이 아니라 민주당이 집권하면 대중국 제재는 새로운 국면을 맞는다. 대부분의 전문가가 대중 제재는 트럼프나 바이든이 같다고 전망하지만 반드시 그렇게 보기는 어렵다.

한국도 그렇지만 정권이 바뀌면 첫째, 전정권의 모든 정책은 갈아엎는다. 둘째, 바이든과 트럼프의 입지가 다르다. 셋째, 지지 세력이 달라 바이든의 민주당의 창과 트럼프의 공화당의 창이 서로 다르기 때문이다.

> 미국이 1980년대 잘나가던 일본을 죽여 없앤 것은 공화당이 12년간 집권했기 때문에 가능했다. 정권의 정책에 일관성이 있었기 때문이다

평생 이익 극대화에 목숨을 건 트럼프는 패권에 관심이 없고 금권에 관심이 많다. 평생 표심에 목숨 건 정치인 바이든은 금권에 관심이 적고 패권에 관심이 많다. 트럼프는 실리에 목숨 걸고 바이든은 명분에 목숨 건다. 그래서 트럼프는 중국 압박의 과실을 혼자 챙기려고 혈혈단신 중국으로 쫓아가 적을 무찔렀다. 그래서 1단계 합의하고 2000억 달러 수입 목표를 얻어냈다. 동맹이나 우방은 필요 없다.

그러나 정치는 합종연횡, 전략과 음모가 난무하는 전쟁터다. 바이든은 모로 가든 바로 가든 서울만 가면 되고 중국을 죽이기만 하면 된다. 트럼프처럼 진흙탕 개싸움을 하는 것이 아니라 싸움은 조무래기들에게 시키고 자기는 우아하게 전리품만 챙기는 전략이다. 대중국 공략, 직접 손에 피 묻히는 것이 아니라 동맹을 통해, 좋게 얘기해 동맹이지 똘마니들을 시켜 때리게 하겠다는 것이 확연히 차이가 난다.

중국에는 트럼프보다 바이든이 더 상대하기 거북하고 중국을 둘러싼 주변국들은 트럼프보다 바이든이 당선되면 대중 관계가 더 악화될 위험이 있다. 중국에는 원숭이를 길들이려고 닭을 잡아 피를 보여 준다는 말이 있다. 중국의 주변국, 중국의 닭이 되면 골치 아파진다.

이미 사드(고고도 미사일 방어 체계) 때 한국이 닭이 된 적이 있었고 이번 화웨이 반도체 사태 때 대만이 닭이 됐다. 중국은 대놓고 대만의 미국산 무기 구입에 대해 무력 침공하겠다고 협박하고 있다. 한국 언론에 중국의 대만 침공 얘기가 나오지만 실현 가능성이 있을까. 없다. 만약 침공하면 미국은 얼씨구나 좋다며 대만에 진입해 중국 본토를 공격하는 빌미로 삼는다. 지금의 군사력으로 중국이 미국에 붙었다 하면 죽음이다. 중국은 이런 무리수를 쓸 이유가 없다.

① 중국에 바이든이 어려운 이유, '키신저 다음 최고의 중국통'

미국에서 최고의 중국통은 헨리 키신저 박사다. 1974년 핑퐁 외교부터 정식 수교 이후 그리고 최근 트럼프 집권 때까지 모든 미·중 외교의 역사

현장에는 키신저 박사가 있었다. 트럼프 취임 이후 100세를 바라보는 나이에도 노구를 이끌고 트럼프의 특사로 시진핑 중국 국가주석을 면담했다.

마오쩌둥·덩샤오핑·장쩌민·후진타오·시진핑의 중국의 역대 5명의 지도자와 회담하고 협상해 본 인물이 키신저다. 결국 지피지기면 백전백승이다. 미국이 대중 전략에서 우위에 선 것도 이런 키신저 같은 중국통이 미국에는 있고 중국에는 없었기 때문이다. 시진핑 주석은 40년 전 미국의 대통령을 만나본 적이 없지만 키신저는 중국의 창업자부터 현재 최고 경영자(CEO)까지 모두 꿰뚫어 보고 있는 것이다.

바이든은 정치인이지만 상원외교위원장과 부통령을 지내면서 키신저 다음으로 미국 정가에서 보기 드문 중국통이다. 바이든은 1979년 상원의원으로 의원 외교를 하면서 역대 창업자 마오쩌둥을 빼고 덩샤오핑·장쩌민·후진타오·시진핑 등 4명의 지도자와 회담

조 바이든이 걸어온 길

- 1942년 펜실베이니아 주 출생
- 델라웨어대(사학), 시러큐스대 법학대학원
- 1966년 첫 부인 네일리아와 결혼
- 1969년 변호사 자격증 취득
- 1970년 정계 입문(델라웨어주 지방의원)
- 1972년 부인과 딸 자동차 사고로 사망
- 1972년 연방 상원의원 첫 당선
  (역대 5번째 연소, 2008년 선거까지 7선)
- 1977년 질 트레이시 제이컵스와 재혼
- 1988년 민주당 대선 후보 경선(중도 사퇴)
- 2008년 민주당 대선 후보 경선(조기 사퇴)
- 2009~2017년 미국 부통령
- 2015년 장남 보 바이든 뇌암으로 사망
- 2020년 민주당 차기 대선 후보 확정

하고 협상해 본 중국통 정치인이다. 시진핑 주석의 내공과 속내를 덩샤오핑·장쩌민·후진타오의 그것과 비교해 볼 수 있는 시야와 통찰을 가졌다.

적을 아는 것 특히 적장을 안다는 것은 전쟁에서 무엇보다 중요하다. 트럼프는 덩샤오핑·장쩌민·후진타오를 만나 속내를 들어본 적이 없지만 바이든은 이들 모두와 협상해본 경험이 있다. 특히 시진핑과는 시진핑이 부주석, 바이든이 부통령일 때부터 협상해 온 파트너였다. 바이든은 트럼프보다 시진핑의 속내를 관심법으로 들여다볼

능력이 있다. 자기를 자기보다 더 잘 아는 적장이 있다면 두려운 것은 당연하다.

② 바이든의 공격에 중국이 가진 패는, '아들 카드'

정치적으로 성공한 바이든 불행한 가정사를 가지고 있다. 특히 자식에 관해서는 더 그렇다. 이런 바이든에게 아픈 손가락이 둘째아들 헌터다. 사고뭉치 둘째지만 바이든으로서는 대안이 없다. 문제는 헌터가 중국에서 '아빠 카드'를 썼고 이를 중국은 정확히 알고 있고 데이터를 가지고 있다.

지금 미국은 반중 정서가 역대 최악이다. 물론 미국을 포함한 전 세계가 다 비슷하다. 하지만 미국에서 대중국 문제는 심각하다. 그런데 여기에 바이든이 함정에 빠졌다. 트럼프가 대선 기간 중 바이든 둘째아들의 대중국 거래 혐의를 조사해야 한다고 떠들었지만 경제 문제, 신종 코로나바이러스 감염증(코로나19) 문제에 묻혀 버렸다

세상에 뜻대로 안 되는 게 3가지 있는데 첫째가 골프, 둘째가 주식, 셋째가 자식이다. 모두 골치 아프다. 골프가 왜 골프냐 하면 '골치가 아프기 때문에' 골프다. 바이든 골칫거리인 '아들 함정'에 빠졌다. 남은 아들이 사고뭉치다. 성 스캔들, 마약 스캔들에 이어 아빠의 정치적 지위를 이용한 부패 스캔들까지 몰고 다닌다.

우크라이나 스캔들과 중국과의 부패 자금 스캔들이 있지만 증거법정주의인 미국의 사법 체계상 혐의만으로는 잡아넣기 어렵다. 증거가 없으면 무죄 추정이다. 미국에서 반중 감정이 최고조에 달한 지금 대통령 아들의 대중 부패 자금 스캔들이 터지면 그 폭발력은 가늠하기 어렵다. 미국 사법 당국은 중국 스캔들에 증거를 잡기 어렵지만 중국은 헌터 관련 증거를 완벽하게 가지고 있을 것이다.

이번 미국 대선에서 중국은 말이 없었다. 바이

헌터 바이든의 차이나 커넥션

시기	조 바이든 당시 직위	방문	면담자	주요 이슈	비고
1979년	델라웨어 주의원	방중	등소평	대중국 강경 입장	
2001년	상원의원	방중	장쩌민	인권문제 비판	중국, WTO 가입
2007년	상원의원				
2008년	상원의원				헌터 바이든, 존 케리 양아들과 세네카 글로벌 어드바이저스 설립
2009년	부통령				존 케리 상원외교위원장 당선
2009년	부통령				헌터 바이든 로즈먼트 세네카 파트너스 설립
2011년	부통령	방중	후진타오	'하나의 중국' 정책 지지	
2012년	부통령				2012년 시진핑 부주석, 방미 바이든 회담
2012년	부통령				헌터 바이든 세네카 글로벌 어드바이저스 자금 유치(중국)
2013년	부통령	방중	시진핑	남중국해 문제 갈등	헌터 바이든 BHR파트너스스(사모펀드) 자금 유치(중국)

자료 : CEFRI

든 '아들 카드'를 터뜨리면 트럼프에게 유리하고 입을 닫으면 바이든이 유리하다. 중국이 폭발력이 장난 아닌 헌터 카드를 쓰지 않는 것을 보면 바이든과 중국의 모종의 협상이 있었을 수도 있고 중국이 바이든의 당선 가능성을 높게 보고 헌터 카드는 후일을 도모하기 위해 꺼내지 않았을 수도 있어 보인다. 어쨌든 중국에는 두려운 상대 바이든이지만 중국도 바이든의 치명적 약점 하나는 보유하고 있는 것으로 보인다.

③미국이 중국에 쏠 '4개의 포위망'

미국의 대중 제재는 이제 미국의 단독 공격이 아닌 포위망 구축이다. 특히 바이든의 공약을 보면 명확하다. 단기필마로 적진을 쳐들어 가는 일은 없다. 세력으로 우아하게, 동맹의 이름으로 중국을 누르는 전략이다. 결국 고약한 것은 B급 패권국과 B급 강국이 싸우면 조무래기들을 편 가르기 시키는 것이다

트럼프의 대중 정책은 힘의 우위를 기반으로 힘의 경쟁을 했다. 트럼프는 국제 다자간 틀을 약화시키고 강대국으로서 미국의 영향력을 증대시켰

다. '미국 우선' 전략으로 정치·군사·사회·환경 거버넌스 등을 포함한 미국의 국제적 책임의 일부를 벗어났다. 중국에 대해서도 트럼프는 '최대 압력·참여', 양보에 대한 대가로 정량화 가능한 이점에 초점을 뒀다. 중국을 압박하기 위해 정치·여론·기술 등의 분야에서 모든 국가에 줄을 서도록 촉구했다

이에 반해 바이든의 대중 전략은 다자주의, 동맹 우선의 전략으로 전환한다. 미국의 국제 다자 체제 복귀와 통합을 통해 국제 사회에서 미국의 주도적 역할을 회복하고 가치 외교를 옹호하고 민주주의와 자유와 같은 전통적인 미국 정치

헌터 바이든 스캔들

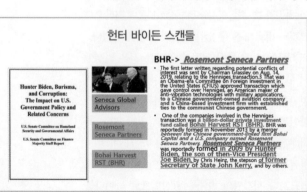

자료 : CEFRI

개념을 옹호한다. 바이든은 전 세계 미군의 군사 배치를 적절하게 축소하는 대신 중국의 잠재적인 도전에 대처하기 위해 '규칙'과 '민주주의'를 강조하는 '민주 국가 동맹'을 결성해 중국을 봉쇄하는 전략을 쓸 것으로 전망된다.

한국을 비롯한 주변국들에는 바이든이 더 머리 아프다. 미국이 동맹의 힘으로 중국을 봉쇄할 포위망을 이미 4개나 던졌다. 시간이 문제이지 한국이 이 4개의 포위망에 참가하지 않을 도리가 없다. 그러면 중국의 반발에 당하는 것은 망을 던진 미국이 아니라 망을 잡고 있는 주변국이다.

첫째는 클린 네트워크(clean network)다. 중국을 아예 농경 사회로 회귀시킬 작정이다. 먼저 1단계로 5세대 이동통신(5G) 장비 네트워크에서 중국산을 배제하는 것이다. 2단계로 반도체 공급에서 중국을 배제하는 것이다. 3단계는 플랫폼 제재. 틱톡·웨이신 같은 플랫폼 기업의 사용을 금지시키는 것이다. 4단계는 휴대전화 운영체제(OS) 사용에서, 예를 들면 안드로이드 같은 OS 사용에서 중국을 배제하는 것이다. 5단계는 국제은행간통신협정(SWIFT) 같은 글로벌 금융 네트워크에서 중국을 배제하는 것이다. 현재 미국은 제3단계까지 진행하고 있다

둘째는 경제 번영 네트워크(EPN : Economic Prosperity Network)다. 2020년 4월 29일 마이크 폼페이오 미국 국무장관이 발표한 미국 중심의 경제 블록이다. 폼페이오 국무장관은 미국이 호주·인도·일본·뉴질랜드·한국·베트남과 함께 추진하고 있다고 밝혔다.

EPN은 세계 각국의 회사들과 시민 사회 단체 그룹, 디지털 비즈니스와 에너지, 연구 기반, 무역, 교육, 상업 등 다양한 분야가 포함될 것이다.

> 미국이 동맹의 힘으로 중국을 봉쇄할 포위망을 이미 4개나 던졌다. 시간이 문제이지 한국이 이 4개의 포위망에 참가하지 않을 도리가 없다

근본적으로 미국이 경제 번영 네트워크를 추진하는 의도는 아시아인프라투자은행이나 일대일로를 추진한 중국의 세계 패권 도전을 저지하기 위해 중국의 경제적 지지 기반인 글로벌 공급망 시스템을 손보기 위한 데서 출발했다. 즉, 미국이 과거 1970년대 초반 핑퐁 외교를 통해 중국을 자본주의 세계의 무역망에 동참시켰는데 무역망의 재편성을 통해 중국을 배제하려는 의도다.

셋째는 아시안 쿼드 블록(quad bloc), 아시아판 북대서양조약기구(NATO) 구상이다. 인도·태평양 지역에서 중국의 영향력 확대를 견제할 필요가 있다는 데 동의하는 미국·일본·인도·호주 등과 같은 국가군들로 구성된 협의체다. 4개국 모두 중국과 불화를 겪고 있다. 일본은 영토 문제로, 미국은 남사군도와 대만 문제로 중국과 갈등하는 상황이고 인도는 히말라야 국경에서 중국과 40년 만에 가장 큰 충돌을 빚었다. 호주는 코로나19 기원에 관한 독립적 조사 지원을 놓고 중국과 외교적 마찰을 겪고 있다.

아시안 쿼드 블록은 중국의 영향력 확대와 군사력 팽창을 견제하기 위해 인도·태평양 지역에서 '반중 블록' 형성이 절실하다는 미국의 대중 전략이 반영된 것이다. 미국 내에서는 쿼드를 러시아에 대항하기 위해 미국과 유럽이 구축한 NATO와 같은 안보 협의체로 진화시켜야 한다는 주장도 나온다. 아시안 쿼드 확대 개편 시 한국도 대상국에 들어갈 가능성이 높다.

넷째는 미국은 중국에 대한 중거리 미사일 망(INF : Intermediate-range Nuclear Forces)의 구축이다. 1987년 12월 로널드 레이건 미 대통령과 미하일 고르바초프 소련 공산당 서기장이 체결해 이듬해 6월 발효된 이 조약은 재래식 또는 핵탄두를 장착할 수 있는 사거리 500~5500km의 지상 발사 중·단거리 탄도·순항미사일의 생산·

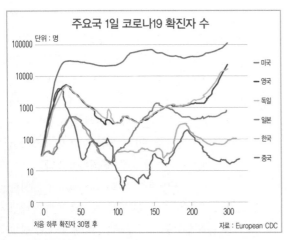

주요국 1일 코로나19 확진자 수

단위 : 명

— 미국
— 영국
— 독일
— 일본
— 한국
— 중국

처음 하루 확진자 30명 후

자료 : European CDC

미국 1일 코로나19 확진자 수

단위 : 명

자료 : European CDC

실험·배치를 전면 금지하는 것을 골자로 하고 있다. 발효 후 3년에 걸쳐 미국 846기, 소련 1846기 등 2692기의 해당 미사일을 모두 폐기했다.

소련을 승계한 러시아와 미국이 INF조약에 발이 묶여 있는 동안 조약 당사국이 아닌 중국은 지상 발사 중·단거리 탄도 미사일과 순항미사일 보유를 마음껏 늘려 왔다. 2019년 8월 미국은 러시아의 2500km 순항미사일 배치를 핑계로 INF조약을 공식 파기하고 INF조약의 족쇄에서 풀려나기 무섭게 미국은 중국과의 '미사일 격차(missile gap)' 해소에 본격 돌입했다. 아시아에 중거리 미사일 배치 계획을 발표했다.

아시아 지역 군사 패권을 확보하려는 중국과 이를 막으려는 미국의 미사일 경쟁은 한반도를 비롯한 동아시아 전체에 큰 파장을 몰고 올 전망이다. 아직 미국은 중국의 반발과 아시아 각국의 상황을 저울질하고 있는 상황이지만 중국이 남사군도에서 군사력을 강화하고 있어 중거리 미사일 망의 구축으로 중국을 군사적으로 포위할 계획이다.

> 트럼프의 공격적이고 직접적인 기술 제재와 비교할 때 바이든은 민주당의 전통적이고 자유주의적인 규칙에 따라 행동할 것이지만 중국의 기술에 대한 압박의 강도는 시간이 갈수록 더욱 커질 것으로 예상된다

④ 바이든 시대 대중국 전략과 미·중 전쟁의 구조 변화

트럼프 시대와 함께 바이든 시대에도 대중국 때리기는 변함이 없을 것이라는 예측이 대부분이지만 방법·강도·전략에서는 근본적인 변화가 예상된다. 대립에서 협상을 통한 압박의 시대가 올 가능성이 높다.

트럼프의 과격한 통상 압박은 완화될 가능성이 있다. 미국의 중국에 대한 과학기술 제재는 뒤집히지 않을 것이지만 유연하게 제재를 가할 것으로 변화할 것이다. 트럼프의 공격적이고 직접적인 기술 제재와 비교할 때 바이든은 민주당의 전통적이고 자유주의적인 규칙에 따라 행동할 것이지만 중국의 기술에 대한 압박의 강도는 시간이 갈수록 더욱 커질 것으로 예상된다. 하지만 미국 하이테크 산업의 중심인 실리콘밸리의 지지와 후원을 받은 바이든은 실리콘밸리의 이해관계에 휘둘릴 가능성이 있다. 그래서 미국의 대중국 하드웨어 수출 금지는 일부 완화될 가능성이 있어 보인다.

미·중의 전쟁에서 중국이 가장 두려워하고 미국이 가장 강하게 밀어 붙일 수 있는 분야는 금융이다. 바이든은 선거 운동 기간 중 중국이 환율을 조작하고 통화 값을 낮게 유지해 미국 제조업에 타

격을 줄 수 있다고 말했다. 중국의 압박에 금융 제재 수단의 사용 가능성을 강하게 시사한 것이다.

트럼프 시대의 미·중 전쟁은 무역 전쟁이었지만 바이든 시대에는 광범한 금융 전쟁 시대에 진입할 것으로 보인다. 미국은 기술 전쟁에서 하드웨어나 레거시 기술에 대해서는 대중 제재의 속도나 강도를 완화하면서 금융 전쟁에서 강도를 높여 중국의 금융 시장의 대외 개방 확대를 통해 거기에서 실리를 취할 가능성이 높다

미국의 바이든 집권의 국내 정책과 대중국 정책의 순서를 예상해 보면 다음과 같다. 미국은 엉망진창이 된 미국의 정치와 사회를 정비하고 망가진 미국의 권위와 국제 질서를 정상화하는 데 최우선할 것으로 예상된다. 바이든은 당장 취임 후 77일 안에 기후협약을 정상화하겠다는 선언했다. 이런 조치는 미국과 전 세계에 불어온 트럼프의 불확실성을 제거하는 효과가 있다.

바이든 취임 후 미국 내 정책의 우선순위는 신종 코로나바이러스 감염증(코로나19) 방역이 1순위이고 다음이 사회간접자본(SOC) 건설을 통한 경기 부양과 고용 창출이다. 이어 금융 감독 강화와 증세 조치다.

① 코로나19 지원 정책(2020년 말~) 2020년 말 코로나19 부양책 통과, 최저 1조~2조 달러 지출을 통한 경제와 시장의 심리 안정

② 코로나19 방역 강화 조치(2021년 1월~) 바이든 집권 후 강력한 방역 강화 활동 개시, 사회 격리와 락다운 실시, 미국 경제에 일시적 충격 가능성

③ 기후와 SOC 건설 정책(2021년 상반기~) 경기 부양과 공약 실행을 위한 신에너지 투자, 스마트 시티 건설, 노후화된 SOC 건설 시작, 연간 1조~2조 위안 투자

④ 금융 감독 강화(2021년 중반 이후~) 도드–프랭크법, 볼커 룰 시행 강화 등 금융 감독과 규제 강화

바이든 정부
우선순위
1
코로나19 방역
2
사회간접자본
건설
3
금융 감독 강화와
증세

⑤ 증세 정책(2021년 하반기) 집권 안정기 진입 후, 증세 논의 본격화 트럼프의 감세 정책 정상화 시작

미국의 대외 정책은 미국 우선주의 일방주의에서 다자주의 동맹을 통한 글로벌 정치·경제 체계의 장악으로 바뀔 것으로 전망된다. 바이든 정부 출범 이후 미국 대외 정책의 최대 관심은 대중국 전략이다. 미·중 관계도 트럼프 정부와 달리 정통 미국식 외교로 전환될 가능성이 높아 보인다. 미국의 대중국 외교 전략의 변화를 예상해 보면 다음과 같다.

① 미·중 무역 협정과 관세 부과(2021년 상반기~) 대중국 고율 관세 조건부 취하 가능성. 1단계 무역 합의 준수 수준과 미국의 추가 요구 사항 및 중국의 대외 개방 수준의 정도에 따라 추가 협상과 조정

② 미·중 기술 마찰(2021년 상반기~) 미국의 대중 기술 제재는 번복하지 않겠지만 제재 실시의 방법과 강도 유연한 태도로 전환할 가능성. 미국의 국가 안보에 치명적이지 않은 일부 첨단 하드웨어 제품의 대중 수출의 제한적 허용 가능성

③ 미·중 기후 협약과 환경 보호(2021년 하반기~) 미국의 파리기후협약 회귀. 미국의 중국에 대한 탄소세 부과 등의 요구 강화. 환경의 무기화와 중국에 대한 환경 보호 요구 강화. 신에너지차, 태양광, 풍력 발전 산업 등 신에너지 산업에 대한 대대적 지원

④ '바이든 버전 TPP' 추진(2021년 하반기~) 미국 중심의 국제 무역 질서 새 판 짜기 돌입. '바이든 버전 환태평양경제동반자협정(TPP)' 도입 가능성. 가입 문턱 높여 중국의 가입 제한 추진

⑤ 새로운 군사 외교 전략(2021년 말~) 이란과 베네수엘라 외교 관계 개선, 중국의 남사군도 문제, 대만 문제 본격 개입. 중국을 군사 외교 분야에서 본격적으로 압박

'신기술의 힘' 경험한 중국

1. 미·중의 대립 과정에서 나타난 두 가지 함정

중국이 실수한 신종 코로나바이러스 감염증(코로나19) 폭탄이 엉뚱하게도 중국이 아니라 미국에서 대폭발하는 사고를 쳤다. 코로나19 발병국은 중국이었지만 지금 전 세계 최대의 코로나 확진자 수와 사망자 수를 기록하고 있는 나라는 미국이다. 미국은 사망자 수로 보면 1.5차 세계대전 중이다. 6·25전쟁에서 사망한 미국 군인의 수가 5만4000명, 제1차 세계대전 사망자 수가 11만6000명 선인데 지금 코로나19로 인한 미국의 사망자 수는 25만 명(2020년 11월17일 기준)에 달하고 있고 매일 사망자 수가 증가하고 있다.

미국이 중국과 무역 전쟁을 시작하면서 중국이 대미 흑자 1000억 달러를 줄이라는 것이 요구 사항이었는데 2019년 중국의 대미 무역 흑자는 273억 달러 줄었지만 당초 목표치와는 거리가 멀었고 중국 전체 무역 흑자는 오히려 697억 달러 증가했다. 미국 이외 지역의 수출 호조로 전체 흑자가 늘어난 것이다. 이는 대미 수출 억제만으로 미국이 중국을 죽이는 데는 구조적 한계가 있다는 말이다.

미·중이 대립하는 과정에서 돌발 변수로 튀어나온 코로나19로 미국은 리더십을 잃었고 중국은 신뢰성을 잃었다. 세계의 리더 국가 미국은 코로나19 방역에 쩔쩔매고 있고 전 세계가 코로나19로 신음하는데 리더로서 한 게 없다. 모범은커녕 도리어 다른 나라로 가는 마스크와 방역 물자를 가로채기까지 하는 일까지 저질렀다. 중국은 누가 보더라도 발병과 초기 방역 실패의 책임이 있지만 코로나19는 우한의 군인 체육 대회에 참가한 미군이 옮긴 것이라는 식의 발뺌에 급급하고 있다.

앞이 보이지 않으면 역사책을 펴 보라고 하는데 역사는 '함정을 조심하라'고 가르친다. 지금 세계는 어쩔 수 없는 두 개의 함정 속으로 빨려 들어가는 느낌이다.

첫째 함정은 '투키디데스의 함정'이다. 신흥 강국이 기존 패권 국가의 지위를 위협할 때 생기는 대결 국면에서 오는 위험이다. 미·중의 무역 전쟁이 바로 이것이다. 고대 그리스 시대 신흥 세력 아테네와 기득권 세력 스파르타의 전쟁 원인을 설명한 '펠로폰네소스 전쟁'의 저자 투키디데스 이름에서 따왔다. 미국이 무역 적자를 빌미로 중국을 견제하기 위해 보호무역과 보복 관세 조치로 중국을 압박하고 중국도 보복 카드로 맞서는 상황에 전 세계 경제가 충격을 받는 상황이 나왔다.

둘째 함정은 '킨들버거 함정'이다. 찰스 킨들버거 매사추세츠공과대(MIT) 전 교수가 '대공황의 세계 1929~1939'라는 책에서 "기존 패권국 영국의 자리를 차지한 미국이 신흥 리더로서 역할을 제대로 다하지 못해 대공황이 생겼다"고 설명하면서 유래한 말이다. 지금 미·중의 상황을 보면 무역 전쟁은 마무리 단계이고 이젠 기술 전쟁, 금융 전쟁으로 확전 상태다. 이 과정에서 코로나19의 발생으로 미국의 리더십의 약화와 어부지리한 상대적인 중국의 부상이 나타나고 있다.

미국의
코로나19로 인한
사망자 수

25만 명

주 : 2020년 11월 17일 기준

하지만 중국의 태도와 상태를 보면 책임 있는 세계 대국의 모습이 아니라 여전히 아시아의 강대국 정도의 속 좁은 태도를 보이고 중국에 불리한 시각을 표명하는 주변국에 대해 미국의 보호주의와 비슷한 정책을 쓰고 있다. 미국은 이를 노려 경제 번영 네트워크(EPN)같은 기구를 통해 중국 주변국을 규합해 중국 포위망을 만들어 압박하려고 하고 있고 중국은 이를 피하기 위해 주변국에 압력과 회유를 하는 상황이다. 중국의 역할 부족이 만들어 내는 차이나 리스크가 다시 커지고 있다.

2. 중국, 박쥐의 생명력 같은 속성 가진 묘한 나라

천하대란, 정말 믿을 수 없는 시대가 왔다. 중국산 박쥐의 날갯짓에 전 세계가 전대미문의 대란에 휩싸였다. 아이로니컬한 상황은 정작 바이러스를 가지고 산 박쥐는 살아 있고 멀쩡한 이웃이 치명상을 입었다. 바이러스를 가지고 사는 박쥐는 날아갈 때 격렬한 날갯짓으로 체온이 확 올라가 온도에 약한 바이러스는 정작 박쥐는 공격하지 못하고 박쥐와 접촉한 다른 생물체를 공격하기 때문이라고 한다.

야생의 맛에 길들여진 중국의 야생동물 식습관이 불러온 재앙이 신종 코로나바이러스 감염증(코로나19)이다. 중국은 박쥐가 숙주라고 알려진 바이러스 발병의 원죄국이지만 가장 빨리 안정화 단계로 들어가 코로나19 이후의 대책에 올인하고 있고 유럽과 미국은 여전히 사경을 헤매고 있다.

중증급성호흡기증후군(사스)과 코로나19 등 바이러스를 달고 사는 나라 중국은 마치 박쥐의 생명력 같은 묘한 느낌이다. 중국의 코로나19의 안정화 비결은 두 가지다. 서방 세계의 눈으로 보면 비인간적이라고 할 만한, 사회주의 중국 특색의 강한 사회 통제력과 미국이 가르쳐 준 4차 산업혁명 기술 덕분이다.

전염병 앞에 인류가 무력한 것은 천 년 전이나 백 년 전이나 지금이나 마찬가지겠지만 결국 전염병의 해법은 발병원의 '봉쇄 후 뿌리 뽑기'가 답이다. 중국의 빠른 안정화의 비밀은 첫째, 자유민주주의 서방은 봉쇄가 어렵고 통제 국가 중국은 사회 제도 시스템상으로 인권이나 민주와는 상관없이 봉쇄와 뿌리 뽑기가 상대적으로 쉽기 때문이다.

둘째, 서방은 이미 정보기술(IT)과 4차 산업혁명 기술을 통해 인구의 일거수일투족을 모두 감시할 수 있는 조지 오웰의 빅 브러더스 시스템(Big Brother is watching you)과 기술을 갖추고 있지만 개인 정보 비밀 보호라는 인권 문제에 막혀 위기 시에도 사용하지 못했다.

하지만 중국은 개인의 인권보다 국가 체제가 우선인, 국가를 위해서 개인이 희생해야 한다는 '대국소민(大國小民)'의 사회의식이 3000년 이상 지속돼 왔기 때문에 개인 정보 비밀 보호보다 국가 위기가 우선이다. 중국의 빠른 확인과 격리는 16억 대의 휴대전화를 운영하는 이동통신사의 서버를 확인해 발병지를 다녀온 사람과 접촉자를 정

확히 분리 격리시킬 수 있었기 때문이다

또한 인터넷 회사들이 빅데이터와 인공지능(AI) 기술을 통해 제공해 16억 대의 휴대전화 사용자의 동선을 실시간으로 제공해 국민의 자발적 이동 통제를 간접적으로 도왔고 로봇과 드론이 감염자 측정과 물류 공급, 이동 감시 역할을 톡톡히 했다. 인터넷·모바일 구매와 물류 배송 시스템은 재택근무, 자가 격리 상태의 국민들의 일상생활을 결정적으로 도왔다. 이 모든 것은 실리콘밸리 덕분이다. 모두 미국이 가르치고 알려준 IT와 4차 산업혁명 기술 덕분이다. 미국은 개발했고 중국은 활용했다.

3. 중국, '발병 원죄국'에서 '방역 모범국'으로 변신한 비밀

신종 코로나바이러스 감염증(코로나19)의 팬데믹(세계적 유행)의 '중국원죄론'이 등장했지만 말만 많고 실행이 없다. 미국이 '우한' 바이러스라고 명명하고 중국에 대한 배상 요구를 해야 한다고 떠들었지만 정작 G20 정상 회담에서는 아무 소리도 하지 않았다. 영국도 중국 배상론을 민간 연구소를 중심으로 제기했지만 정부는 브렉시트(영국의 유럽연합 탈퇴) 경기 회복이 급해 오히려 중국의 투자를 기대해 중국의 눈치를 보고 있는 판이다.

결자해지다. 문은 닫은 자가 다시 여는 것이다. 매는 먼저 맞은 놈이 속 시원하고 사후 처리도 빠르다. 중국의 코로나19 대응이 빨랐던 것은 사회주의의 강한 사회 통제력이 있지만 기술적으로는 16억 대의 거대한 모바일 플랫폼의 통제를 통한 '봉쇄 후 뿌리 뽑기' 성공 덕분이다.

이 과정에서 중국은 신세계를 경험했다. 공안의 촘촘한 물리적 네트워크보다 휴대전화와 위챗을 사용하는 이용자들의 동선을 스마트폰 위치 기반 서비스로 잡아내는 것이 월등히 파워풀하고 효율적이라는 것을 알았다. 중국이 이번 코로나19를 전 세계에서 가장 짧은 시간에 안정화시킨 비밀은 4차 산업혁명 신기술 'ABCD-RF' 덕분이다.

초기 코로나19 발생 시 대응 미숙과 은폐로 중국 정부가 전 세계로부터 비난 받았지만 아이러니컬하게도 중국 공산당 정부를 살린 것은 4차 산업혁명 신기술, ABCD-RF다. 이 신기술이 코로나19 원죄국 중국을 방역 모범국으로 중국과 중국 정부를 변신시켜 줬다. 빨리 방역을 끝낸 중국은 사망자의 추도식을 거행했고 이젠 국외로부터 들어오는 외국인의 입국을 제한하는 식으로 상황을 역전시켰다.

지금 중국은 방역 물품과 장비를 전 세계로 월간 수조원어치를 수출하는 특수를 누리고 있다. 또한 일대일로 연선 국가들에 방역 물품 지원에 중국이 활용한 방역 통제 시스템도 같이 지원하면서 중국의 영향력 강화와 중국 4차 산업혁명 기술의 자연스러운 수출까지 하고 있다.

진짜 '병 주고 약 주는 나라가 중국'이다.

중국은 새로 맛본 ABCD-RF 신세계 맛에 푹 빠졌고 코로나19의 후속 경기 대책으로 5G+ABCD RF 기술의 인프라 기술 투자에 올인하고 이를 통해 산업 업그레이드를 완성해 '탈중국화'의 움직임을 원천 봉쇄하겠다는 생각이다.

중국이 경험한 신기술의 힘은 무엇이었을까.

첫째, ABC(AI · Big data · Cloud)의 힘이다.

전국의 인구가 실시간으로 각 지역별 · 도시별로 입출입하는 데이터를 실시간으로 민간 기업 바

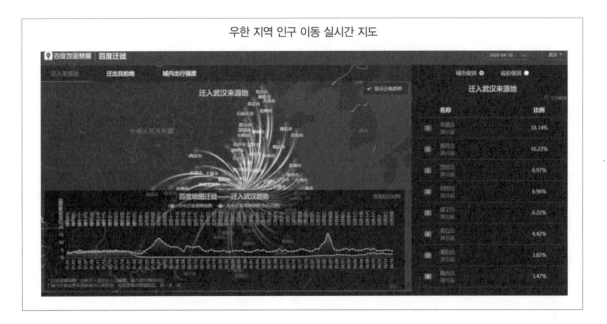

우한 지역 인구 이동 실시간 지도

이두의 사이트에서 보여준다. 비접촉 경제의 기본이 인구 이동 루트의 확인인데 일반 국민들도 실시간으로 자기 지역의 인구 이동을 볼 수 있다.

중국의 모바일 애플리케이션(앱)에서는 언제 어디서든지 주요 철도와 항공기 모든 출발과 도착에 코로나19 환자가 탑승했는지 검색할 수 있고 실시간으로 알려준다. 항공기는 어느 창구에서 발권했고 몇 번 게이트에서 탑승했고 짐은 몇 번 창구에서 찾았는지까지 다 알려준다. 자신도 모르게 환자와 접촉했는지를 시간대별로 복기할 수 있는 정보를 제공했다. ABC의 힘이다.

둘째, DR(Drone Robot)의 힘이다.

지역 통제, 도시 통제, 아파트 통제까지 들어간 중국은 아파트 주민들의 사회적 격리 기간 동안 마스크 의무 착용, 무단 외출 금지의 통제에 드론을 활용했다. 아파트와 마을에 드론을 띄워 필요 물자를 공급하고 마스크 미착용자에게 경고 방송하고 집 밖 무단 외출자를 경고 방송으로 통제했다. 드론이 택배 운전사·경비원·안내원의 역할을 톡톡히 했다.

아파트·상가·공항 등과 같은 공공장소에서 체온 측정은 필수인데 이 과정에서 감염의 위험이 크다. 중국은 로봇을 썼다. 열적외선 온도 측정 로봇이 마트에 줄 선 소비자를 공항처럼 검색해 발열자를 자동으로 찾아내고 경고 방송으로 걸러냈다. 대도시의 일부 지역에선 배달 로봇을 통해 택배 업무를 실시했다. DR의 힘이다.

셋째, F(FinTech : 핀테크)의 힘이다.

중국은 국민들의 코로나19 구호 자금 지급 방식도 달랐다. 서방은 현금 퍼주기에 정치권이 시끄럽지만 중국은 조용하게 나눠 줬다. 우한에서는 1인

당 2000위안씩 지급했고 지방의 상황에 따라 지원금이 달랐다. 그런데 중국은 현금이나 상품권으로 지급하는 것이 아니라 스마트폰으로 지급했다.

중국은 지금 현금 대신 알리페이나 위챗페이 같은 모바일 결제 시스템으로 거의 모든 거래를 한다. 구호 기금 지원도 엔터키 한 방이면 바로 전자 지갑에 이체된다. 그리고 소비 지원의 효과를 실시간으로 지역별·산업별·인별로 실시간으로 추적 분석할 수 있다.

실시간으로 모바일 결제가 언제 어디서 누가 무엇을 사고 있는지 모니터링할 수 있고 추가 자금 지원을 어떻게 하면 경기 부양 효과를 최대로 낼 수 있는지 분석하고 정책의 피드백을 바로 받을 수 있다. 모바일 결제, 아니 거대한 16억 명의 모바일 가입자가 만들어 낸 F(FinTech)의 힘이다.

4. 중국의 'US-테크프리(tech free) 전략' 성공할까

바이든에 뒤진 지지율 만회 작전에 사용된 트럼프의 중국 때리기 중 단연 압권은 화웨이에 대한 반도체 공급 중단, 국가 안보를 빌미로 틱톡과 웨이신 서비스의 모기업에 대한 거래 중단 조치였다. 틱톡에 대해서는 영업 폐쇄 위협과 강제 매각 압력이 성공해 트럼프의 지지자인 오라클과 월마트 등이 20%의 지분을 인수하는 등 미국 측이 52%의 지분을 갖고 트럼프의 표밭인 텍사스에 본사를 두고 2만5000명을 고용하는 것으로 합의했지만 트럼프의 재선 실패로 중지 상태다.

중국 1위 통신 장비 업체 화웨이에 대한 반도체 공급 중단과 화웨이에 반도체를 파운드리해 주는 중국 1위 파운드리 업체인 SMIC에 대한 제재 검토는 중국 증시 투자가들과 중국 정부, 중국 전자 업계를 거의 멘붕 상태에 빠뜨렸다. 5세대 이동통신(5G) 산업에서 세계적인 굴기를 꿈꾸던 중국에 내린 화웨이에 대한 '반도체 공급 사형 선고'는

신의 한 수였다.

미국은 커진 2등 손보기에는 이력이 났다. 미국은 2위였던 소련과 일본을 좌초시킨 두 번의 경험이 있다. 1980년대 잘나가던 일본을 미국은 10년간 경제 전쟁을 일으켜 일본을 좌초시켰고 이후 25년간 일본을 바보로 만들었다. 당시 미국의 일본 죽이기의 선봉에 섰던 무역대표단의 부대표였던 이가 바로 지금 중국과 협상하는 미 무역대표부의 로버트 라이트하이저 대표다.

미국이 1985년 잘나가던 일본을 좌초시킨 것은 무역이 아니라 기술과 금융이었다. 1985년부터 1995년까지 10년간 미·일 경제 전쟁이 벌어졌지만 일본의 대미 흑자 누계는 줄어들기는커녕 462억 달러에서 5766억 달러로 5304억 달러나 더 늘어났다. 미국은 무역이 아니라 플라자 합의를 통해 엔화를 10년간 69%나 절상시켰고 1986년 미·일 반도체 협정을 통해 일본 반도체 산업 발목잡기를 통해 일본의 첨단 기술 산업을 좌초시켜 일본을 쓰러뜨렸다.

미국이 일본 반도체 산업을 죽이는 데 미국 시

1985년부터 1995년까지 늘어난 일본의 대미 흑자

5304
억 달러

장 내 판매를 제한하는 전략과 가격을 통제하는 전략을 썼지만 반도체 국산화율이 겨우 15% 선에 그치는 중국에 대해서는 아예 중국의 대표 전자 기업인 화웨이에 반도체를 공급하지 못하게 하는 전략을 썼다. 당장 세계 1위의 통신 장비 업체이자 세계 2위의 스마트폰 업체인 화웨이의 통신 장비와 스마트폰 생산이 중단되게 생겼다.

하지만 미국이 화웨이를 제재한다고 중국이 통신 장비나 스마트폰을 만들지 못하는 것은 아니다. 화웨이 이외의 통신 장비 업체나 스마트폰 업체는 아직 미국의 반도체 공급 제재 대상이 아니다. 중국은 당장은 화웨이 1개 기업에 대한 제재지만 장기적으로 중국 전자 업체 전반에 대한 반도체 공급 중단 가능성에 대비하고 있다. 그래서 주목해야 할 것은 미국의 반도체 공급 중단 위협에 대한 중국의 대응 전략이다.

중국 정부는 28nm 이상의 반도체 공정 기술을 보유한 반도체 기업에 10년간 법인세를 면제하는 파격적인 조치를 발표했다. 그리고 2025년까지 미국이 기술을 독점하다시피 한 실리콘(Si)

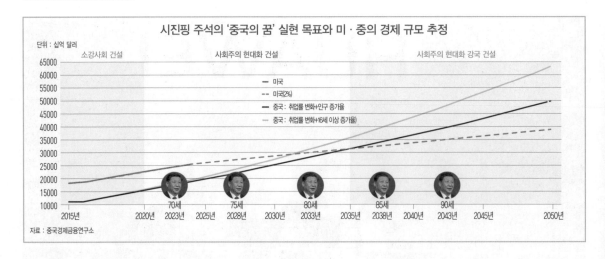

시진핑 주석의 '중국의 꿈' 실현 목표와 미·중의 경제 규모 추정

단위 : 십억 달러

소강사회 건설　　　　사회주의 현대화 건설　　　　사회주의 현대화 강국 건설

미국
미국(2%)
중국 : 취업률 변화+인구 증가율
중국 : 취업률 변화+16세 이상 증가율)

자료 : 중국경제금융연구소

반도체가 아닌 제3세대 반도체인 실리콘카바이드(SiC), 갈륨나이트라이드(GaN) 반도체에서 설계·제조·장비·소재의 모든 방면에 걸친 생태계 구축에 시동을 걸었고 2021년부터 시작되는 14차 5개년 계획에 파격적인 지원이 내재된 제3세대 반도체 국산화 정책을 포함시킬 계획이다.

중국은 이번 미국의 화웨이에 대한 반도체 제재를 원자폭탄과 같은 것으로 보고 있다. 1959년 소련의 니키타 흐루쇼프가 원자폭탄 개발 지원을 중단하자 중국은 기술 황무지에서 독자적인 핵 개발에 착수해 5년 만인 1964년 타클라마칸 사막에서 핵실험에 성공했고 이어 3년 뒤인 1967년 수소폭탄 개발에도 성공했다.

중국은 국민당이 키운 미국·프랑스·소련 유학파 인재들을 중심으로 소련의 기초 기술 제공 중단 5년 만에 핵기술 개발에 성공했다. 감히 꿈꿀 수도 없었던 핵개발을 독자 기술로 성공하고 난 후 당시 마오쩌둥 주석은 핵개발 협력을 중단해 준 흐루쇼프에게 감사한다는 말로 소련을 비꼬면서 자신감을 내비쳤다. 5년 후 핵개발과 같은 시나리오가 반도체에서도 현실이 되면 어떻게 될까.

중국의 대표 기업 화웨이에 대한 미국의 반도체

기술 봉쇄 전략에 중국의 대응은 'US-테크프리(tech free)' 전략이다. 화웨이는 미국이 아직 절대강자가 아닌, 실리콘 소재가 아닌 탄소 계열 소재 반도체 개발로 미국 반도체 기술과 완전히 결별하는 '타산계획(塔山計劃)'을 발표했다. 그리고 사물인터넷(IoT) 제품에서도 미국 기술 제로의 '난니완계획(南泥灣計劃)'을 발표했다. 타산과 난니완은 중국인민해방군이 국민당과의 전쟁에서 자력 갱생과 독자 생존을 했던 대표적인 전투 지역 이름이다.

중국은 가보지 않은 길인, 신개념의 반도체와 4

2016~2020년
중국 경제 계획
성장률

5.6%

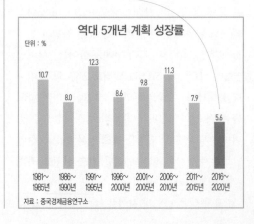

역대 5개년 계획 성장률

단위 : %

1981~1985년	1986~1990년	1991~1995년	1996~2000년	2001~2005년	2006~2010년	2011~2015년	2016~2020년
10.7	8.0	12.3	8.6	9.8	11.3	7.9	5.6

자료 : 중국경제금융연구소

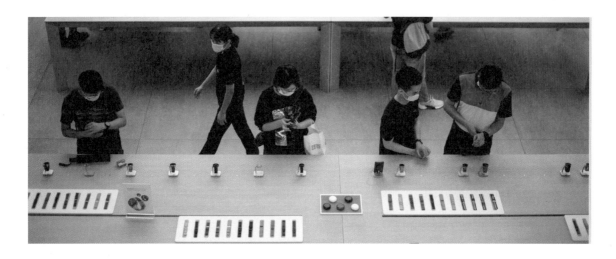

차 산업혁명 기술 확보를 위해 세계적인 학술지에 논문을 등재할 정도의 천재 박사 신입 사원을 연봉 2억~3억원에 연간 200~300명씩 스카우트하는 '천재소년계획(天才少年計劃)'을 동시에 진행하고 있다. 미국의 기술 장벽을 창의성을 가진 인재로 뚫겠다는 것이다.

트럼프의 대중국 반도체 제재는 한국에 단기적으로는 득(得)이지만 장기적으로 중국의 각성과 분발 그리고 차세대 반도체에서 국산화를 가져온다면 실(失)이 될 가능성이 높다. 맨땅에서 원자폭탄을 5년 만에 개발한 중국이다. 중국과의 초

격차는 말로 하는 것이 아니라 실력으로 보여줘야 한다. 한국은 실리콘이 아닌 차세대 반도체 개발을 강 건너 불구경하듯 하다가는 중국에 당할 수도 있다. 반도체를 원자폭탄 개발로 보는 중국, 실리콘이 아닌 신소재 반도체에서 미국에 대항하는 완벽한 생태계를 구축하는 것이 목표인 중국의 반도체 전략을 무섭게 봐야 한다.

5. 중국의 2025·2030년 목표

①중국의 제5중전회의, 왜 중요한가

중국은 5년 단위로 모든 국가 시스템이 돌아간다. 정치도 5년 주기로 주석의 임기를 기준으로 당 대회가 이뤄지고 경제도 5개년 단위로 경제 계획이 이뤄진다. 5년 단위 정치 사이클에서 7번의 회의를 하는데 그중 5째 회의가 '5중전-제5차 중앙위원 전체회의'다.

5중전이 중요한 이유는 향후 5년간의 경제 계획이 발표되기 때문이다. 여기에서 결정된 경제 정책이 향후 5년간 중국 경제의 방향을 결정한다. 2020년 5중전은 신종 코로나바이러스 감염증(코로나19) 사태 이후 첫 5중전으로 향후 상황에 대한 정부의 관점과 대처 방안이 나왔다.

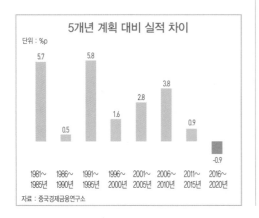

5개년 계획 대비 실적 차이

단위 : %p

1981~1985년	5.7
1986~1990년	0.5
1991~1995년	5.8
1996~2000년	1.6
2001~2005년	2.8
2006~2010년	3.8
2011~2015년	0.9
2016~2020년	-0.9

자료 : 중국경제금융연구소

특히 2020년 5중전은 두 가지 측면에서 중요하다. 첫째는 중국이 100년의 계획인 샤오캉사회(중국이 추구하는 이상사회로, 의식주 문제가 해결되는 단계에서 부유한 단계로 가는 중간 단계의 생활수준을 이르는 말) 건설 이후 중국의 전략 방향이 나오기 때문이다. 둘째는 중국의 단기 5년의 전망뿐만 아니라 시진핑 국가주석이 주창한 위대한 중화민족의 부흥이라는 30년 플랜의 중간 단계인 2035년의 경제 마스터플랜이 나오고 이것은 결국 미·중 전쟁에 대한 중국의 전략이 무엇인지 알 수 있기 때문이다

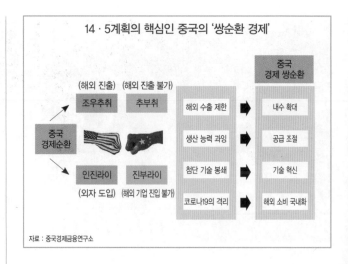

14·5계획의 핵심인 중국의 '쌍순환 경제'

자료 : 중국경제금융연구소

②13·5계획(2016~2020년), 최근 30년 중 최초로 목표 성장률 미달

13·5개년 계획은 2020년으로 끝난다. 이번 13·5계획은 역대 계획과 달리 처음으로 5년 단위 목표 성장률을 미달했다. 코로나19가 만든 대참사였다. 중국의 발병 은폐와 초기 대처 실패가

만든 참사였다.

③14·5계획과 2035년 '사회주의 현대화 계획'에는 무엇이 담겼나

지난 13·5개년 계획은 끝난 것이고 이제 중국의 2021년 이후 전략이 어떨지가 중요하다. 과거 5년간의 성과와 향후 5년의 5가지 분야 주요 지표 예상치를 정리했다. 14·5계획에서는 다섯째 신지표가 중요하다.

지난 13·5계획의 핵심 키워드가 '공급측 개혁'이었다면 14·5계획은 '쌍순환'과 '기술 국산화'다. 13·5계획 기간 중의 주가 상승의 수혜자는 '공급측 개혁'의 수혜자였고 14·5계획도 마찬가지로 정책 수혜 업종이 중요하다.

중국은 시진핑 집권 이후 2035년과 2050년의 장기 성장 목표를 세웠다. 2020년에 샤오캉사회를 건설하고 2035년에는 '사회주의 현대화'를 달성하고 2050년에는 '사회주의 현대화 강국'을 건설한다는 것이다. 2020년에는 중진국에 도달하고 2035년에는 경제

중국의 역대 5중전 회의 목표

분야		13.5(2016~2020년)		14.5(2021~2025년)
		목표 달성	미달성	목표
정책 기조		실적 향상과 효익 중심 발전 '공급측 개혁' 중심 '뉴노멀' 중심 체제 개혁		질적 발전 민생+성장 목표 공급측 개혁 심화-'쌍순환' '재정 주도' 성장-지속성, 비상 시기 대처
1	경제	도시화 목표	GDP 성장 속도 3차 산업 부가 가치 비율	GDP 연평균 5.0~5.5% 내외 도시화율+5%P 3차산업 부가가치 비율 60%
2	혁신	1만 명당 특허 인터넷 보급률 기술 진보 공헌도	GDP 대비 R&D 비율	R&D 비율 2.8% 1만 명당 특허 보유량 20건 과학기술 공헌도 65% 달성
3	민생	평균 교육 연한 도시 신규 취업자 수 1인당 평균 기대 수명	가처분소득 증가율(GDP)	가처분소득 증가율 5.5% 내외 교육 연한+0.6%p 신규 취업자 수 5500만 명 1인당 기대 수명 +1세
4	환경	대부분 목표 달성	신에너지 비율 산림 분포 비율	경작 면적 현재 수준 유지 GDP당 용수량 30% 달성 GDP당 에너지 소비량 -14% 달성
5	신지표			에너지 대외 의존도 신경제 부가 가치 비율 반도체, 신에너지 등 첨단 기술 목표 고용 마지노선 설정

자료 : 중국정부망·CEFRI

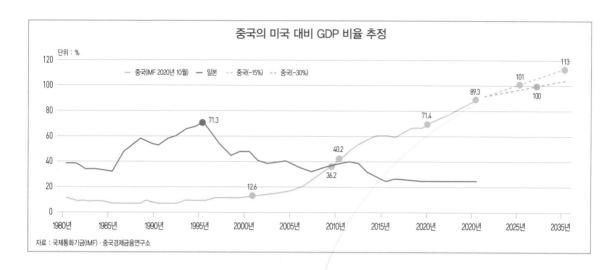

중국의 미국 대비 GDP 비율 추정

단위 : %

— 중국(IMF 2020년 10월)　— 일본　-- 중국(-15%)　-- 중국(-30%)

자료 : 국제통화기금(IMF)·중국경제금융연구소

력에서 미국을 추월해 경제 대국으로 부상하고 2050년에는 군사력에서도 미국을 추월해 세계 최강 국가가 되겠다는 것이다. 이번 5중전에서 중국이 제시한 것은 2035년 중기 목표다.

중국은 13·5계획 기간의 목표로 2020년 국내 총생산(GDP)을 2010년 GDP의 2배를 달성하는 것을 목표로 삼았다. 이번 제5중전 회의에서 중국은 2035년의 성장 목표를 제시했다. 중국은 14·5계획 기간에 고소득 국가를 달성하고 2035년에는 중선진국에 도달한다는 목표를 세웠다 이를 수치로 추정해 보면 2020년 1인당 소득은 1만 450달러이고 유엔이 제정한 고소득 국가 1인당 소득 기준은 1만2536달러다 이를 고려하면 14·5계획 기간 중 연평균 3.9%의 성장을 유지하면 고소득 국가에 도달한다.

2035년 중선진국의 기준은 2020년 GDP와 1인당 소득의 2배를 달성하는 것이 목표인데 이를 2020년 GDP 추정치로 환산하면 GDP 기준으로는 2021~2035년간 연평균 4.7% 성장하면 중선진국에 도달한다.

14·5계획에서는 13·5계획 시대와 다른 양상

중국의 미국 대비 GDP 비율
89.3%
※2020년 기준

이 예상된다. 미·중의 기술 전쟁으로 기술 분야가 가장 중요한 이슈와 정책으로 등장할 전망이다. 그리고 소비 확대를 통한 경제 성장으로 정책 방향을 선회한 중국 소비 관련 업종이 폭발하기는 했지만 신소비와 디지털 소비를 중심으로 다시 재폭발의 가능성이 높아 보인다. 새로운 5개년 계획에서는 새로운 경제 발전 모형의 건설을 제시했는데 핵심은 3가지다.

①소비 : 내부 순환을 핵심으로 하는 소비 주도 성장
②기술 혁신 : 과학기술 혁신을 통한 총요소 생산성의 제고
③녹색 경제 : 신에너지 혁명을 통한 녹색 경제 건설

중국이 차질 없이 2025년과 2035년의 목표를 달성한다면 중국은 2025년 미국 GDP의 89%에 달하고 2029~2033년 사이에 경제 규모에서 미국을 추월해 세계 1위의 경제 대국으로 부상할 전망이다.

미·중의 전략 경쟁 시기,
한국의 전략은

1. 미국이 아닌 한국의 시각으로 중국 다시 봐야

①화웨이 케이스로 본 미·중 전쟁의 맨 얼굴

미국과 중국이 2018년부터 무역 전쟁을 시작했다. 그 사이 수많은 말 폭탄과 관세 폭탄이 터졌지만 죽은 자는 없었다. 미국이 선공으로 무역 전쟁에서 보복 관세를 퍼부었지만 무역 대국 중국의 숨통을 끊어 놓지는 못했다. 2019년 중국의 대미 흑자는 270억 달러 줄었지만 중국 전체의 무역 흑자는 670억 달러나 늘었다. 미국 이외 지역의 수출이 호조를 보였기 때문이다.

미국이 확실한 우위라고 여겨지는 기술 전쟁에서도 결과를 보면 미국의 완승, 중국의 완패와는 거리가 멀었다. 미국은 세계 5세대 이동통신(5G) 장비업계 세계 1위이고 중국 1위의 전자 업체인 화웨이의 최고재무책임자(CFO)를 캐나다공항에서 구속하는 것을 시작으로 화웨이에 대해 장비 구매 금지, 미국산 반도체 공급 제한 조치를 취했다. 이론상 이런 정도의 강한 조치면 세계 통신 장비 시장과 스마트폰 시장에서 화웨이의 통신 장비와 스마트폰은 퇴출되거나 점유율이 폭락해야 한다.

하지만 결과를 보면 2019년 말 기준 세계 통신 장비 시장 점유율 1위 업체는 여전히 화웨이였다. 그리고 세계 스마트폰 시장에서는 화웨이가 미국의 애플을 제치고 세계 2위로 올라섰다. 화웨이가 미국의 제재를 받았다면 화웨이의 매출액과 순이익은 당연히 치명적 타격을 받았어야 정상인데 2019년 화웨이의 매출액과 순이익은 사상 최고치를 경신했다.

미국이 큰소리 펑펑 쳤지만 결과를 보면 미국의 큰소리와는 거리가 멀었다. 미국 내에 통신 장비 업체가 없는 미국은 화웨이산 장비 구매 금지에 대해 90일 유예 조치를 여섯 번이나 연장했다. 화웨이 외에는 대안이 없었기 때문이다. 미국산 장비와 소프트웨어를 써 만든 반도체의 화웨이 공급을 금지하는 조치를 취했지만 이것도 당장 미국 장비 업체와 소프트웨어 업체의 타격을 고려해 120일간의 유예 기간을 뒀기 때문이다.

어설프게 공격하면 공격한 자가 당한다. 일본의 한국에 대한 반도체 소재 공격 얘기다. 결과적으로 시장을 가진 한국의 각성을 불러 일본 업체들의 시장점유율만 떨어뜨렸다. 한국 기업의 국산화와 기술 개발 의욕에 불 질렀고 결국 싸움을 건 일본의 피해로 귀착됐다.

미국의 대화웨이 제재는 구멍이 숭숭 나 있다. 오랫동안 잘 준비된 정교하고 강한 공격이 아니라 대선에 필요한 표심 잡기의 한 방안으로 대충 찔러보는 식의 트럼프의 공격은 치명상을 입히기는커녕 오히려 중국의 경각심만 높였다. 오히려 중국의 기술 국산화의 의지만 불태우게 만들고 있는 것이 미국의 대중 기술 전쟁의 적나라한 맨얼굴이다.

미국의 대중국 기술 전쟁도 지금처럼 어설프게 숨통을 끊어 놓지도 못하면서 이리저리 쑤셔 대기만 하면 중국의 국산화와 기술 개발 의욕에 불 지르고 결국 국산 대체로 미국 기업의 점유율만 떨어뜨리는 결과가 나올 수 있다. 이미 스마트폰에서 애플의 점유율 하락에 답이 있다.

2019년
중국의 대미 흑자

전년 대비
-270
억 달러

2019년
중국의 전체 흑자

전년 대비
+670
억 달러

②미국의 '탈(脫)중국화'와 한국의 관점은 근본적으로 달라

신종 코로나바이러스 감염증(코로나19) 사태를 계기로 미국을 중심으로 제품 공급망의 탈(脫)중국화 주장이 넘쳐난다. 한국도 이들 주장을 그대로 여과 없이 생중계하는 바람에 중국에서 전 세계 기업의 대탈출이 일어날 것 같은 느낌이다.

탈중국화의 논리는 코로나19 같은 전염병으로 공급망이 중단되면 완제품의 생산에 차질이 생기는 것을 막아야 한다는 것이다. 전 세계에서 코로나19를 안정화시킨 기간을 보면 한국이 최단시간 15일이고 중국이 25일로 1등이 한국이고 2등이 중국이다. 코로나19의 상황을 보면 유럽과 미국은 아직도 혼돈 상태이고 중남미와 아프리카는 확산기에 진입하고 있다. 이런 논리라면 탈중국화가 아니라 전 세계 기업은 모두 공장을 빼 한국과 중국으로 가는 것이 맞다.

미국의 탈중국화와 한국의 탈중국화는 다르게 봐야 한다. 미국의 탈중국화는 첨단 기술과 안보 관련 기술의 탈중국화이지 한국과 같은 전통 산업의 탈중국화가 아니다. 그리고 한 번 집 나간 전통 제조업은 중국에서 퇴출해도 다시 한국에 못 온다. 한국에서 법인세·인건비·물류·서플라이 체인 문제에 답이 없기 때문이다. 그래서 중국에 진출한 한국 전통 제조업의 한국으로 리쇼어링은 공허한 메아리처럼 들린다.

중국의 1인당 소득 1만 달러대의 인건비를 감당하지 못해 중국에서 문 닫고 더 인건비 싼 베트남과 인도로 가는 것을 이번 코로나19로 인한 탈중국화로 치부하면 안 된다. 지금 한국의 기업 환경을 보면 중국 진출 기업의 한국의 리쇼어링이 아니라 미래 산업을 해외로 도망가지 않게 잡아 두는 것이 더 시급해 보인다.

③한국 '진(進)중국화' 서둘러야

한국은 미국 정치인의 정치적 수사와 말 폭탄의 연장선에서 중국을 보거나 전통 제조업의 관점에서 중국을 보지 말고 한국의 관점에서 좀 더 냉정하게 중국과 중국 소비 시장을 볼 필요가 있다.

미국의 대선 결과가 어떻게 나오든 미·중의 갈등은 길게 이어질 판이다. 그리고 실리콘 밸리와 월스트리트가 배경인 민주당이 집권하면 미·중의 전쟁은 무역 전쟁에서 본격적으로 기술 전쟁과 금융 전쟁으로 확산될 공산이 크다.

> 한국이 아직 우위에 있는 뷰티·헬스케어·테크 등의 분야에서는 잘할 수 있는 분야를 선별하고 빨리 진(進)중국화해야 한다

이런 상황에서 중국의 선택은 수출을 포기하고 내수 확대와 방어에 올인하고 기술 대체와 국산화에 목숨을 걸 수밖에 없다. 중국의 내수 확대와 기술 대체로 스탠스 변화는 한국에는 위험보다 기회 요인이 많다.

한국이 하지 않아도 커지는 중국 소비 시장에 누가 진출해도 한다. 인건비를 못 견디는 전통 제조업은 인건비가 더 싼 베트남과 인도로 공장을 빼야 하지만 한국이 아직 우위에 있는 뷰티·헬스케어·테크 등의 분야에서는 잘할 수 있는 분야를 선별하고 빨리 진(進)중국화해야 한다.

스마트폰 등장과 코로나19 이후 세계에서 가장 빨리 변하고 개발하고 혁신하는 나라가 아이러니컬하게도 중국이다. 중국은 코로나19의 방역에서 4차 산업혁명의 핵심 기술인 5G와 ABCD(인공지능·블록체인·클라우드·빅데이터)를 완벽하게 테스트한 나라다. 지금 세계 최고의 전기자동차 회사인 테슬라는 미국이 아닌 중국에 세계 최대의 공장을 짓는 상황이다.

한국에는 시간이 그리 많지 않다. 과도한 중국 위기론에 휩싸이기보다 전 세계에서 가장 커진 자동차 시장, 휴대전화 시장, 럭셔리 시장으로 중국을 바라보고 중국 시장에 진(進)중국화할 분야를 선별하고 빨리 기업을 내보내 과감한 리스크 테이킹을 시도해야 할 때다.

2. 중국발 '디지털 르네상스'를 주의하라

글로벌 공급망은 하루아침에 구축된 게 아니다. 적어도 산업의 수명 주기 30년 이상의 긴 시간에 걸쳐 만들어진 것인데 이것을 깨고 단박에 이전

할 수 있을까. 글로벌 기업도 잘 갖춰진 공급망과 가성비의 생태계에서 벗어나면 바로 도태된다. 초원의 사자에게 건강식이라고 풀 먹으러 오라고 손짓하고 소에게 고기 준다고 유혹한들 소떼가 올까.

각국에서 코로나19와의 전쟁이 발생했다. 전쟁에서 국가가 국민의 안전을 보장하지 못하면 신뢰를 잃고 지도자가 위험해진다. 그러면 전쟁은 국가를 변화시키고 그 과정에서 포퓰리즘이 난무한다. 강한 국가 권력을 원한다는 국가주의를 선동하고 이를 계기로 정부 거버넌스도 바꾸려고 시도한다. 그리고 기업을 활용해 떨어진 지지율을 올리는 시도도 한다.

탈중국하는 기업의 리쇼어링을 불러 오려면 중요한 것은 딱 한 가지다. 기업의 시각에서 돈이 돼야 온다. 방법은 첫째, 스마트 팩토리와 로봇 시스템으로 중국·동남아 인건비보다 싼 조립비용을 제공하면 된다. 둘째, 법인세를 두 자릿수 깎아 주면 된다. 셋째, 공장 이전비용을 국가가 부담하면 된다.

그러면 오지 말라고 해도 줄 서 온다. 결국 각국이 호들갑 떠는 역글로벌화, 리쇼어링은 기업이

기업의 리쇼어링
유인 방법

1
스마트 팩토리와
로봇 시스템

2
법인세 파격적
인하

3
공장 이전 비용
국가가 부담

리쇼어링해 가성비를 맞출 수 있는 세밀하고 정교한 디지털 시스템이 있는지에서 결판난다.

그래서 역글로벌화는 '디지털 투자 붐'을 만들고 '제조업 디지털 르네상스'를 만들 가능성이 높다. 글로벌 기업은 역글로벌화로 모국으로 돌아가는 것이 아니라 디지털 인프라 컨버전스가 빨리 이뤄진 나라로 이전한다. 각국의 리쇼어링, 기업 유치 전쟁은 실업 대란을 구해야 한다는 애국심 마케팅이나 안 들어오면 세금 때리겠다는 트럼프식 공포감 마케팅이 아니라 디지털 마케팅에서 결판난다.

누가 더 효율적인 도시 인프라, 효율적인 공장 인프라를 제공하느냐 하는 인프라 싸움이고 이는 결국 빅데이터를 이용한 플랫폼의 싸움이다. 지금까지는 제조 강국이었을지 모르지만 이 싸움에서 뒤진 나라는 이번 코로나19 이후 사그라질 수도 있다.

한국은 어디에 설까. 지금까지 해온 4차 산업혁명 논의처럼 호텔에서 밥 먹고 토론회나 세미나만 열심히 하고 액션은 없는 'NATO(No Action Talking Only)'만 한다면 코로나19가 만들어 준 대기회를 발로 차는 결과가 나오지 않을까.

'역글로벌화', '탈세계화', '탈중국화' 대응 전략은 실무 경험이 없는 정치인들이나 교수들을 모아 놓고 추상적인 토론을 하는 것이 아니라 진짜 액션을 해야 하는 기업에 진지하게 물어보고 기업의 시각에서 지원하고 엮어 주고 풀어 주고 밀어줘야 훌륭한 답이 나온다.

코로나19 이후 제조업의 '역(逆)글로벌화'와 '탈(脫)중국화'를 많이 얘기한다. 중국 편향의 글로벌 공급망의 재편 움직임이다. 해외 생산 기지 대부분을 중국에 가지고 있는 우리는 중국의 대응이 중요하다. 중국의 '탈(脫)중국화'에 대한 '보(保)중국화' 전략은 대대적인 4차 산업혁명 인프라 투자다.

중국은 이번 코로나19의 경기 부양 대책으로 4차 산업혁명의 기반이 되는 7대 신SOC 산업 투자에 올인한다. 세계 최고의 4차 산업혁명 스마트 인프라 구축을 통해 탈중국화를 막고 중국 기업의 경쟁력을 높인다는 전략이다.

이미 전 세계 최대인 16억 명의 플랫폼이 갖춰진 중국 사회는 거대한 4차 산업혁명의 플랫폼 항공모함이 출항했다. 자기가 세계 최대의 항모인 줄도 몰랐던 중국은 디지털 공산주의의 꿈을 코로나19로 실현하게 생겼다. 전 세계 최단기간인 15일 만의 코로나19 확진자 증가를 잡고 전 세계 최소의 환자 수를 만든 비결은 16억 명의 거대한 스마트폰 플랫폼 항공모함이 있었기 때문이다.

중국은 이번 코로나19를 계기로 5G+ABCDR(AI·Big data·Cloud·Drone·Robot)에 올인한다. 한국은 탈중국화를 입으로만 외칠 것이 아니라 역발상의 계책이 중요하다. 중국발 '디지털 르네상스'의 가능성을 잘 봐야 한다. 중국이 일어서면 가장 크게 다치는 것은 먼 미국이 아닌 가까운 한국이다.

한국의 길은 무엇일까. 중국보다 4차 산업혁명 기술에서 한국이 앞설 수 있는 분야를 선별, 집중 투자해 중국보다 앞서야 하고 그렇지 못한 분야는 중국과 빨리 전략적 제휴를 해야 한다. 중국 정보기술(IT) 기업들은 이미 세계적인 수준으로 커졌다. 탈중국화가 잘못되면 한국이 중국 4차 산업혁명의 하청 기지화될 위험도 있다. 그리고 한국은 탈중국화해 그냥 동남아에서 다시 주문자 상표부착생산(OEM)하고 있으면 언젠가 또 탈동남아화해야 한다. 바이러스와 전염병은 후진국에서 더 쉽게 발병하기 때문이다.

3. '4차 산업혁명 기술' 올인해 중국보다 앞서는 게 있어야 산다

앞으로도 한국 제조업의 중국 대체, 혹은 동남아 대체는 지속된다. 중국에 빼앗긴 일자리는 지금

수준이면 한국으로 다시 돌아오지 않는다. 신종 코로나바이러스 감염증(코로나19) 팬데믹(세계적 유행) 이후 비접촉 체인의 경제 모델이 급부상한다. 하지만 비접촉 경제는 결국 인간 같은 기계, 로봇의 부상이 필연이다.

로봇 기술이 핵심인데 한국 로봇 기술에서 세계적인 경쟁력이 있을까.

배움에는 끝이 없고 선후가 없다. 아이에게도 배울 것이 있으면 배우는 것이다. 한국 중국에 그렇게 많이 관광 가고 세미나 가고 미팅 가지만 중국의 ABCDR(인공지능·빅데이터·클라우드·드론·로봇)에서의 변화를 한국에는 왜 가져오지 못하는 것일까.

우리가 보고 싶은 것만 보고 중국이 잘하는 것은 꼴 보기 싫어 의도적으로 무시하는 것은 아닐까. 밉지만 중국이 잘하는 것이 있으면 벤치마크하지 않을 이유가 없다. 꿩 잡는 것이 매다. '중국은 망한다'는 얘기는 이제 그만하고 중국에서 한국이 참고할 만한 것이 무엇인지 찾아보고 돈 되고 영양가 있는 것을 빨리빨리 벤치마크할 필요가 있다.

요즘 중국의 식당에 가보면 서빙 로봇이 일반화되고 있다. 중국도 이미 로봇이 인력을 대체하는 것이 대세지만 한국은 아직도 갈 길이 멀다. 선거가 끝난 한국은 경기를 어떻게 부양할지 궁금하다. 주인 없는 세금 퍼 돌리기만 하지 말고 미래 먹거리에 대한 투자와 계획을 보고 싶다. 가장 먼저 코로나19 방역을 끝낸 중국의 5G+ABCDR의 경기 부양책을 벤치마크할 필요가 있어 보인다.

2003년 사스(중증급성호흡기증후군) 사태로 본격적으로 인구 이동 제한 조치로 인해 사람들은 오프라인 구매가 아닌 온라인 구매를 선호하기 시작했고 현금이 각종 세균과 병균의 주요 이동 수단으로 손꼽히면서 인민은행은 은행카드를 적극

중국 코로나19 이후 투자 집중하는 7대 신SOC

전기차 충전소

특고압

5G

빅 데이터

AI

공업 인터넷

궤도교통

적으로 선전하기 시작했다. 그리고 이는 지금 널리 사용되고 있는 알리페이와 위챗페이 등의 세계 1위의 전자 결제 시스템을 구축하는 기반이 됐다.

2016년 발생한 H7N9 조류 독감은 냉동 체인의 발전을 가져왔고 냉동 체인의 발전으로 순풍·티몰·징둥·쑤닝도 신선제품을 온라인에서 구매할 수 있도록 서비스를 제공하면서 육류 유통과 축산업의 발전에 일조했다.

현재 중국의 코로나19 확진, 사망, 완치 현황은 바이두와알리(Ali)건강 등 다양한 사이트에서 실시간으로 확인할 수 있다. 심지어 어느 지역에서 어디로 몇 명의 인구가 이동했는지까지 확인할 수 있는 사이트도 있다. 민간 기업의 빅데이터와 데이터 처리 기술이 빠르게 성장하고 있다는 것을 알 수 있다. 정보화 시대에서는 많은 양의 데이터를 가공하고 처리하는 것이 가장 큰 경쟁력이기 때문에 코로나19 사태를 계기로 중국의 빅데이터·인공지능(AI) 기술 기업을 주목할 필요가 있어 보인다.

①기술도 이념도 시장을 못 이긴다

코로나19는 인류에게 엄청난 고통을 주고 있지만 한편으로는 거상을 만들고 있다. 미국의 빅테크 회사들에 답이 있다. 전 세계 연간 8700만 대의 자동차 판매 시장에서 전기차 시장은 212만 대로 2.4% 수준에 불과하다. 그런데 전기차 시장에서 16.1%의 점유율로 겨우 34만 대의 자동차를 파는 테슬라의 시가총액은 4096억 달러다. 전 세계의 내로라하는 자동차 회사 제너럴모터스(GM)·폭스바겐·도요타의 시가총액을 넘어섰고 세계 시가총액 순위 12위다. 3485억 달러 수준인 삼성전자보다 시가총액이 51억 달러나 더 많다.

세상은 지금 자동차를 석유 먹는 기계가 아닌 '바퀴 달린 전자제품', '핸들 없이 운행되는 로봇'

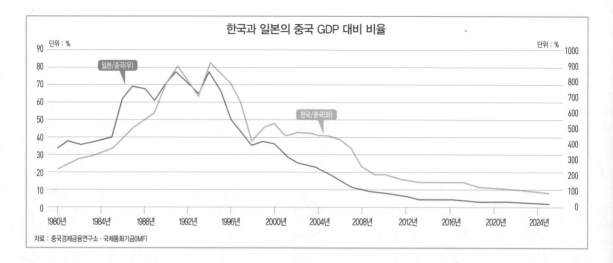

한국과 일본의 중국 GDP 대비 비율

일본/중국(우)

한국/중국(좌)

자료 : 중국경제금융연구소·국제통화기금(IMF)

으로 보고 있는 것이다. 기업의 이익 대비 주가가 얼마(Price Earning Ratio)인지로 보는 것이 아니라 미래의 꿈 대비 주가가 얼마(Price Dream Ratio)로 보는 시대이고 이런 회사에 투자가들은 돈을 몰아주고 정부는 정책 지원을 무지막지하게 하고 있다.

100년 만에 온 대 불황, 경제를 살리지 못하는 영웅은 살아남지 못한다. 혼란의 시대에는 '법보다 주먹'이라고는 하지만 지금 시대는 '법보다는 밥'이다. 미국의 대선이 끝났다. 결국 경제와 방역에서 결판났다. 인류가 가보지 않은 길을 가고 있는 난세에 테슬라 같은 기업들을 나오게 만들고 성공시키는 킹메이커가 '진짜 정치 영웅'이다.

한국은 세상을 변화시킬 빅테크 회사가 몇이나 될까. 세상을 변화시킬 빅테크 회사를 만들고 키우는 데서 한국의 미래가, 영웅을 꿈꾸는 한국 정치인들의 미래가 달렸다. 돈이 움직이는 시장의 변화를 무섭게 봐야 한다. 돈에는 이념이 없다. 한국에서 자고 나면 쏟아져 나오는 규제 법안을 생각하면 참 답답하다. 기술도 규제도 결국 시장을 이기지 못한다.

한국의 중국 GDP 대비 비율

2020년
8.8%
↑
1994년
83%

②한국, 가지고 갈 기술과 버려야 할 기술을 구분해야

그간 한국이 중국을 물로 봤던 것은 한국의 경제력 때문이었다. 중국 인구의 4%, 국토 면적은 0.6%에 불과한 한국의 중국 국내총생산(GDP)대비 비율 1980년 22%에서 1994년 83%까지 올라갔다. 큰소리 칠만 했다. 하지만 2010년 19%대로 떨어졌고 2020년에는 10.7%대로 낮아졌고 국제통화기금(IMF)의 2020년 10월 예측에 따르면 2025년에는 8.8%로 추락할 것으로 전망된다.

중국의 사드(고고도 미사일 방어 체계) 보복, 신종 코로나바이러스 감염증(코로나19) 발병으로 지금 한국의 반중 감정은 역대 최고 수준이다. 하지만 이를 경제적인 측면에서 보면 한국이 중국 국내총생산(GDP)의 10%대로 추락한 2018년부터 중국의 사드 보복이 묘하게 맞물렸다. 한국에는 사드 사태 이후 반중 정서가 넘쳐나지만 한국은 혁명의 나라 중국을 잊고 전통의 나라 중국을 다시 보며 패권의 나라 중국을 경계해야 한다.

2000년 전 사마천은 '사기' '화식열전(貨殖列傳)'에서 이렇게 말한다. "무릇 사람들은 자기보다 열 배 부자에 대해서는 헐뜯지만 백 배가 되면 두려워하고 천 배가 되면 그의 일을 해주고 만 배가 되면 그의 노예가 된다." 빈부 격차가 심화될수록 사람들의 태도가 어떤 변화를 불러일으키는지를 잘 보여준다.

한국과 중국의 관계에서 한국이 중국 GDP의 8할을 넘었을 때 큰소리쳤지만 중국이 한국 GDP의 10배에서 100배로 커지는 상황에서는 두려움을 느낄 수밖에 없다. 대중 공포의 해법은 무엇일까. 결국 최고의 복수는 중국보다 더 잘사는 것이고 더 많이 버는 것이다.

그리고 지금 제조업과 무역 부문에서 세계 1위인 중국과 맞붙어 백전백승하려면 '적을 100명 죽이려면 나도 70~80명은 죽어야 한다'는 사실을 기억해야 한다. 한국이 지금까지 공장과 기술 제조로 돈을 벌었다면 이젠 차도살인의 묘수를 생각할 때다.

> 한국도 이젠 중국에서 돈이 일을 하게 할 필요가 있다. 그리고 한국의 기술을 미끼로 중국의 큰돈을 빨아들여 차세대 기술 개발의 자금으로 쓰는 방법을 구사해야 한다

외국인이 1992년 한국의 자본 시장 개방 당시 들어와 한국 자본 시장을 이용해 떼돈을 벌었다. 미국과 일본은 한국에 반도체를 넘겨줬지만 반도체 회사의 주인이 돼 손에 피 한 방울 묻히지 않고 삼성전자가 번 돈을 차곡차곡 챙겨 간다. 한국도 이젠 중국에서 돈이 일을 하게 할 필요가 있다.

그리고 한국의 기술을 미끼로 중국의 큰돈을 빨아들여 차세대 기술 개발의 자금으로 쓰는 방법을 구사해야 한다. 기술은 영원히 한 곳에 버무르지 않는다. 첨단 기술의 시발지와 종착역은 같지 않다. 기술은 연구실에만 있으면 '돈 먹는 하마'로 오래가지 못한다. 기술은 시장을 찾아 천리만리 떠난다. 기술은 지속적인 연구·개발 자금이 나오는 곳으로 간다. 기술은 시장을 이길 수 없다. 한국에서 사양화 추세이고 중국이 무섭게 추격

하는 기술을 그냥 쥐고 있다면 시간문제일 뿐 언젠가는 도태된다. 그때가 오기 전에 7~8부 능선에서 중국에 비싸게 넘기고 그 자금으로 차세대 기술을 준비해야 한다. 방법은 중국의 기술주 전용 시장인 커창반(科創板 : 과학혁신판)'에 참에 상장하는 것이다.

한국 기술의 중국 상장을 보는 관점은 두 가지다. 기술과 국부 유출로 보는 시각과 국부 창출로 보는 시각이다. 좋은 예가 중국 기업들의 미국 상장이다. 중국의 첨단 인터넷 기업은 모조리 미국 나스닥과 뉴욕거래소에 상장돼 있다. 중국 증시의 상장 조건은 엄격하다. 우량 기업만 상장이 가능하고 적자 기업은 상장 자체가 불가능했다. 인터넷 기업은 손익분기점 도달 전까지는 대규모 자금 투입으로 적자를 면하지 못하기 때문에 인터넷 기업의 중국 증시 상장이 불가능했고 그래서 인터넷 기업들은 모조리 미국으로 갔다.

미국은 만리장성으로 둘러쳐진 폐쇄된 중국의 인터넷 시장에 진출할 수 없었지만 미국에 상장한 중국 인터넷 기업을 통해 거대한 중국 인터넷 시장의 고성장 수혜를 알리바바·징둥·바이두 등의 주식을 통해 짭짤하게 누렸다.

그런데 사람에 따라, 시각에 따라 이를 보는 관점이 다르다. 트럼프 정부는 중국과 무역 전쟁을 하면서 미국에 상장된 중국 기업들이 미국인의 돈으로 거대한 자금을 조달해 중국 산업의 경쟁력을 높였고 미국 기업의 이익을 침해했다고 미국 상장 중국 기업을 모두 상장 폐지해 버리겠다고 협박했다.

중국 정부는 알리바바·징둥·왕이·바이두 등의 주가 폭등으로 인한 중국 기업의 성장 과실을 중국인이 아닌 미국인들이 누린다고 생각하고 미국 상장 인터넷 기업들의 중국으로 회귀를 종용했다. 미국의 상장 폐지 위협과 중국 정부의 본토

회귀 요청에 알리바바·징둥·왕이 등은 이미 홍콩 시장으로 돌아왔다.

누가 맞는 것일까. 결국 판단은 기업이 하는 것이다. 미국이 자금 조달 원천으로서 중요하다면 미국으로 갔다가 중국이 더 좋은 조건을 제시하면 중국으로 가는 것이다. 돈은 애국심을 따르는 것이 아니라 수익률을 따르기 때문이다. 2014년 9월 알리바바는 미국 뉴욕 시장에 상장해 217억 달러(약 22조7000억원)를 챙겼고 2019년 11월 홍콩거래소에 재상장해 131억 달러(약 15조2000억원)를 챙겼다. 알리바바는 미국과 홍콩에 번갈아 상장하면서 38조원을 챙겨 미래 투자의 원천으로 삼았다. 이는 2019년 알리바바의 순이익 97억 달러의 3.6배에 달하는 금액이다.

한국 기업들은 중국의 커촹반(科創板 : 과학혁신판) 시장을 활용할 필요가 있다. 기술 유출의 위험을 최대한 줄이고 늦추면서 중국 시장에서 단기간에 최대의 자금을 모으고 이를 차세대 기술 개발의 자금으로 사용하는 것이다. 중국에 3~5년 내에 추격당할 기술을 그냥 맥없이 쥐고 있으면 시장도 잃고 기술도 낡은 것으로 전락해 버리고 말 것이다.

방법은 중국 기업이 아닌 정부의 첨단 기술 유치에 압박을 받는 지방 정부와 합작사를 설립하고 이를 커촹반에 상장하는 투자 모델을 만드는 것이다. 한국은 기술과 장비를 현물 출자하고 중국은 자금과 토지 공장 그리고 운영 자금을 출자한다. 한국은 현금 유출이 없기 때문에 자금 출혈이 없고 중고 장비의 수출로 수익 실현과 동시에 투자 원가를 낮출 수 있다.

중국의 지방 정부는 차세대 정보기술(IT), 첨단 장비, 신소재, 신에너지, 바이오산업의 유치가

> 미국이 자금 조달 원천으로서 중요하다면 미국으로 갔다가 중국이 더 좋은 조건을 제시하면 중국으로 가는 것이다. 돈은 애국심을 따르는 것이 아니라 수익률을 따르기 때문이다

지방 정부 지도자의 업적과 승진에 결정적 영향을 미칠 정도로 급하기 때문에 커촹반에 상장할 수 있는 기술에는 파격적인 혜택을 제공하지 않을 이유가 없다. 또한 지방 정부는 토지를 소유하고 있고 건설 회사를 보유하고 있어 공장건 설 원가를 최대로 낮출 수 있다. 그러면 최단시간 내에 손익분기점 달성이 가능하고 지방 정부의 힘을 빌려 중국 커촹반 시장에 상장하는 덤을 얻을 수 있다.

지방 정부 산하의 기업과 단체에 합작회사 제품의 사용을 손쉽게 마케팅할 수 있는 장점이 있다. 그리고 지방 정부는 기술 획득이 목적이 아니라 첨단 산업의 유치와 고용이 목적이기 때문에 상대적으로 기술 유출의 위험도 낮다.

한국은 언젠가 중국에 추월할 기술이지만 먼저 중국 자본 시장에 레버리지를 걸어 자금을 조달하고 그 자금을 차세대 기술을 개발할 재원으로 충당하는 것이다. 투자 자금 100억원을 투자해 매년 10억원을 번다면 10년을 벌어야 원금을 회수한다. 하지만 중국과 첨단 기술 합작을 통해 투자수익률(PER)이 90배인 커촹반에 상장한다면 900억원대의 시가총액을 가진 기업을 만들 수 있고 상장 후 지분을 20%만 매각해도 원금을 회수하고 8년간 벌어야 하는 이익을 한 번에 회수할 수 있다. 이 자금으로 차세대 기술을 개발하는 것이다.

③한국, '박쥐와 고슴도치' 전략이 필요하다

돈에는 애국심이 없다. 수익률만 높으면 어디든 가는 것이 돈이다. 미국의 트럼프가 범처럼 나대는 데도 미국의 대표적인 전기차 기업이자 세계 1위의 전기차 업체 테슬라는 세계 최대 규모의 최첨단 전기차 공장을 중국 상하이에 지었다.

기술은 시장을 못 이긴다. 미국이 반도체 첨단 기술의 대중 유출을 금지했지만 이미 전 세계 거

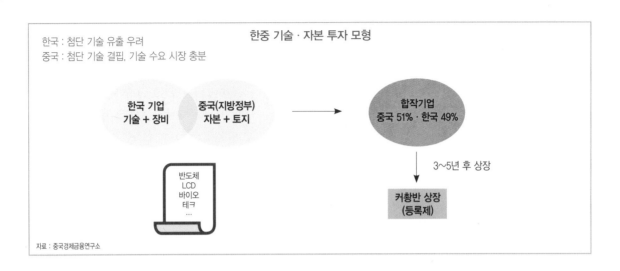

한중 기술 · 자본 투자 모형

한국 : 첨단 기술 유출 우려
중국 : 첨단 기술 결핍, 기술 수요 시장 충분

한국 기업
기술 + 장비

중국(지방정부)
자본 + 토지

합작기업
중국 51% · 한국 49%

반도체
LCD
바이오
테크
...

3~5년 후 상장

커촹반 상장
(등록제)

자료 : 중국경제금융연구소

의 모든 반도체 기업과 반도체 장비 · 재료 · 소재 업체들이 중국에 진출해 있다. 이유는 전 세계 반도체 소비의 60% 이상을 중국에서 소비하기 때문이다. 중국은 전 세계 노트북 · 휴대전화 · 디지털 TV의 60~90%를 생산하는 세계 최대의 생산지이자 세계 최대 소비지로 부상했기 때문이다.

한국의 대중 · 대미 전략은 박쥐와 고슴도치 전략이 필요하다. 한국에 미국과 중국 중 하나를 선택하라는 압박과 강요는 항상 있어 왔다. 하지만 미 · 중의 선택은 국익을 위해 선택하는 것이지 사람 따라 바뀌는 것이 아니다. 미국은 안보를, 중국은 밥상을 주는 형국인데 안보를 포기하거나 밥상을 걷어찰 수 없는 노릇이다.

박쥐 전략은 일본과 필리핀이 좋은 참고서다. 미국과 중국에 붙었다 떨어졌다 하면서 국익을 챙긴다. 결국 외교 능력이다. 박쥐가 나쁜 것이 아니라 강대국과 초강대국과의 사이에 있는 작은 나라들은 박쥐의 전략 외에는 선택이 없다. 중국 말에 '원숭이를 길들이려고 닭을 잡아 피를 보여준다'는 말이 있다. 미 · 중 한 군데로 몰리면 닭이 된다.

중국의 전 세계
반도체 소비율

60%

하지만 초강대국이건 강대국이건 작은 나라도 필살기를 가지면 함부로 건드리지 못한다. 미국이 1950년 이후 수많은 전쟁을 했지만 미국은 나라가 크건 작건 간에 핵을 보유한 나라는 건드린 적이 없다. 북한이 좋은 사례다.

숲의 왕자인 호랑이도 작은 고슴도치를 잡아먹지 못한다. 가시 달린 작은 고슴도치의 몸이 필살기다. 호랑이도 내리찍기가 두려운 날카로운 가시가 바로 대국들 사이에 낀 나라가 가져야 할 필살기다. 상대를 떨게 할 필살기가 있으면 강대국과 초강대국 사이에서도 당당할 수 있다. 사드 보복이 극성일 때 한국의 반도체를 중국이 제재한다는 소리를 들은 적이 있는가. 세계 시장의 75%를 점유한 기술을 가지면 미국이든 중국이든 함부로 건드리기 어렵다.

④산업화의 선배, 금융화의 선배인 한국의 경험, 중국 투자에 활용할 때

신기술은 사람과 돈 그리고 시간을 먹고 태어난다. 한국의 고슴도치 전략에는 돈이 필요하다. 인재를 키우고 적재적소에 배치하는 것도 어려운

일이지만 인재가 있어도 돈이 없으면 꽝이다. 한국은 미국과 중국도 함부로 하지 못할 필살기를 가지려면 돈이 필요하고 돈을 만드는 전략이 필요하다

적을 이기는 데는 세 가지 방법이 있다. 하수(下手)는 '백전백승(百戰百勝)'을 노리고 피 튀기면서 용감하게 싸우는 것이다. 관우와 장비 같은 용장들이 쓰는 방법이다. 하지만 적도 죽지만 자신도 상처 입는 것을 피할 수 없다.

중수(中手)는 남의 칼로 적을 죽이는 '차도살인(借刀殺人)'이다. 적의 적은 자신의 친구다. 원한을 남기지 않고 상대를 제거하는 전략의 전쟁이다. 합종연횡의 수를 통해 상대를 자빠뜨리는 것이다. 바이든이 동맹을 통해 중국을 죽이겠다는 수가 바로 이것이다.

고수(高手)는 싸우지 않고 이기는 것이다. 바로 '부전승(不戰勝)'이다. 상대가 결코 범접하기 어려운 내공을 보이면 싸움은 끝난다. 장군이 칼을 뽑으면 진 전쟁이다. 장군도는 지휘하라는 칼이지 상대의 목을 직접 베라는 칼이 아니다. 적이 장군의 막사까지 들어와 장군이 칼로 적을 막아야 하는 상황이면 상황 끝이다. 장군이 전략으로 이겨야지 직접 칼을 들고 선혈이 낭자한 전쟁터에서 칼을 휘두르면 칼보다 빠른 화살에 맞아 죽는다.

한국은 미·중 전쟁으로 중국이 어쩔 수 없이 해야 하는 금융 개방의 호기를 노려야 한다. 커촹반(科創板 : 과학혁신판)과 같은 기술주 시장을 활용해 기술에 금융 레버리지를 걸어 자금을 조달하고 차세대 기술에 투자할 자금을 축적하는 '차도살인'의 전략을 모색할 필요가 있다. 중국과 피 터지게 싸우는 것이 아니라 '차도살인'의 계를

> 고수(高手)는 싸우지 않고 이기는 것이다.
> 바로 '부전승(不戰勝)'이다.
> 상대가 결코 범접하기 어려운 내공을 보이면 싸움은 끝난다

이용해 차세대 초격차 기술을 개발해 부전승을 노려야 한다. 기술 유출은 최대한 방지하고 기술 이전은 지연시키면서 미래 기술 투자 자금을 중국을 통해 버는 방법을 모색하는 것이다.

우리가 보는 중국은 '3000년 역사의 중국'과 '70년 혁명의 중국', '40년 자본주의 중국'이 혼재돼 있다. 우리가 중국을 가깝게 느끼는 것은 3000년 공자 사상을 공유했던 공자 문화권 때문이고 중국에 반감을 가질 수밖에 없는 존재인 것은 6·25에 등장한, 한국전에 참전한 적이기 때문이다. 그리고 중국이 한국보다 하수라고 느끼는 것은 1978년 이후 뒤늦게 시작한 자본주의 시장 경제의 지각생이고 철강·조선·기계·가전·자동차·액정표시장치(LCD)·반도체로 이어지는 제조업의 국제 이전 과정에서 한국보다 20~30년의 시차를 가진 산업화의 후배였기 때문이다.

하지만 지금 주목할 것은 자본 시장에 등장한 중국이다. 서방 자본주의 250년 역사에 비해 겨우 30년이라는 짧은 자본 시장의 역사를 가진 중국이 자본 시장을 통해 미국의 기술 봉쇄를 돌파하려 하고 있다. 한국은 1992년 수교 이후 지난 28년간 제조업에서 많이 벌었다. 지금도 한국 무역 흑자의 79%를 중국에서 벌고 있다. 하지만 이게 끝이 아니고 한국이 지난 28년간 중국의 제조업에서 번 것보다 더 크게 많이 벌 수 있는 기회가 생겼다. 한국의 기술에 중국 자본 시장의 옷을 입히는 것이다. 한국은 기술만 넘기고 아무것도 남는 것이 없어지는 것 아니냐고 우려할 수 있지만 역사를 보면 답이 있다.

제조 기술은 영원한 것이 없다. 지금 한국이 세계 최강인 메모리 반도체를 예로 들어보자. 메모리 반도체는 1970년 미국이 개발했고 1985년 일

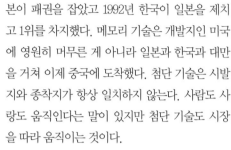

삼성전자의
외국인 지분율

56%

본이 패권을 잡았고 1992년 한국이 일본을 제치고 1위를 차지했다. 메모리 기술은 개발지인 미국에 영원히 머무른 게 아니라 일본과 한국과 대만을 거쳐 이제 중국에 도착했다. 첨단 기술은 시발지와 종착지가 항상 일치하지 않는다. 사람도 사랑도 움직인다는 말이 있지만 첨단 기술도 시장을 따라 움직이는 것이다.

하지만 미국은 메모리 반도체 기술을 일본과 한국으로 이전했다고 그리 애통해 하지 않는다. 이유는 '삼성전자 외국인 지분율'과 '세계 중앙처리장치(CPU) 시장점유율'에 있다. 삼성전자의 외국인 지분율은 56%이고 그중 절반 이상이 미국이다. 삼성이 10조원을 벌면 5조6000억원은 외국인 몫이고 이 중 절반 이상이 미국 몫이다. 반도체 생산과 개발에 피 한 방울 흘리지 않고 유유히 돈을 챙겨가는 것이 미국이다. 기술이 아니라 돈이 일하게 하는 것이다.

1968년 고든 무어와 로버트 노이스는 컴퓨터의 두뇌인 CPU 칩의 대명사인 인텔을 설립했다. 인텔은 1971년 2300개의 트랜지스터를 사용한 마이크로프로세서를 개발한다. 인텔은 1970년 1K D램을 개발했지만 1985년 일본 D램의 생산 원가를 도저히 따라갈 수 없어 D램 생산을 포기하고 고부가 제품인 CPU에만 집중하면서 CPU에서 83%이상의 독보적 점유율로 지금까지 건재하고 있다. 인텔은 D램을 버리고 핵심 경쟁력인 CPU를 선택해 집중 투자를 통해 자신만의 강한 기술 경쟁력을 지켜낸 것이다.

그간 우리의 산업화 경험과 자본 시장 개방 경험을 중국에서 활용할 기회가 왔다. 미·중의 기술 전쟁이 가속화되는 상황에서 우리만의 기술 경쟁력도 지키고 돈도 버는 어부지리를 할 것인지 아니면 이리 터지고 저리 터지는 동네북 신세가 될지는 우리의 선택에 달렸다.

돈의 흐름을 꿰뚫는 산업 트렌드 2021

스마트폰

화웨이 빈자리 누가 차지할까

잠시 주춤했던 스마트폰 시장은 5G · 폴더블폰을 앞세워 성장세 회복이 예상된다

미국의 제재로 화웨이가 휘청거린다면 그 반사 이익은 삼성전자를
비롯한 기타 스마트폰 업체들이 누리게 된다.
삼성전자 · 화웨이 · 애플이 주도하던 '빅3' 시장이 이제 삼성전자와
애플의 '빅2' 구도로 변화할 가능성이 높아졌다

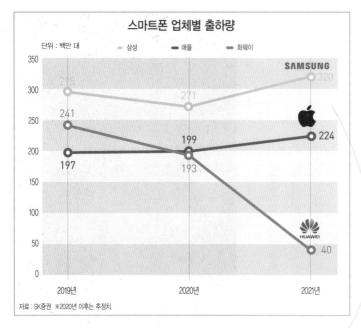

스마트폰 업체별 출하량

단위 : 백만 대　　삼성　애플　화웨이

	2019년	2020년	2021년
삼성	295	271	320
애플	197	199	224
화웨이	241	193	40

자료 : SK증권　※2020년 이후는 추정치

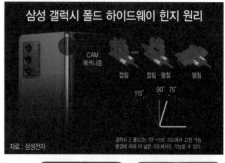

삼성 갤럭시 폴드 하이드웨이 힌지 원리

CAM 메커니즘

접힘　접힘·펼침　펼침

115°　90°　75°

갤럭시 Z 폴드2는 70˚~115˚ 각도로 고정 가능
환경에 따라 더 넓은 각도에서도 가능할 수 있다.

자료 : 삼성전자

삼성 갤럭시 Z 폴드2
멀티 액티브 윈도우

삼성 갤럭시 Z 폴드2
듀얼 프리뷰

2020년 글로벌 스마트폰 시장 규모는 12억6000만 대로 전년 대비 11% 감소할 것으로 보인다. 시장 조사 업체 스트래티지애널리틱스(SA)는 2020년 우려했던 신종 코로나바이러스 감염증(코로나19) 여파가 예상보다 작았다고 분석했다. 2021년에는 경기 회복, 5세대 이동통신(5G), 폴더블 스마트폰 등에 힘입어 9%의 성장세를 보일 것으로 예측했다.

2020년 글로벌 스마트폰 시장점유율 1위는 삼성전자로 예측된다. 2억6000만 대를 출하해 21%의 점유율을 차지할 것으로 보인다. 애플은 1억9200만 대(점유율 15.3%)로 2위로 예상된다. 화웨이의 점유율은 15.1%로 1억9000만 대를 출하해 점유율이 3위로 떨어질 것으로 보인다.

다가올 글로벌 스마트폰 시장에서 주목해야 할 것은 미·중 무역 분쟁이 스마트폰 시장에 미칠 영향이다. 중국 화웨이는 이제 스마트폰 사업의 존폐 여부를 고민하게 됐다. 미국의 화웨이 제재 강화로 스마트폰의 부품 조달이 어려

2021년 스마트폰 시장 예상 점유율

SAMSUNG
23%

16%

워지면 최악에는 스마트폰 사업부 철수 가능성도 대두되는 상황이다.

SA는 화웨이의 글로벌 스마트폰 시장점유율이 2020년 15%에서 2021년 4.3%로 급락할 것이라고 전망했다. 출하량은 2020년 1억9000만 대에서 2021년 5900만 대로 급감할 것으로 보인다. 이는 중국의 화웨이를 겨냥한 미국의 추가 제재 때문이다. SA는 화웨이가 미·중 무역 전쟁에 대비해 비축해 둔 칩셋이 소진되는 시기를 내년으로 예측했다.

미국 제재로 화웨이 '빅3'에서 탈락 전망

미국의 제재로 화웨이가 휘청거린다면 그 반사 이익은 삼성전자를 비롯한 기타 스마트폰 업체들이 누리게 된다. 삼성전자·화웨이·애플이 주도하던 '빅3' 시장이 이제 삼성전자와 애플의 '빅2' 구도로 변화할 가능성이 높아졌다. SA는 중국 시장에서는 자국의 브랜드가 중저가와 하이엔드 모델을, 애플과 삼성전자가 화웨이 플

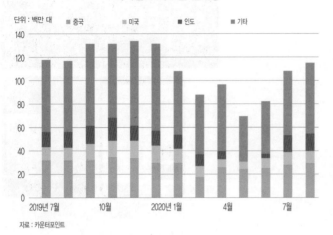

국가별 스마트폰 판매량

단위 : 백만 대 ■ 중국 ■ 미국 ■ 인도 ■ 기타

자료 : 카운터포인트

2019년 7월 / 10월 / 2020년 1월 / 4월 / 7월

래그십 모델을 대체할 것이라고 전망했다. 특히 샤오미·오포·비보 등 중국 스마트폰 제조사들의 점유율은 7~8%에서 10%까지 오를 것으로 보인다.

스마트폰 시장이 위축될 것이란 우려도 있지만 이러한 상황에서도 5세대 이동통신(5G) 스마트폰 시장은 성장할 것으로 보인다. SK증권은 5G 스마트폰 출하량을 2019년 1500만 대에서 2020년 2억5000만 대, 2021년 4억 대까지 증가할 것이라고 전망했다. 5G 스마트폰은 2020년 상반기 코로나19 여파에도 약 7000만 대를 출하했고 모바일 수요 회복이 6월부터 시작되면서 하반기에는 출하량이 더 늘어날 것으로 보인다.

글로벌 폴더블 스마트폰 출하량은 2020년 350만 대에서 2021년 1500만 대, 2022년 4000만 대 수준으로 급격히 성장할 것으로 전망된다. 폴더블 스마트폰 확산의 걸림돌로 지적된 높은 가격도 2021년과 2022년이 되면 대량 양산에 따라 대중적 가격의 제품이 늘어날 것으로 보인다.

대륙별 스마트폰 출하량 점유율

아시아·태평양 **27%**

중국 **26%**

중동·아프리카 **12%**

북아메리카 **11%**

자료 : OMDIA ※2019년 기준

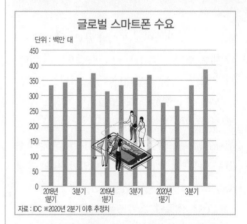

글로벌 스마트폰 수요

단위 : 백만 대

2019년 1분기 / 3분기 / 2019년 1분기 / 3분기 / 2020년 1분기 / 3분기

자료 : IDC ※2020년 2분기 이후 추정치

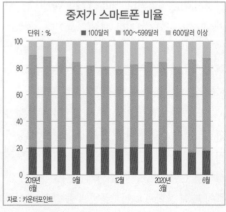

중저가 스마트폰 비율

단위 : % ■ 100달러 ■ 100~599달러 ■ 600달러 이상

2019년 6월 / 9월 / 12월 / 2020년 3월 / 6월

자료 : 카운터포인트

**2020년
삼성전자 폴더블폰
점유율**

90.8%

SAMSUNG

**화웨이 제재로 높아질
삼성전자의 위상**

화웨이의 스마트폰 부품 조달이 어려워지면서 화웨이는 향후 스마트폰 사업의 존폐 여부를 고민하게 됐다. 이에 따라 글로벌 스마트폰 시장은 삼성전자와 애플의 양강 구도로 재편될 가능성이 높아졌다. 특히 프리미엄 스마트폰 시장에서 삼성전자와 애플의 경쟁이 더더욱 치열해질 것으로 보인다.

2021년 화웨이 제재 반사이익 추정

단위 : 백만 대

-83.2	20.7	15.9	6.7	7.6	11.0	1.5	-19.7
화웨이	삼성	애플	오포	비보	샤오미	기타	수요 부진

자료 : 스트래티지애널리틱스

5G 스마트폰
출하량

단위 : 백만 대

2020년	2021년	2022년
약 250	400	500

자료 : OMDIA

**늘어날 5G
스마트폰의 수요**

언택트(비대면) 시대를 맞아 5세대 이동통신(5G) 스마트폰의 수요는 더 증가할 것으로 전망된다. 그간 5G 스마트폰을 출시하지 않았던 애플도 2020년 10월 아이폰 12를 통해 시장에 뛰어들게 된다. 시장의 파이는 더더욱 커질 것으로 전망된다.

인기 높아질 '폴더블'

고가로 진입 장벽이 굳건했던 폴더블 스마트폰도 차차 가격이 내려가면서 수요가 증가할 것으로 보인다.

폴더블폰 출하량 전망

단위 : 백만 대

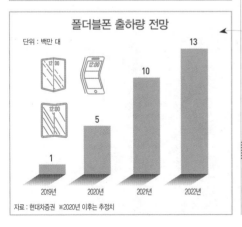

2019년	2020년	2021년	2022년
1	5	10	13

자료 : 현대차증권 ※2020년 이후는 추정치

**2022년
폴더블폰 출하량**

1300만 대

반도체

2021년 투자 증가 전망…파운드리 모멘텀 부각

비대면 시대 클라우드가 이끈 반도체 수요, 신규 CPU 플랫폼과 차세대 D램이 이어 받는다

2021년 반도체 산업은 수요 발생의 긍정적 요인이 다수 발생하는 가운데 공급 증가율도 최저 수준을 기록할 것으로 보인다. 특히 2021년 인텔의 신규 중앙처리장치(CPU) 플랫폼 출시로 2021년부터 서버의 본격적인 교체 수요를 자극할 것으로 보인다. 또한 고성능 저전력의 차세대 D램 'DDR5'가 폭넓은 대역 폭을 기반으로 서버와 PC 반도체의 신규 수요를 창출할 것으로 예상된다.

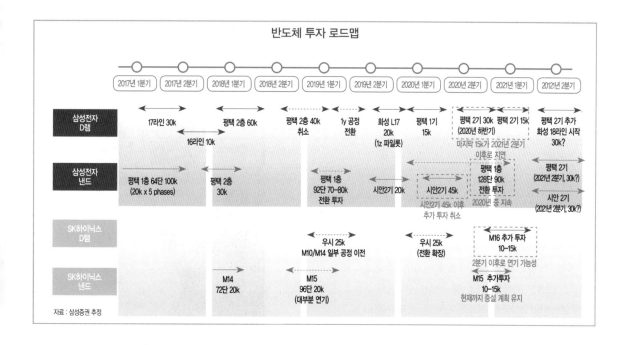

2020년 반도체 수요는 클라우드와 PC 부문에서 빠르게 회복돼 왔다. 신종 코로나바이러스 감염증(코로나19) 사태로 디지털 전환이 가속화되고 재택근무와 온라인 강의가 보편화되며 클라우드와 PC 수요는 연초 시나리오보다 성장세를 나타냈다. 북미 데이터센터 업체들은 2020년 2분기 이후 6개월 만에 서버 D램 주문을 재개한 것으로 추정된다. 아마존·마이크로소프트·구글·페이스북 등 북미 4대 데이터센터 업체들이 10월 초 2020년 설비 투자를 1월 대비 상향 조정(811억 달러→831억 달러)했다.

최근 수년간 하이퍼스케일러(hyperscaler) 업체들은 기업 클라우드 수요 급증에 대비해 설비 투자를 지속 증가시키고 있다. 기업 클라우드 수요 증가 요인은 데이터 사용량 증가도 있지만 하이브리드 클라우드, 멀티 클라우드, 에지 클라우드 기술 개발 등이 있다. 멀티 클라우드는 클라우드 사업자를 2~3개 병행해 사용할 수 있는 기술이고 하이브리드 클라우드는 단일 기업만 사용하는 전용 클라우드와 공용 클라우드를 병행하며 사용할 수 있는 기술이다. 특히 5세대 이동통신(5G) 기지국에 개별 클라우드를 탑재해 사용하는 에지 클라우드 기술은 초저지연 시간이 필수인 스마트 공장, 스마트 유통 산업 등에 적극 도입이 예상돼 향후 클라우드 시장 성장을 가속화할 요인으로 전망된다.

2021년 반도체 산업은 수요 발생의 긍정적 요인이 다수 발생하는 가운데 공급 증가율도 최저 수준을 기록할 것으로 보인다. 특히 2021년 인텔의 신규 중앙처리장치(CPU) 플랫폼 출시로 2021년부터 서버의 본격적인 교체 수요를 자극할 것으로 보인다. 또한 고성능 저전력의 차세대 D램 'DDR5'가 폭넓은 대역 폭을 기반으로 서버와 PC 반도체의 신규 수요를 창출할 것으로 예상된다. 스트리밍 서비스(디즈니+, 넷플릭스)와 5G 스마트폰 확산도 메모리 콘텐츠의 수요 증가를 견인할 것으로 기대된다. KB증권에 따르면 반도체 가격은 2020년 4분기 바닥을 형성한 후

북미 데이터센터 업체 설비 투자

831억 달러

주 : 2020년 10월 초 기준

2021년 1분기 말부터 상승 전환이 예상된다.

2021년 국내 파운드리 산업 모멘텀은 더욱 부각될 것으로 보인다. 5G · 데이터센터 · 자율주행 등 정보기술(IT) 수요 모멘텀에 비해 TSMC를 비롯한 글로벌 파운드리 공급이 부족한 상황이다. 2021년 생산 규모를 크게 늘릴 것으로 예상되는 삼성전자 파운드리 사업부의 수혜가 예상된다. 한국의 파운드리 후공정을 비롯한 관련 장비와 부품 업종도 낙수 효과를 누릴 것으로 기대된다. 설비 투자는 낸드 플래시를 중심으로 상당 부분 늘어날 것으로 예상된다. 시장 조사 업체 IC인사이츠에 따르면 삼성전자 · TSMC · SK하이닉스 등 아시아 반도체 기업들의 설비 투자가 꾸준히 늘면서 코로나19 여파에도 2020년 반도체 시장 전체 설비 투자는 872억 달러(약 96조3734억원)를 기록할 것으로 전망된다.

2021년 삼성전자의 D램, 낸드 증설량은 각각 60k, 80k로 전망된다. 파운드리 증설은 30k 수준으로 전년 대비 50% 이상 확대될 것으로 보인다.

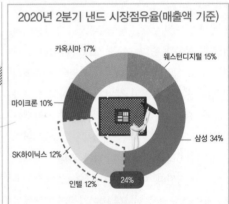

삼성전자
낸드 시장점유율

34 %

주 : 2020년 2분기

2020년 2분기 낸드 시장점유율(매출액 기준)

카옥시마 17%
웨스턴디지털 15%
마이크론 10%
삼성 34%
SK하이닉스 12%
인텔 12%
24%

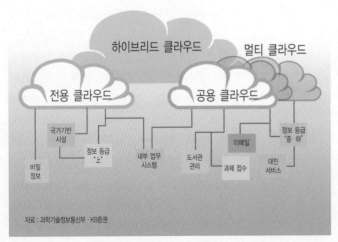

하이브리드 클라우드의 개요

하이브리드 클라우드   멀티 클라우드

전용 클라우드   공용 클라우드

국가기반
시설
정보 등급
'상'
비밀
정보
내부 업무
시스템
이메일
정보 등급
'중 · 하'
도서관
관리
과제 접수
대민
서비스

자료 : 과학기술정보통신부 · KB증권

삼성전자 이미지 센서 생산량

단위 : 천 장

연평균 25%
성장

140
120
100
80
60
40
20
0
2019년 2020년 2021년 2022년 2023년 2024년

자료 : 삼성증권 · OMDIA

2020년 반도체 업계 M&A 규모

100조 원

자료: IC인사이츠

코로나19 시나리오별 디램 수요 변화 추이

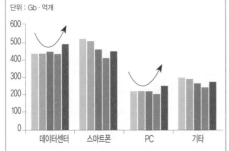

단위 : Gb · 억개

범례: ■ 코로나19 전 ■ 코로나19 초기 ■ 코로나19 심화 ■ 코로나19 장기화 ■ Actual

x축: 데이터센터 / 스마트폰 / PC / 기타

자료: 삼성증권

북미 IDC 설비 투자 전망

단위 : 십억 달러 범례: ■ 마이크로소프트 ■ 구글 ■ 아마존 ■ 페이스북

2019년: 69
2020년(추정): 83
2021년(추정): 90

자료: 각 사 · 블룸버그 · KB증권

삼성전자 EUV 노광 장비

5nm

이하급으로 업그레이드

글로벌 M&A, 'AI 반도체' 시장을 잡아라

IC인사이츠에 따르면 AMD가 경쟁 업체인 자일링스를 350억 달러(약 39조4000억원)에 인수하기로 하면서 2020년 반도체 업계가 인수 · 합병(M&A)에 쏟아부은 돈만 100조원을 넘었다. 배경으로는 10년 뒤 130조원 규모로 성장할 인공지능(AI) 반도체 시장이 꼽힌다.

삼성전자의 시스템 LSI 성장세 '주목'

2021년 파운드리, 이미지 센서(CIS), 애플리케이션 프로세서(AP) 부문에서의 성장이 기대된다. 전 세계 파운드리 시장은 TSMC와 삼성전자 구도로 좁혀지는 가운데 극자외선(EUV) 노광 장비를 확보하고 양산 경쟁이 치열하다. 삼성전자는 5nm 이하급 EUV 업그레이드를 통한 TSMC와의 경쟁력 격차 축소에 나설 것으로 전망된다.

인텔과 SK하이닉스의 시너지 기대

SK하이닉스의 인텔 낸드 사업부 인수는 인수 금액(10조 3000억원)의 논란을 떠나 점유율 확대와 수익성 개선 측면에서는 분명한 시너지 효과가 기대된다. 또한 SK하이닉스는 낸드 단품 위주 영업에서 벗어나 인텔 소프트웨어와 컨트롤러 등을 활용한 스토리지 최적화 기술로 낸드 포트폴리오 다변화가 가능해질 것으로 보인다.

디스플레이

예상 밖 가격 상승…차세대 주인공은 'OLED'

OLED · QLED 전환 가속, 프리미엄 · 온라인으로 돌파한다

한국 패널 업체들에는 새로운 돌파구가 필요한 상황이다. 유기발광다이오드(OLED) 시장은 수요 제품의
폼팩터 변화 요구가 강화되고 있어 성장이 지속될 것으로 전망된다. 한국 디스플레이 업체들은
액정표시장치(LCD)에서 탈피해 OLED 중심의 본격적인 사업 구조 전환에 속도를 내고 있다.

삼성전자의 'QLED 8K'

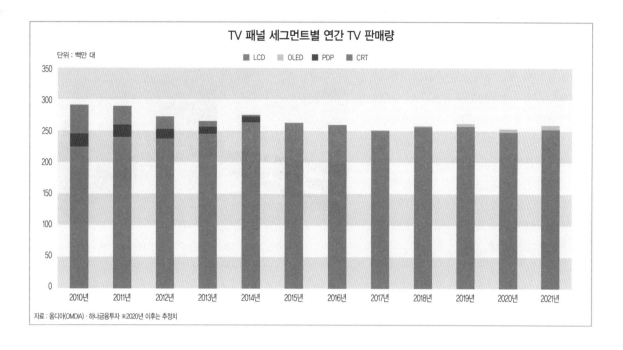

TV 패널 세그먼트별 연간 TV 판매량

단위 : 백만 대

LCD · OLED · PDP · CRT

자료 : 옴디아(OMDIA) · 하나금융투자 ※2020년 이후는 추정치

신종 코로나바이러스 감염증(코로나19) 발생 초기만 하더라도 TV와 정보기술(IT) 기기 등 전반적인 수요 위축이 우려됐다. 하지만 시간이 지나면서 온라인 학습 등 비대면 환경이 IT 패널의 공급 부족 상황을 낳았다. 한국 업체를 중심으로 8세대 LCD TV 라인 감산을 결정, TV 패널 수급이 어려워지면서 3분기 이후 패널 가격이 급등했다. 7분기 연속 적자에 시달렸던 LG디스플레이는 흑자 전환했다.

이에 따라 2021년 상반기까지는 타이트한 수급과 패널 가격이 예상된다. 디스플레이 시장 상황을 반영하는 LCD 패널 가격 추이를 보면 2020년 5월 저점 대비 10월까지 큰 폭의 상승을 경험했다. 32인치 TV 패널은 전 분기 대비 29% 상승했고 55인치도 19% 올랐다.

시장 조사 업체 옴디아(OMDIA)에 따르면 LCD TV 패널 가격은 2020년 4분기와 2021년 1분기까지 상승세가 꺾이지 않을 것으로 전망된다. 당초 2020년 예정됐던 글로벌 스포츠 이벤트(도쿄올

2020년 3분기
LG디스플레이
영업이익

1644억원

7분기 만의 흑자 전환

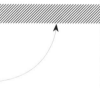

림픽, 유로 2020 등)들이 이르면 2021년 6월부터 개최될 것으로 보이기 때문이다. 이에 따라 세트 업체들은 TV 패널을 적어도 1분기까지 안정적으로 확보해야 하는 반면 패널 공급 업체의 감산으로 인해 초과 공급률은 연간 10%로 타이트한 수급이 예상된다.

비중은 LCD, 증가율은 OLED

비중으로는 LCD 패널, 증가율은 OLED TV 패널이 앞서는 한 해가 될 것으로 보인다. OMDAI 분석에 따르면 2021년 대면적 패널 수요는 2억3000만㎡로 전년 대비 6% 증가할 것으로 전망된다. 면적 기준 성장률이 가장 높은 것은 OLED TV 부문이다. 이는 2020년 OLED 패널 램프업(본격 양산)이 늦어지면서 공급이 여의치 않았기 때문이다. 한편 면적 비율이 높은 애플리케이션은 여전히 LCD TV 패널로 보인다. 전체 수요 대비 비율로 보더라도 2020년 74%에서 2021년 76%로 수급을 좌우하는 중요한 품목으로 예상된다.

LCD 패널 시장은 중국 중심의 과점화 단계에 진입한 것으로 분석된다. LCD 시장에서 주도권을 잃은 한국 패널 업체들에는 새로운 돌파구가 필요한 상황이다. OLED 시장은 수요 제품의 폼팩터 변화 요구가 강화되고 있어 성장이 지속될 것으로 전망된다. 한국 디스플레이 업체들은 LCD에서 탈피해 OLED 중심의 본격적인 사업 구조 전환이 기대되고 있다. 중국 패널 업체들은 10.5세대 LCD 신규 라인 이후 LCD 투자가 2022년부터 급감할 것으로 보이고 중소형 OLED 투자를 지속할 것으로 보인다.

LG디스플레이 중국 광저우 OLED 패널 공장 양산 출하식.

미니 LED로 격돌하는 2021년

한국 패널 업체들은 프리미엄 TV 패널 시장에서 길을 모색할 것으로 보인다. 삼성증권에 따르면 삼성디스플레이는 대면적에서 QD-OLED 월 30k 생산 규모의 설비 반입을 마무리하고 샘플 생산을 통해 고객 확보에 나설 예정이다. LG 디스플레이는 광저우 OLED팹 추가 증설을 통해 고객 수요 확대에 나설 것으로 전망된다. 디스플레이는 멀티모델글라스(MMG) 생산 방식을 통해 8.5세대 생산 라인에서 77인치와 48인치 양산 조합을 만들어 냈고 48인치는 새로운 게임용 고화질 TV로 주목 받고 있다. 현재는 광저우 OLED팹에서만 대응하고 있어 수요 대응이 여의

치 않은 상황이다. 2021년 파주 공장에서도 48인치 생산에 나설 것으로 전망된다.

프리미엄 TV 시장에서 대면적 OLED 기술 외에도 미니 LED와 마이크로 LED 기술로의 빠른 진화를 기대하는 시각도 있다. 각각의 디스플레이 기술이 가지는 소구점이 분명하지만 양산의 경제성을 따진다면 미니 LED TV와 마이크로 LED TV는 수율 개선과 공정 검증이 좀 더 필요할 것으로 보인다. 마이크로 LED TV와 달리 미니 LED 제품은 상대적으로 높은 가격으로 소량 생산돼 왔다. 미니 LED는 생산 원가의 대부분이 백라이트 부분의 LED 칩 개수에 달려 있다. 상대적으로 고가 제품과 같은 틈새시장을 파고드는 등 다양한 애플리케이션에 적용되면서 2021년에는 좀 더 확대될 가능성이 제기된다.

자료: 블룸버그·삼성증권

2021년
미니 LED TV
출시 전망

SAMSUNG
200~
300만 대

⊕ LG
100만 대

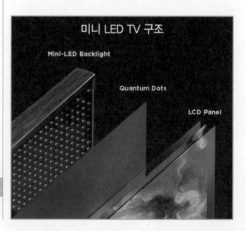

LG디스플레이 48인치 OLED 패널 멀티모델글라스(MMG) 제조 방식

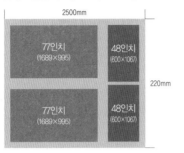

```
          2500mm
┌──────────────┬────────────┐
│   77인치     │   48인치   │
│ (1689×995)   │ (600×1067) │
├──────────────┼────────────┤  220mm
│   77인치     │   48인치   │
│ (1689×995)   │ (600×1067) │
└──────────────┴────────────┘
```

자료 : LG디스플레이

OLED TV와 QLED TV 판매량

단위 : 천 대   ■ QD-LCD TV   ■ OLED TV

```
3000

2500

2000

1500

1000

 500

   0
   2018년   2018년   2019년   2019년   2020년
   1분기    3분기    1분기    3분기    1분기
```

자료 : 키움증권

마이크로 LED 전사 공정

Monolithic Array

에피(Epi) 웨이퍼

기판

Pick and Place

기판   에피(Epi) 웨이퍼

자료 : 삼성디스플레이

한국 디스플레이 업체의 대형 LCD 패널 점유율

2020년
20.4%

2021년
9.7%

자료 : 시장조사업체 트렌드포스

글로벌 OLED TV 누적 판매량

711만
8000대

자료 : 옴디아(OMDIA)
※ 2020년 11월 기준.

삼성디스플레이 QLED 투자 계획

2025년까지

13조
1000억원 투입

한국 디스플레이, 체질 개선 관전 포인트

코로나19의 위기 상황이 디스플레이 제품 수요 확대로 이어진 점이 한국 디스플레이 업체들에 새로운 기회가 되긴 했지만 2021년 대면적 LCD TV 패널 시장에서 벗어나 새로운 체질 개선에 성공할 수 있을지 귀추가 모아진다. 특히 프리미엄 TV 시장에서 OLED 패널이 의미 있는 시장점유율을 가져갈 수 있을지, QD-OLED에서 가격 경쟁력 확보가 이뤄질 수 있을지 여부에 주목된다.

온라인 판매 비중 확대

KB증권에 따르면 삼성전자 · LG전자 등 글로벌 가전 업체의 온라인 판매 비율은 2019년 10%에서 2021년 40%까지 확대가 예상된다. 이는 비대면 영업 환경 변화에 따른 오프라인 유통의 마케팅 비용 절감이 가능해져 장기적인 수익성 개선 요인으로 작용할 것으로 보인다.

공급 조절의 패를 쥐고 있는 삼성디스플레이

공급 측면 변수인 한국 업체들의 감산은 삼성디스플레이의 전략에 따라 변동성이 확대될 전망이다. LG디스플레이의 계획 변경 규모는 그리 크지 않을 것으로 전망되는 반면(면적 기준 글로벌 비율 1% 미만), LCD 라인 전량 매각을 계획했던 삼성디스플레이의 일정 변경은 2021년 수급에 큰 영향을 주기 때문이다(글로벌 비율 8%).

가전

포스트 코로나 시대, '건강 가전'의 재발견

주거 트렌드 변화로 가전 수요 확대…'프리미엄'이 이끈 가전 시장

유럽과 미국 등 선진국은 의류관리기에 대한 관심이 확산됐고
한국에선 건조기·식기세척기·전기레인지 보급이 확산되고 있다.
이들 제품은 대부분 프리미엄 제품군으로 가전 수익성에 긍정적인 영향을 주고 있다.

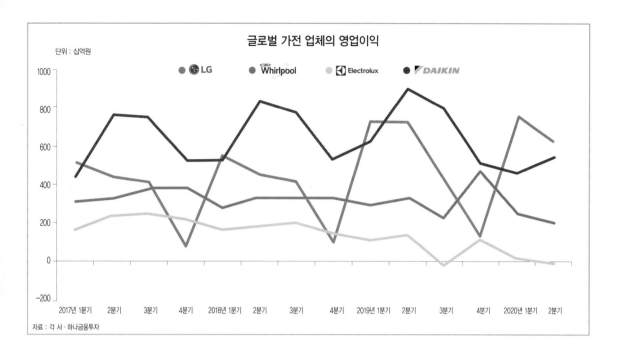

글로벌 가전 업체의 영업이익

단위 : 십억원

● ⓛⓖ LG　　● Whirlpool　　● Electrolux　　● DAIKIN

자료 : 각 사 · 하나금융투자

신종 코로나바이러스 감염증(코로나19) 장기화로 주거 트렌드의 변화가 뚜렷해지고 있다. 그간 직장은 일터, 집은 쉼터로 기능돼 왔다면 사회적 거리 두기와 재택근무의 활성화로 집은 '레이어드 홈(layered home)'이 되고 있다. 단순 주거를 넘어 일 · 문화 · 취미 · 운동 등 다양한 활동을 포용하는 다목적 기능을 겸비한 공간으로 진화한다.

공간 활용의 인식이 달라지면서 가전 시장에도 변화의 바람이 불고 있다. 스마트 홈과 스마트 시티가 코로나19 이후 주택 시장의 화두로 떠오르면서 가전 업체들은 사물인터넷(IoT) 기술을 접목하는 등 첨단 정보기술(IT)을 통해 시장 주도권을 확보하고자 한다. 삼성전자가 한샘과 함께 가전과 가구의 패키지 형태의 상품을 판매하는 등 인테리어 업종과의 컬래버레이션도 눈에 띄었다. 최근 탈모 치료기, 전자식 마스크, 화장품 보관 냉장고, 식물 재배기 등 이색 가전제품이 쏟아져 나오고 있다. 냉장고 · 세탁기 · TV 등 기존 가전제품의 영역을 넘어선 것들이다. 집에 머무르는 시간이 많

한국 건강 가전 시장 성장률

46.0%

아지면서 가전제품에 대한 잠재 수요가 증가한 것을 노렸다는 것이다. 삼성전자와 LG전자 등 대표적 가전 업체들이 더 색다른 제품을 개발해 출시하고자 경쟁을 벌이면서 가전제품의 영역이 점점 확대되고 있다.

포스트 코로나 시대, '건강 가전'은 필수 가전의 영역으로 들어오고 있다. 위생 관념의 확산과 한국 대기 질 악화, 삶의 질에 대한 관심 고조로 한국 건강 가전 시장은 최근 3년간 평균 46% 성장했다. 2020년 한국의 시장 규모는 공기청정기 400만 대, 건조기 200만 대, 의류관리기 60만 대, 식기세척기 30만 대 등 수준을 형성했다. 특히 스팀 살균 기능을 갖춘 건조기 · 의류관리기 · 식기세척기에 대한 관심이 높아졌다.

유럽과 미국 등 선진국은 의류관리기에 대한 관심이 커졌고 한국에선 건조기 · 식기세척기 · 전기레인지 보급이 확산되고 있다. 이들 제품은 대부분 프리미엄 제품군으로 가전 수익성에 긍정적인 영향을 주고 있다.

삼성전자와 LG전자의 2020년 3분기 TV · 가전 사업은 집에 머무르는 시간이 늘어난 데다 펜트업(pent up : 억눌린) 수요가 폭발하면서 각각 역대 최대 영업이익과 분기 사상 최대 매출을 기록했다.

서비스 로봇 부문에서 새로운 수요 창출

TV · 가전사업을 담당하는 삼성전자 CE(소비자가전)부문의 3분기 매출은 14조900억원, 영업이익 1조5600억원을 기록했다. 특히 생활 가전은 비스포크 냉장고와 그랑데AI 등 프리미엄 제품 판매가 크게 늘어났고 건강 가전에 대한 관심이 높아진 가운데 건조기 · 에어드레서 등의 판매가 증가하면서 실적을 견인한 것으로 분석된다.

LG전자의 생활 가전을 맡고 있는 H&A 사업본부는 3분기 6조1558억원의 매출과 9590억원의 영업이익을 달성했다. 분기 사상 최대 매출인 동시에 역대 3분기 최대 영업이익을 기록했다. LG전자의 가전 매출 중 약 30%가 국내 매출이고 프리미엄의 비율이 높다. 4분기에도 이 부문 실적 호조가 이어질 것이라는 기대감이 여전하다.

최근 몇 년간 건조기가 새로운 가전 수요를 창출했다면 앞으로 서비스 로봇 부문에서 또 다른 시장이 열릴 것으로 기대된다. 언택트(비대면) 트렌드에 따라 로봇의 상업화 속도가 빨라질 것으로 전망된다. 로봇은 서빙 · 주방(커피 제조, 음식 조리, 설거지) · 안내 · 청소 · 쇼핑 · 배달 등 다양한 영역으로 확대되고 있다. LG전자는 리조트와 레스토랑 등에 '서빙 로봇'을 선보이며 비대면 서비스를 늘려 가고 있다.

삼성전자가 2020년 세계 가전 전시회(CES)를 통해 선보인 지능형 반려 로봇 '볼리'와 같이 인공지능(AI)이 접목된 인텔리전트 로봇도 보급을 준비하고 있다. 실내 IoT 기기와 연결돼 모니터링과 제어 등 홈 케어 수행을 할 수 있을 것으로 보인다.

가전 부문 매출

SAMSUNG 삼성전자

14조 900억원

LG

6조 1558억원

※ 2020년 3분기 기준

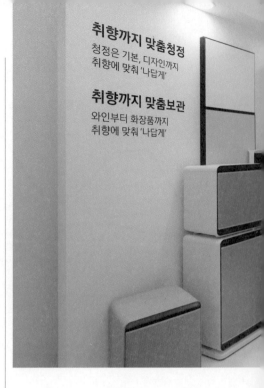

취향까지 맞춤청정
청정은 기본, 디자인까지
취향에 맞춰 '나답게'

취향까지 맞춤보관
와인부터 화장품까지
취향에 맞춰 '나답게'

코로나19 시기 언급량 증가 연관어 톱10

단위 : %

홈코노미	1040
홈스쿨링	239
홈오피스	204
홈피트니스	132
홈필라테스	103
홈시네마	73
홈술	65
홈베이킹	62
홈트레이닝	59
홈쇼핑	49

자료 : KTB투자증권

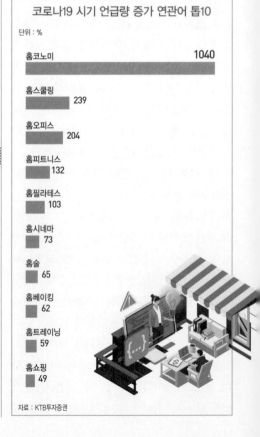

2021 투자 포인트

온라인 강화…비대면 판매 확대된다

코로나9 장기화로 가전 업체들은 온라인 판매를 확대하고 있다. 가전·TV 매장 방문자 감소에 대비하기 위해 삼성전자는 온라인 판매 인프라를 지속적으로 늘리고 O2O (온·오프라인 연계) 특화 프로모션을 통해 QLED TV와 비스포크 가전 등 프리미엄 제품 판매를 확대할 계획이다.

예뻐진 가전, 맞춤형 가전의 인기

'집콕족'이 늘면서 핑크와 같은 과감한 색상과 디자인을 선택할 수 있는 맞춤형 가전이 인기를 끌고 있다. 삼성전자는 맞춤형 가전 브랜드인 비스포크를 내놓으면서 가전의 전성시대를 이끌고 있다. 고객이 가전의 외관 패널 색깔과 조합을 마음대로 고를 수 있는 것이 특징이다.

빌트인 시장 규모 2020년 1조6200억원 전망

백색 가전의 시장 성장률이 낮아지면서 빌트인 가전이 잠재력 있는 시장으로 떠오르고 있다. 삼성전자와 LG전자는 관련 시장 공략에 한창이다. 유러모니터에 따르면 한국의 가전 빌트인 시장 규모는 2015년 282만9000대에서 2020년 351만3000대로 24.1% 성장할 것으로 전망된다.

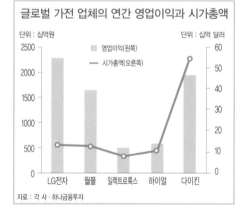

글로벌 가전 업체의 연간 영업이익과 시가총액

단위 : 십억원 / 단위 : 십억 달러

■ 영업이익(왼쪽)
— 시가총액(오른쪽)

	LG전자	월풀	일렉트로룩스	하이얼	다이킨

자료 : 각 사·하나금융투자

한국 가전 빌트인 시장 규모

282만9000대
2015년

351만3000명
2020년

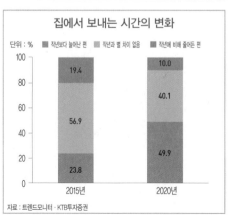

집에서 보내는 시간의 변화

단위 : % ■ 작년보다 늘어난 편 ■ 작년과 별 차이 없음 ■ 작년에 비해 줄어든 편

	2015년	2020년
작년보다 늘어난 편	19.4	10.0
작년과 별 차이 없음	56.9	40.1
작년에 비해 줄어든 편	23.8	49.9

자료 : 트렌드모니터·KTB투자증권

통신

5G 강점 살린 B2B 서비스 새 성장 엔진 될까

5G 가입자 수는 800만 명을 돌파하며 이동통신 3사는 다양한 B2B 서비스를 출시할 전망이다

5세대 이동통신(5G) 가입자는 800만 명 시대를 눈앞에 두고 있다. 과학기술정보통신부에 따르면
2020년 7월 기준 5G 가입자 수는 785만7205명으로 전월 대비 6.2% 증가했다.
조만간 800만 명을 돌파할 것으로 보인다.

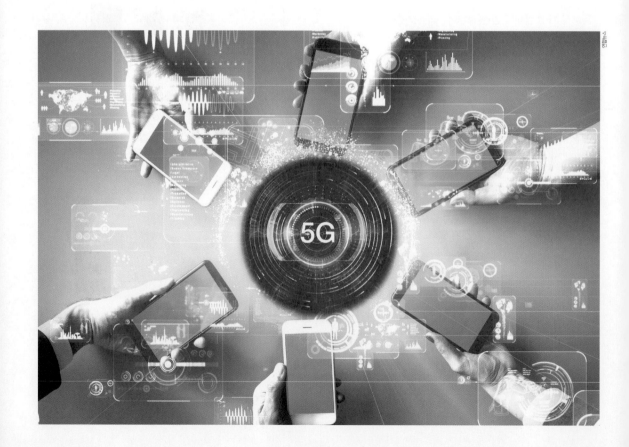

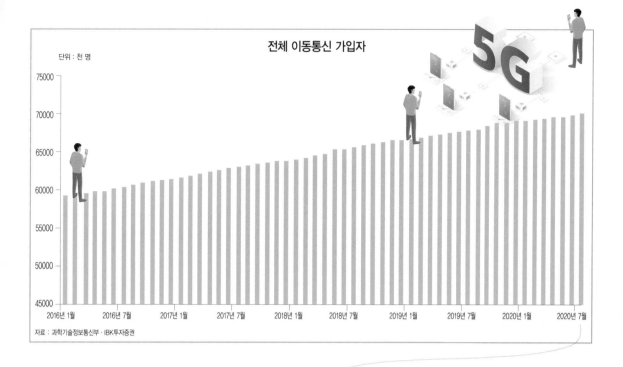

전체 이동통신 가입자

단위 : 천 명

자료 : 과학기술정보통신부 · IBK투자증권

신종 코로나바이러스 감염증(코로나19)으로 '언택트(비대면) 시대'가 본격화되면서 통신사들에도 새로운 기회의 장이 열렸다.

언택트 시대의 개막으로 5G 가입자 증가세는 순항 중이다. 5G 가입자는 800만 명 시대를 눈앞에 두고 있다. 과학기술정보통신부에 따르면 2020년 7월 기준 5G 가입자 수는 785만7205명으로 전월 대비 6.2% 증가했다. 조만간 800만 명을 돌파할 것으로 보인다. 2G부터 5G까지 전체 이동통신 가입자 수는 6980만5051명으로 곧 7000만 명 돌파를 눈앞에 두고 있다.

통신사별로 5G 가입자 수를 살펴보면 SK텔레콤이 358만3951명(점유율 45.6%)으로 1위를 지켰다. KT는 239만2558명(30.5%), LG유플러스는 187만8670명(23.9%)을 기록했다. 알뜰폰 5G 가입자는 226명으로 전체 이동통신에서 점유율 11.2%를 차지했다.

2019년 한국 통신 3사는 5G 글로벌 상용화 최초라는 타이틀을 거머쥐며 '5G 시대'를 열었다.

이동통신 가입자
6980만
5051명
※2020년 7월 기준

5G 가입자
785만
7205명
※2020년 7월 기준

이듬해인 2020년 5G 관련 상품과 B2B(기업 간 거래) 서비스를 통해 5G의 활용 폭을 넓히는 시기였다.

향후 5G 서비스로 주목해야 할 것은 기업 고객 위주의 'B2B 서비스'다. 키움증권은 "B2B 서비스는 매출 비율이 높지 않아 성장을 예상하기 어렵지만 B2B 사업 자체에 대한 전망은 긍정적"이라고 분석했다. 5G와 관련한 B2B 서비스로는 클라우드 서비스와 스마트 팩토리 등이 있다. 특히 코로나19 이후 언택트 트렌드와 함께 클라우드 서비스에 대한 수요가 증가하고 있다. 스마트 팩토리는 제조업에서 산업 기계와 연결돼 데이터 수집과 분석, 관제 등 비용 절감 효과를 기대할 수 있다.

키움증권은 한국 통신 3사의 B2B 매출이 2015년 10% 수준에서 현재 13%까지 매출 비율이 높아졌다고 추정했다. 향후 5G 인프라 중심의 B2B 비즈니스 성장은 계속될 것으로 보인다. 기존 롱텀에볼루션(LET) 중심의 B2C에서 B2B 중심으로 옮겨 간다면 통신 서비스 업체들의 실적 성장도 지속될 것으로 보인다.

5G에서 통신사가 주목하는 서비스 중 하나는 '게임'이다. 5G의 등장으로 끊김 없는 게임이 가능해지면서 기기와 장소의 제약 없이 즐길 수 있는 클라우드 게임 시장이 커지고 있다. 통신 3사는 5G 시대의 킬러 콘텐츠로 클라우드 게임을 점찍었다.

SK텔레콤은 마이크로소프트와 손잡고 9월 15일 엑스박스 클라우드 게임을 한국에서 출시한다. KT는 8월 구독형 스트리밍 게임 서비스 '게임박스'를 정식 출시했다. 월정액 요금을 내면 스마트폰·PC·IPTV 등을 통해 100여 종의 게임을 무제한으로 즐길 수 있다. 가장 발빠르게 움직인 LG유플러스는 엔비디아와 손잡고 지난해 8월부터 '지포스나우'를 서비스하고 있다. 그래픽카드 업체 엔비디아의 클라우드 게임 서비스 지포스나우는 한국에서 LG유플러스가 단독 서비스를 맡아 300여 종의 게임을 공급하고 있다.

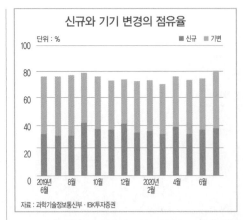

통신 3사
5G 점유율

SK telecom
45.6%

kt
30.5%

LG U+
23.9%

※2020년 7월 기준

신규와 기기 변경의 점유율

단위 : %　　　■ 신규　■ 기변

자료 : 과학기술정보통신부 · IBK투자증권

SK텔레콤 5G 가입자 비율

단위 : 백만 명　■ 전체 가입자　— 5G 가입자 비율　　단위 : %

자료 : 과학기술정보통신부 · IBK투자증권

스마트폰 총 데이터에서 5G 비율

단위 : %　　■ 4G　■ 5G

자료 : 과학기술정보통신부 · IBK투자증권

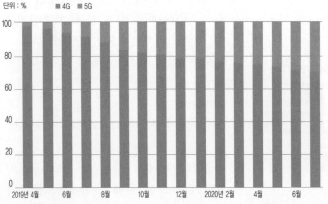

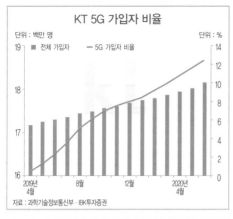

KT 5G 가입자 비율

단위 : 백만 명 　　　　　　　　　　단위 : %
- 전체 가입자
- 5G 가입자 비율

자료 : 과학기술정보통신부 · IBK투자증권

LG유플러스 5G 가입자 비율

단위 : % 　　　　　　　　　　　단위 : %
- 전체 가입자
- 5G 가입자 비율

자료 : 과학기술정보통신부 · IBK투자증권

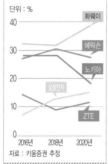

글로벌 통신장비 업체 시장점유율

단위 : %

화웨이
에릭슨
노키아
삼성전자
ZTE

자료 : 키움증권 추정

통신 3사 가입자당 평균 매출

kt
3만 1773원

SK telecom
3만 796원

LG U+
3만 777원

※2020년 1분기 기준

'언택트'로 각광 받을 교육 콘텐츠

코로나19의 여파로 원격 수업이 성행하면서 통신 3사도 홈 스쿨링과 비대면 교육에 쓰일 수 있는 교육 콘텐츠를 내놓기에 여념이 없다. 당초 유·아동에 머물러 있던 교육 콘텐츠는 이제 초등학생용까지 확대된 상황이다. 향후 원격 수업이 더더욱 확대될 것을 고려해 통신 3사는 교육 콘텐츠에 투자를 늘릴 것으로 보인다.

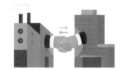

더욱 확대될 B2B 비즈니스

5G 시대, 기대되는 것은 B2B 비즈니스다. 대량의 데이터를 빠른 속도에 처리할 수 있는 5G는 스마트 팩토리 등 여러 B2B 비즈니스에 사용될 것으로 보인다. 이에 따라 이통사들도 B2B 비즈니스에 대한 투자를 늘리고 있다.

5G 킬러 콘텐츠는 '게임'?

SK텔레콤은 마이크로소프트와, LG유플러스는 엔비디아와 손잡고 클라우드 게임 시장에 다시 뛰어들었다. KT는 자체 플랫폼으로 승부한다. 과거 이통 3사는 클라우드 게임 시장에서 별다른 성과를 거두지 못했지만 이제 5G를 기반으로 클라우드 게임 시장에서의 보폭을 넓힐 것으로 예상된다.

2차전지

성장의 '방향성'은 이미 정해졌다

전방 시장 확대 속 배터리 업체 흑자 전환 주목···
2021년부터 가동 예정인 전기차 전용 생산 플랫폼 증가

2차 전지와 관련해 전방 산업의 성과와 연계된 배터리 업체들의
펀더멘털 개선 여부를 주목할 필요가 있다. 국가 단위의 친환경 정책 진행과
테슬라 배터리 데이 이후 기존 완성차 업체와 배터리 업체들의 전략적 선택 방향 역시
면밀히 따져봐야 한다는 분석이다.

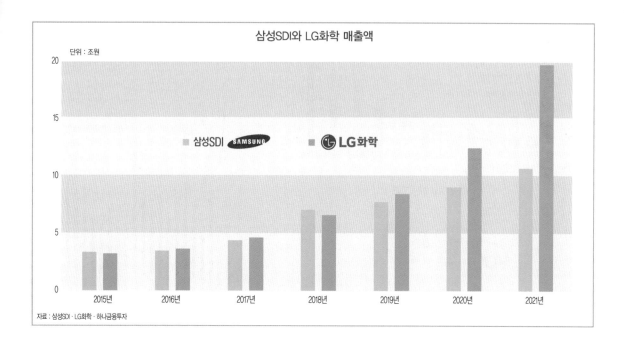

삼성SDI와 LG화학 매출액

단위 : 조원

■ 삼성SDI **SAMSUNG**   ■ **ⒼLG화학**

자료 : 삼성SDI · LG화학 · 하나금융투자

2020년 한국 2차전지 업체는 연초 대비 72% 급등하며 시장의 관심을 모았다. 신종 코로나바이러스 감염증(코로나19로) 사태로 인한 전방 전기차에 대한 글로벌 소비 위축과 생산 차질을 우려하던 3~4월과 비교하면 확연한 변화다.

글로벌 2차전지 밸류체인 주가는 2020년 11월 초까지 한국 업체는 조정, 중국 업체는 급등세를 보여 왔다. 9월은 테슬라 배터리 데이 행사가 마무리된 데 이어 LG화학 물적 분할, 코나 EV 화재 발생과 글로벌 완성차 업체들의 리콜 소식 등이 잇따랐다. 11월 이후로는 밸류에이션 차이가 없어졌다. 따라서 다시 전방 산업의 성과와 연계된 배터리 업체들의 펀더멘털 개선 여부를 주목할 필요가 있다. 국가 단위의 친환경 정책 진행과 테슬라 배터리 데이 이후 기존 완성차 업체와 배터리 업체들의 전략적 선택 방향 역시 면밀히 따져봐야 한다는 분석이다.

글로벌 배터리 수요량은 향후 6년간 연평균 38% 증가할 것으로 전망된다. 월별 전기차 배터리 판매량은 2020년 하반기부터 증가 폭이 확대되는 추세다. 시장 조사 업체 SNE리서치와 하나금융투자에 따르면 향후 6년 연평균 성장률(CAGR)은 유럽이 30%로 가장 높을 것으로 보이고 2025년 유럽 전기차 침투율은 17%로 전망된다.

2020년 글로벌 전기차 판매량

279만 대

삼성증권은 2021년 유럽 전기차 판매 103만 대, 글로벌 기준으로 279만 대를 추정했다. 코로나19 이후 보수적으로 예측됐던 전기차 판매 추정치는 시간이 지나면서 수요가 빠르게 회복되고 있다. 2020년 연간 판매량은 유럽이 103만 대, 글로벌로는 279만 대 수준으로 전망된다. 3분기 판매량 기준으로 유럽이 전년 대비 171% 늘어난 38만 대를 달성했다. 유럽은 전기차 판매 비율이 3분기에 10%를 넘어선 것으로 보이는데 각국의 전기차 판매에 대한 보조금뿐만 아니라 주요 완성차 업체의 보급형 전기차 판매 확대에 따라 수요를 이끌어 낸 것으로 보인다.

전기차 판매 전망치 조정에 따라 글로벌 EV 배터리 출하량은 상향 조정될 것으로 전망된다.

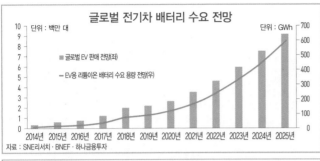

글로벌 전기차 배터리 수요 전망

단위 : 백만 대 　　　　　　　　　　단위 : GWh

■ 글로벌 EV 판매 전망(좌)
— EV용 리튬이온 배터리 수요 용량 전망(우)

자료 : SNE리서치 · BNEF · 하나금융투자

유럽 전기차 판매량

단위 : 천 대

자료 : EV세일즈 · 키움증권

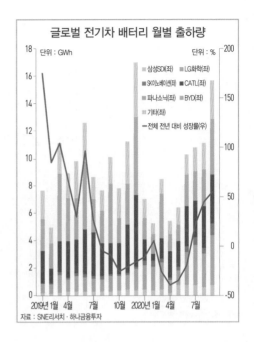

글로벌 전기차 배터리 월별 출하량

단위 : GWh 　　　　　　　　　　단위 : %

■ 삼성SDI(좌)　■ LG화학(좌)
■ SK이노베이션(좌)　■ CATL(좌)
■ 파나소닉(좌)　■ BYD(좌)
■ 기타(좌)
— 전체 전년 대비 성장률(우)

자료 : SNE리서치 · 하나금융투자

배터리 출하는 기존 예상보다 37GWh에서 대폭 늘어난 52GWh 규모로 예상된다. 이는 전년 대비 104% 늘어난 것이다. 2021년 글로벌 전기차 판매량은 각국 정부의 전기차에 대한 지원책 강화와 테슬라 모델 Y의 글로벌 판매와 폭스바겐의 대중 전기차 보급 확대, 그리고 상용 EV의 확대 등에 힘입어 2020년보다 34% 늘어난 370만 대가 예상된다. 2021년 연간 전기차 판매 비율은 4.7%가 예상되고 중국은 163만 대, 유럽은 145만 대로, 전체의 83%를 좌우할 것으로 보인다. 상용 EV와 일반 하이브리드(HEV)를 포함한 xEV 배터리 출하는 260GWh 수준으로 예상되는데 승용차 기준 EV 배터리 출하는 212GWh로 전년 대비 45% 늘어날 것으로 추정된다.

2021년 2차전지 산업에 영향을 미칠 수 있는 요인은 다음과 같다. 먼저 테슬라 배터리 데이 이후 산업 내에서 테슬라가 주장했던 여러 부분에 대해 직간접적으로 다양한 검증 시도가 있을 것으로 보인다. 배터리 데이를 통해 공개된 4680셀 구조에서부터 공정 · 재료 · 패키징에

2021년 연간 전기차 판매 비율

4.7%

이르기까지 이슈화될 가능성이 높다. 전방 산업인 전기차 시장에서 유럽 · 중국 등 주요 지역의 정책과 판매 환경 변화도 점검할 필요할 것으로 보인다. 유럽은 운송 수단에 대한 이산화탄소 배출 규제가 WLTP(Worldwide Harmonized Light-duty vehicle Test Procedure) 기준으로 전체 등록 차량에 대해 실시되는 첫 해다. 중국은 친환경차 로드맵 2.0 발표에 따라 2035년까지 일반 내연기관 자동차 생산을 중단하고 신에너지차 판매 비율을 50%로 확대한다. 또한 리튬이온 배터리를 구성하고 있는 주요 메탈 가격 변화 포인트가 될 것으로 보인다. 2019년 하반기부터 2020년 상반기까지 하락세를 보이던 2차전지 양극재의 핵심 소재인 리튬과 니켈 등 메탈 가격이 상승세를 보이기 시작하면서 2021년 반등이 이어질지 관심이 모아진다. 유럽의 시장 조사 기관 우드매킨지(Wood Mackenzie) 보고서에 따르면 탄산리튬은 2021년 상승하지만 수산화 리튬은 하락할 것으로 전망된다.

메리츠증권은 20201년 주목해야 할 2차전지

테슬라 모델별 판매량

단위 : 천 대

■ 모델 S/X ✕ 모델 3/Y

자료 : 테슬라 · 키움증권

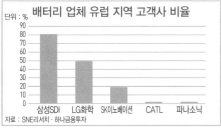

배터리 업체 유럽 지역 고객사 비율

단위 : %

삼성SDI / LG화학 / SK이노베이션 / CATL / 파나소닉

자료 : SNE리서치 · 하나금융투자

분야의 8가지 이슈를 제시했다. 첫째, 규제 강화에 따라 유럽 · 미국 · 중국 전기차 시장의 성장이 가팔라질 것으로 전망된다. 특히 가장 규제가 느슨한 미국의 규제를 주목해 볼 필요가 있다. 둘째, 테슬라는 2021년 전기차 판매 100만 대(+100% YoY), 배터리 파일럿 양산으로 10GWh(vs 2020년 1GWh)가 예상된다. 셋째, 중국 전기차 시장은 9월부터 턴어라운드할 것으로 보인다. 넷째, 신규 프로젝트로 현대 · 기아차의 전기차 전용 플랫폼 'E-GMP(30조원 추정)'와 VW MPE 1차(20조원 추정) 수주 업체를 주목한다. 다섯째, 삼성SDI의 젠5(Gen5) 배터리 양산이 예정돼 있다. 관련 셀 · 소재 업체 수혜가 주목된다. 여섯째, 리튬 가격 반등에 따라 양극재 업체의 실적 개선과 주가 상승이 기대된다. 일곱째, 충전기 인프라 구축 주체가 관공서에서 민간으로 변경된다. 국내외 충전 인프라 수혜 업체가 주목된다. 여덟째, 삼성SDI가 2021년 전고체 배터리 밸류체인 구축을 완료하고 2023년 스펙 확정 예정임이 향후 2차전지 시장의 관전 포인트다.

테슬라 2021년 전기차 판매

100만 대

삼성SDI 유럽 고객사 비율

80%

2021 투자 포인트

2차전지 이유 있는 '낙관론'

2차전지 산업의 높은 성장성은 수요 부문에서 먼저 확인된다. 자동차 시장 내 전기차로의 수요 이동, 신재생에너지 확산 등이 2차전지의 성장성을 강화할 것으로 보인다. 2차전지의 수요 증가 방향성은 이미 정해졌다. 다수의 자동차 업체들은 친환경 전략 강화의 일환으로 2021년부터 전기차 생산 플랫폼 가동을 본격화할 것으로 전망된다. 또한 신재생에너지 수요자는 에너지 효율성을 제고하기 위해 에너지저장장치(ESS) 취급을 확대할 것으로 예상된다. 한국 2차전지 업체들은 전기차와 ESS를 성장 토양으로 활용할 것으로 보인다. 이들이 양산 가능한 제품 종류는 다양하고 생산 설비는 수요 성장 지역에 구축돼 있다. 주도적 공급자로서 확고한 시장 지위를 유지할 것으로 예상된다.

삼성SDI, 유럽 시장 가파른 성장 예상

한국 배터리 3사(삼성SDI · LG화학 · SK이노베이션)는 유럽 지역 내 전기차 비율 확대 환경 등에 힘입어 2021년에도 의미 있는 출하 증가와 손익 개선이 기대된다. 유럽 시장의 가파른 성장 속에 한국 배터리 업체는 가장 큰 수혜를 볼 것으로 전망된다. 하나금융투자에 따르면 한국 배터리 업체는 특히 유럽 고객사 비율이 높고 삼성SDI가 80%로 가장 높아 최대 수혜가 예상된다.

현대차 E-GMP 가동과 한국 소재 업체 낙수 효과

2021년 현대차 전기차 전용 플랫폼 E-GMP 가동에 따라 한국 배터리 서플라이 체인은 소재 업체를 중심으로 낙수 효과가 예상된다. 현대 · 기아차의 전기차 시장점유율 추이와 한국 배터리 3사의 배터리 시장점유율은 높은 상관성이 나타난다. 특히 한국 소재 업체들의 매출 대부분이 한국 배터리 3사발 매출이라는 점에서 소재 업체 수혜 확대가 전망된다.

자동차

억눌린 수요 폭발, 2021년이 기대된다

그동안 구매를 미뤄 왔던 소비자들의 인내심이 한계에 도달하며
2012년 세계 자동화 시장은 오랜만에 활기를 띨 것으로 보인다

신종 코로나바이러스 감염증(코로나19)으로 2020년 세계 경제는
마이너스 성장률을 기록할 것으로 예상된다. 경기가 좋지 않은데 고가의 소비재에 속하는
자동차가 잘 팔릴 리 만무하다. 2020년 자동차 산업이 큰 부진에 빠진 이유다.
하지만 2021년의 전망은 밝아 보인다. 그간 억눌렸던 수요가 터지면서
자동차 산업이 모처럼 활기를 띨 것이란 시각이 지배적이다.

현대자동차가 내년부터 전용 플랫폼(e-GMP)을 기반으로 개발한 차세대 전기차를 잇따라 내놓는다. 왼쪽부터 아이오닉6·7·5 이미지.

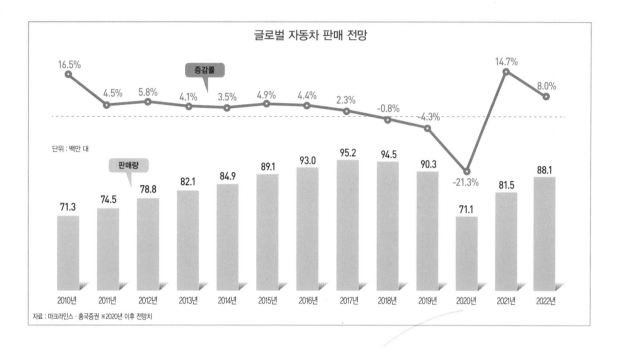

글로벌 자동차 판매 전망

단위 : 백만 대

증감률: 16.5% / 4.5% / 5.8% / 4.1% / 3.5% / 4.9% / 4.4% / 2.3% / -0.8% / -4.3% / -21.3% / 14.7% / 8.0%

판매량: 71.3 / 74.5 / 78.8 / 82.1 / 84.9 / 89.1 / 93.0 / 95.2 / 94.5 / 90.3 / 71.1 / 81.5 / 88.1

2010년 / 2011년 / 2012년 / 2013년 / 2014년 / 2015년 / 2016년 / 2017년 / 2018년 / 2019년 / 2020년 / 2021년 / 2022년

자료 : 마크라인스 · 흥국증권 ※2020년 이후 전망치

글로벌 자동차 시장은 2020년 큰 폭으로 위축됐다. 코로나19로 인해 자유로운 이동이 제한되고 경기가 나빠진 것이 주된 요인이다. 특히 2020년 초 중국과 인도 등 자동차 수요가 많은 국가들이 코로나19의 급격한 확산으로 이른바 '락다운' 정책을 펼친 것은 업계에 치명타였다.

자연히 자동차 판매량 또한 큰 폭으로 줄어들 수밖에 없었다. 실제로 인도는 코로나19 확산세가 한창이던 2020년 4월 자동차 내수 판매가 '제로(0)'를 기록하기도 했다.

글로벌 자동차 시장 조사 기관인 마크라인스(MarkLines)와 흥국증권 등에 따르면 2020년 전 세계 자동차 판매량은 약 7100만 대로 추산된다. 전년(약 9000만 대)보다 무려 20%가 넘게 판매량이 줄었다.

코로나19라는 돌발 악재 속에서 글로벌 완성차업계 역시 큰 어려움에 빠졌다는 것을 엿볼 수 있는 수치다. 하지만 2021년에는 분위기가 달라질 것으로 보인다.

**2020년 4월
인도 자동차
내수 판매**

0 대

자동차업계에서는 2021년 이른바 '수요 이연' 효과가 강하게 나타나면서 글로벌 자동차 판매량이 크게 반등할 것으로 보고 있다.

2020년 하반기부터 서서히 시장 활기

글로벌 자동차 판매량은 2018년을 기점으로 마이너스 성장이 이어지는 상황이다. 하지만 2021년에는 10%가 넘는 판매 증가가 예상되고 있다.

한 업계 전문가는 "코로나19로 자동차 구매를 계속 미뤄 왔던 이들의 인내심이 한계에 도달하는 것이 이런 관측이 나오는 배경"이라고 말했다.

실제로 2020년 하반기부터 이런 현상이 점차 나타나는 추세다. 예컨대 현대차만 보더라도 2020년 10월 인도 시장에서 월간 내수 판매 역대 최대 기록을 경신한 바 있다. 현대차 인도법인에 따르면 지난 10월 인도 내수 시장에서 현대차는 5만6605대의 차량을 판매했다. 현대차가 1998년 인도 시장에 진출한 이후 최대 수준이다.

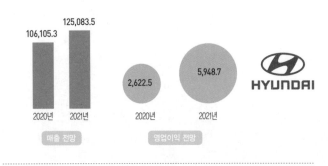

현대차 2021년 실적 전망

단위 : 십억원

106,105.3 / 125,083.5
2020년 / 2021년
매출 전망

2,622.5 / 5,948.7
2020년 / 2021년
영업이익 전망

기아차 2021년 실적 전망

단위 : 십억원

60,183.3 / 71,896.1
2020년 / 2021년
매출 전망

1,431.9 / 3,694.3
2020년 / 2021년
영업이익 전망

자료 : 흥국증권

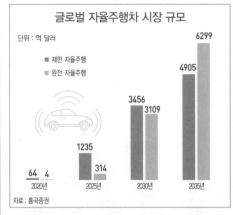

글로벌 자율주행차 시장 규모

단위 : 억 달러

■ 제한 자율주행
■ 완전 자율주행

64 / 4
2020년

1235 / 314
2025년

3456 / 3109
2030년

4905 / 6299
2035년

자료 : 흥국증권

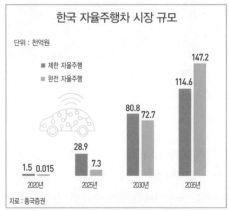

한국 자율주행차 시장 규모

단위 : 천억원

■ 제한 자율주행
■ 완전 자율주행

1.5 / 0.015
2020년

28.9 / 7.3
2025년

80.8 / 72.7
2030년

114.6 / 147.2
2035년

자료 : 흥국증권

2021년에는 올해 자동차 수요가 크게 감소했던 각국에서 이런 모습들이 나타날 것으로 예상된다. 특히 세계 최대 자동차 시장으로 꼽히는 중국 시장을 바라보는 전망이 밝다.

중국 자동차 시장은 2018년부터 판매량이 감소세로 전환됐다. 2020년은 코로나19의 여파로 전년에 비해 판매량이 약 10% 줄었을 것으로 관측된다. 2021년에는 큰 폭의 판매 증가가 나타날 것이라고 업계는 보고 있다. 조사 기관마다 차이는 있지만 대략 전년 대비 10% 정도 판매량이 증가할 것이라는 데 의견이 모아진다. 한 업계 전문가는 "만약 2021년에 코로나19가 현재보다 더 심각해지더라도 그간 움츠러들었던 전 세계 자동차 구매 수요를 막지는 못할 것"이라며 "글로벌 자동차 산업이 오랜만에 활기를 띨 가능성이 높다"고 내다봤다.

**내연기관차
운행 금지 시기**

2025년
네덜란드 · 노르웨이

2030년
독일 · 인도 등

2035년
영국 · 한국(서울) ·
미국(캘리포니아 주)

2040년
프랑스 · 스페인 · 대만 등

자료 : 국제에너지기구(IEA)

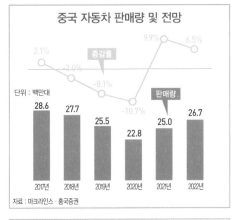

중국 자동차 판매량 및 전망

단위 : 백만대

증감률
2.1%　-3.0%　-8.1%　-10.7%　9.9%　6.5%

판매량
28.6　27.7　25.5　22.8　25.0　26.7
2017년　2018년　2019년　2020년　2021년　2022년

자료 : 마크라인스 · 흥국증권

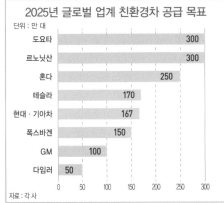

2025년 글로벌 업계 친환경차 공급 목표

단위 : 만 대

도요타	300
르노닛산	300
혼다	250
테슬라	170
현대 · 기아차	167
폭스바겐	150
GM	100
다임러	50

0　50　100　150　200　250　300

자료 : 각 사

글로벌 전기차 판매량 전망

단위 : 천 대

2020년　3,707

2025년　16,699

자료 : 미래에셋대우

2025년 글로벌 전기차 보급률

16.6%

자료 : 미래에셋대우

더 뛰어난 성능 가진 전기차 나온다

2021년에는 현대 · 기아차를 비롯한 여러 완성차 업체들이 직접 전기차 전용 플랫폼 구축을 완료하고 이를 활용해 전기차 생산에 돌입한다. 그동안에는 내연기관차 생산 라인을 활용해 전기차를 만들어 왔다. 전기차 전용 플랫폼을 활용해 전기차를 만들게 되면 주행 거리나 배터리 충전 속도 등이 이전보다 훨씬 더 뛰어난 차량을 만들 수 있게 된다.

자동차 시장의 급격한 패러다임 변화

가솔린이나 디젤 엔진이 들어간 신형 승용차의 판매를 금지하겠다는 국가들이 속속 등장하고 있다. 서울시만 하더라도 2035년부터 내연기관차의 신규 등록을 불허하겠다고 밝혔다. 내연기관차 시대는 저물고 친환경차 시대가 다가오고 있는 셈이다. 완성차업계에 투자를 고려할 때 친환경차 분야에 대해 어떤 전략과 계획 등을 갖고 있는지 유심히 살필 필요가 있다.

한국 시장에서 현대차 · 테슬라 강세 전망

현대차는 고급차 브랜드 제네시스 판매량이 2020년 눈에 띄게 증가하며 내수 시장 지배력이 한층 강화됐다. 2021년에도 내연기관차와 함께 다양한 전기차를 선보이며 판매량이 더욱 올라갈 것으로 보인다. 테슬라 역시 전기차 바람에 힘입어 2020년 수입차 판매량 '톱5' 브랜드로 도약했는데 2021년에 판매가 더 늘어나며 벤츠와 BMW를 위협하는 존재가 될 것으로 예상된다.

건설

2022년 이후 공공 부문 주도로 회복세 진입

건설 경기의 대순환 주기는 10년이다. 2020년대 중·후반 새로운 고점이 예상된다

건설 산업이 좀처럼 기를 펴지 못하고 있다. 2020년 초만 해도 1년 뒤인 2021년부터 회복 국면에
접어들 것이라는 관련 기관들의 예측이 나왔지만 신종 코로나바이러스 감염증(코로나19)의
팬데믹(세계적 유행)으로 예상은 빗나갔다.

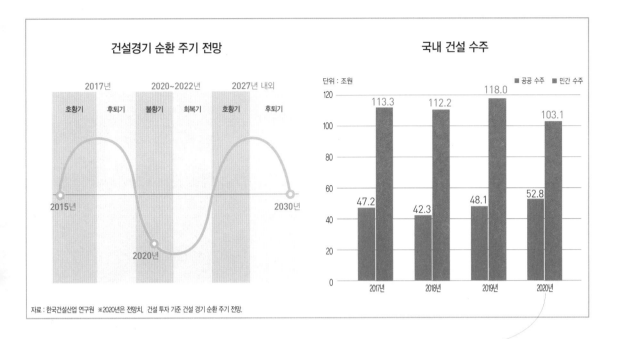

건설경기 순환 주기 전망

2017년 / 2020~2022년 / 2027년 내외
호황기 / 후퇴기 / 불황기 / 회복기 / 호황기 / 후퇴기

2015년
2020년
2030년

국내 건설 수주

단위 : 조원
■ 공공 수주 ■ 민간 수주

연도	공공 수주	민간 수주
2017년	47.2	113.3
2018년	42.3	112.2
2019년	48.1	118.0
2020년	52.8	103.1

자료 : 한국건설산업 연구원 ※2020년은 전망치, 건설 투자 기준 건설 경기 순환 주기 전망.

한국의 건설 산업은 2022년 이후 회복 국면에 들어갈 것으로 예상되며 2030년까지 성숙기를 지속할 것이라는 전망이 나왔다. 한국건설산업 연구원에 따르면 한국의 국내총생산(GDP) 대비 건설 투자 비율은 2030년 11.5~13%에 이를 것으로 전망된다. 2025년 한국의 GDP 대비 건설 투자 비율은 12.5~13.5%에 이르고 2030년에는 11.5~13.0% 수준일 것으로 예측됐다.

한국 건설 투자의 연평균 증가율은 2020~2025년 1.0~2.5%, 2025~2030년에는 좀 더 위축돼 0.6~1.5%를 기록할 것으로 전망됐다.

건설 투자 비율 축소에도 불구하고 2030년까지 건설 투자의 연평균 증가율은 마이너스를 기록하지 않을 것으로 예상되는데 이는 한국의 건설 산업이 적어도 2030년까지는 여전히 산업 수명 주기상(industry life cycle) 성숙 국면을 유지한다는 것을 의미하기 때문이다.

2030년까지 건설 투자의 연평균 증가율이 추세적으로 마이너스를 기록하지 않고 완만하게

2020년
국내 건설 수주
155.9 조원

증가하지만 세부적으로는 건설 경기 순환에 따라 건설 투자는 등락을 반복할 것으로 내다봤다.

건설 경기 동행 지표인 건설 투자를 기준으로 2018년 이후 하락 국면에 접어든 건설 경기는 2022년 이후 회복 국면에 들어갈 것으로 예측됐는데 정부가 국가 균형 발전 프로젝트 등 투자 활성화 대책을 잇달아 발표했지만 착공 전 절차를 감안할 때 동 대책은 2021년 이후에나 본격적으로 건설 투자에 긍정적 영향을 미칠 것으로 예상되기 때문이다. 코로나19 사태 역시 민간 부문을 중심으로 건설 경기에 하방 압력으로 작용할 것으로 보인다.

2022년 이후 건설 경기는 민간 부문의 건설 경기가 바닥을 다지는 가운데 공공 부문을 중심으로 점진적인 회복 국면에 들어갈 것으로 예상된다. 3기 신도시, 국가 균형 발전 프로젝트 등 대규모 공공 프로젝트의 일정과 과거 건설 경기의 대순환 주기가 약 10년 정도였던 것을 감안하면 2020년대 초·중반 이후 점차 회복 국면에 접어

정부 SOC 예산

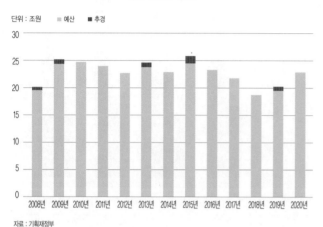

단위 : 조원　■ 예산　■ 추경

자료 : 기획재정부

든 건설 경기는 2020년대 중·후반에 고점을 형성할 가능성이 큰 것으로 판단된다.

건설업계, 포스트 코로나…'신사업 확장' 기회로

건설사들은 어려움이 감지되는 2021년을 대비하기 위해 한국 주택 사업 등에서 나름의 전략을 구체화해 가는 중이다. 해외 분야에서는 신사업에 포석을 깔고 먹거리 확보에 주력하고 있다.

서울의 입주 물량은 내년 절반 수준으로 급감할 것으로 예측되는 상황이다. 부동산114에 따르면 서울의 아파트 입주 물량은 지난해 4만 3105가구, 올해 4만2075가구로 4만 가구대가 입주했다. 하지만 2021년에는 2만1993가구로 입주 물량이 절반 수준으로 줄어들 것으로 전망된다. 경기도 입주 물량 또한 매년 10만 가구에서 최고 16만 가구 수준을 기록해 왔지만 2021년부터는 10만 가구 아래로 줄어들 것으로 보고 있다. 서울을 포함한 수도권 전체에서 공급 물량의 향후 감소세가 뚜렷해지며 건설사의 부담도 커질 수 있다.

한국 건설사 지역별 해외 건설 수주 비율

아시아　50.50%
중동　30.73%
유럽　13.38%
아프리카　2.62%

자료 : 해외건설협회　※2019년 기준

국내 건설사 해외 수주액

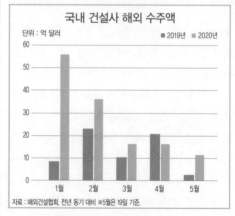

단위 : 억 달러　■ 2019년　■ 2020년

자료 : 해외건설협회, 전년 동기 대비 ※5월은 19일 기준.

5대 공공기관의 공사 발주 계획

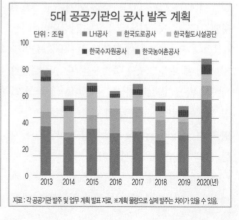

단위 : 조원　■ LH공사　■ 한국도로공사　■ 한국철도시설공단
■ 한국수자원공사　■ 한국농어촌공사

자료 : 각 공공기관 발주 및 업무 계획 발표 자료. ※계획 물량으로 실제 발주와 차이가 있을 수 있음.

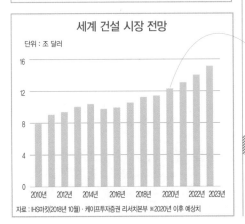

서울 아파트 공급량

단위 : 가구   ── 분양 물량   ── 입주 물량

	2015년	2016년	2017년	2018년	2019년	2020년	2021년	2022년

- 22,131 (2015년 입주 물량)
- 42,075 (2020년 입주 물량)
- 21,993 (2021년 입주 물량)
- 12,732 (2022년 입주 물량)

자료 : 부동산114 ※임대 포함 총 가구 수, 2020년 2월 5일 조사 기준, 예정 물량은 변경될 수 있음

서울 아파트 2021년 입주 물량

2만1993가구

세계 건설 시장 전망

단위 : 조 달러

2010년	2012년	2014년	2016년	2018년	2020년	2022년	2023년

자료 : IHS마킷(2018년 10월) · 케이프투자증권 리서치본부 ※2020년 이후 예상치

2020년 세계 건설 시장 규모

12.7조 달러

2021 투자 포인트

한국판 뉴딜 이끌 건설사 주목

정부가 지역 경제 활성화와 국가 균형 발전을 도모하기 위해 추진하고 있는 한국판 뉴딜이 건설업계 수혜로 이어질 가능성이 높다. 스마트 시티 등 이미 뉴딜 정책에 부응해 신사업을 추진해 온 현대건설 · 대림산업 · GS건설 · 대우건설 · SK건설 등 건설사들을 비롯해 친환경 · 고품질 제품을 공급하는 건자재업계도 연관성이 높을 것으로 예상된다.

'탈현장화(OSC : Off-Site Construction)'

포스트 코로나 시대에 건설 산업의 뉴노멀(새 기준)은 현장보다 공장을, 대면보다 비대면을 요구한다. 바로 '탈현장화(OSC)'다. OSC는 주요 건설 부재를 외부(공장)에서 제작한 뒤 현장에서 조립, 설치하는 방식이다.

4차 산업혁명의 총아 스마트 시티

스마트 시티에는 통신 · 물류 · 교통 · 에너지 · 금융 · 교육 · 건설 · 의료 등 산업 각 분야의 미래 서비스 모델이 집약된다. 첨단 정보통신기술(ICT)을 기반으로 삶의 편의성을 높이는 게 목적인 만큼 생활을 윤택하게 해 줄 기술과 서비스가 대거 적용된다. 스마트 시티를 4차 산업혁명의 총아라고 부르는 것도 이 때문이다.

인류의 숙제 된 '탄소 중립', 속도 내는 친환경 에너지 산업

시장을 통한 공급자와 사용자의 '비용 나누기'를 위한 공감대가 마련돼야 한다

신종 코로나바이러스 감염증(코로나19)의 영향으로 낮아진 원료 부담을 고려하면
연료비 연동제를 추진하더라도 당분간 전기
요금 상승 부담이 없다. 오히려 요금 하락의 가능성도 열려 있다

한국전력 탄소 배출권 및 REC 구매 비용

단위 : 십억원

■ REC 구입 비용　■ 탄소 배출권 비용

2012년　2013년　2014년　2015년　2016년　2017년　2018년　2019년　2020년

자료 : 한국전력 · 신한금융투자

세계적으로 저탄소 에너지 믹스를 위한 변화가 진행 중이다. 보조금 기반의 전기차 확대부터 경제성 확보 여부가 불투명한 그린 수소 투자까지 격려와 기대가 가득한 시장이 열리는 중이다. 당장 모든 것을 바꾸기는 어렵지만 목적과 의지만 확고하다면 수단은 어떻게든 확보할 수 있다. 경제성 없는 시장은 절대적으로 보조금을 먹고 자란다. 탄소 중립이 인류의 숙제라면 보조금 규모와 지속 여부는 사소한 문제다.

하지만 현재 한국 전력 시장 구조상 장기 저탄소 전략뿐만 아니라 재생에너지 시장 성장, 발전 사업자 수익성 회복 중 어느 하나 이루기 쉽지 않은 상황이다. 석탄 발전 총량제와 온실 가스 배출권 벤치마크(BM) 할당, 재생에너지 사용 글로벌 캠페인(RE100)과 재생에너지 발전량 예측 제도, 신재생에너지 공급 의무화 제도(RPS)와 수소 발전 의무화 제도(HPS)의 분리 등 에너지 전환에 대한 변화는 빠르게 나타나는 반면 공기업의 일방적 부채 부담은 변하지 않았다.

한국전력
2021년 매출액

**59조
4000억원**

자료 : 하나금융투자

결국 필요한 것은 발전 회사들과 시장이 비용 부담을 나누는 것이다. 2021년엔 이에 대한 국민적인 공감대가 마련될 필요가 있고 한국전력의 합리적 전기요금 체계 도입 로드맵, 국가기후환경회의의 중·장기 국민 정책 제안 등에서 마지막 가능성을 찾을 수 있을 전망이다.

에너지 수급 장기 계획 마련할 때

향후 발전 믹스와 전기요금 원칙 등을 결정할 수 있는 국가기후환경회의는 국민정책참여단의 의견을 반영한 결과를 발표할 것으로 예상된다. 흥미로운 점은 코로나19의 영향으로 낮아진 원료 부담을 고려하면 연료비 연동제를 추진하더라도 당분간 전기요금 상승 부담이 없다는 점이다. 오히려 요금 하락의 가능성도 열려 있다. 정책의 시의적절성을 감안하면 전기요금 개편에 대한 기대감이 유효한 시점이다.

또한 정부 정책에서 수소 경제에 대한 관심도가 지속된다는 점도 중요한 투자 포인트다. 10

월 15일 진행된 제2차 수소경제위원회에서 수소 경제 활성화를 위한 다양한 안건들이 논의됐다. 2021년 수소 경제 관련 예산도 7977억원(전년 대비 +35.3%)으로 확대될 계획이다.

이어 정부가 10월 30일 발표한 '미래 자동차 시장 선점 전략'도 수소 경제와 이어지고 있다. 2025년까지 미래 모빌리티에 최소 20조원을 투자하기로 결정한 가운데 한국 친환경차 보급 목표를 전기차 113만 대, 수소차 20만 대로 설정했다. 당장 2021년 예산 중 수소차 3375억원 (+48.5%), 수소트럭 10억원(신규), 고속도로 수소 충전소 163억원(+25.0%)이 반영됐다.

하나금융투자는 한국전력의 2021년 연간 매출액은 전년 대비 1.2% 증가한 59조4000억원으로 전망했다. 아랍에미리트(UAE) 사업 준공이 다가옴에 따라 감소하는 매출을 신규 석탄화력 등으로 만회할 수 있을 전망이다. 전력 판매량도 코로나19의 일부 기저 효과가 기대되기 때문에 외형은 2020년보다 개선될 전망이다. 영업이익은 4조5000억원으로 23.7% 증가할 것으로 예상했다.

하나금융투자는 한국가스공사의 2021년 연간 매출액을 전년 대비 2.0% 감소한 19조6000억원으로 예상했다. 유가 하락에 따른 해외 사업 부진과 판매 단가 감소를 판매량 회복으로 일부 만회할 전망이다. 영업이익은 전년 대비 10.6% 개선된 1조1000억원으로 예상했다. 유가 회복이 가팔라질수록 실적 전망치도 상향될 여지가 커진다. 한국 가스 도매 사업 이익은 전년 대비 7.0% 증가할 것으로 보인다.

지역난방공사의 2021년 연간 매출액은 전년 대비 4.0% 감소한 2조원이 예상된다. 하나금융투자는 도시가스와 발전용 천연가스 요금에 연동되는 열요금과 SMP 영향에 따라 외형이 감소할 것이라고 전망했다. 영업이익은 1263억원으로 전년 대비 4.0% 개선될 것으로 예상된다.

2025년까지
한국 친환경차
보급 목표

전기차
113만 대

수소차
20만 대

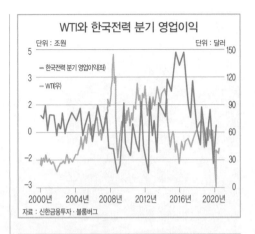

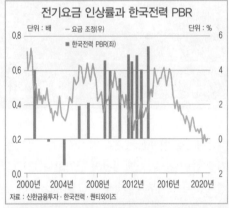

수소발전의무화제도(HPS) 도입 방안

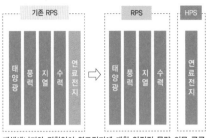

| 기존 RPS | | RPS | | HPS |

태양광 · 풍력 · 지열 · 수력 · 연료전지 ⇒ 태양광 · 풍력 · 지열 · 수력 | 연료전지

재생에너지와 경합없이 연료전지에 대한 안정적 물량 의무 공급
⇨HPS 시장 신설

자료 : 수소경제위원회 · 신한금융투자

한국 RE100 이행 방식

이행수단	개요
녹색 프리미엄제	-한전이 구입한 재생에너지 전력(RPS, FIT)에 대해 녹색 프리미엄 부과 -일반 전기요금 대비 높은 가격으로 판매(한전 2020년 12월 1차 입찰) -녹색 프리미엄 판매 재원은 에너지공단이 재생에너지에 재투자 예정
인증서 (REC) 구매	-전기소비자가 RPS 의무이행에 활용되지 않은 재생에너지 공급 인증서 (REC)를 직접 구매 -RE100용 REC 거래 플랫폼 개설 예정(에너지공단 2021년 1월)
제3자 PPA	-한전의 중개로 재생에너지 발전 사업자와 전기소비자 간 전력 거래 계약 체결 추진(한전 2021년 1월) -발전 사업자↔한전, 한전↔전기 소비자 등 2개 계약 체결
지분 투자	-기업 등 전기 소비자가 재생에너지 발전 사업에 직접 투자
자가 발전	-기업 등 전기 소비자가 자기 소유의 자가용 재생에너지 설비를 설치하고 생산된 전력을 직접 사용

자료 : 산업통상자원부 · 하나금융투자

지역난방공사
2021년 연간 매출액

2조원

전년 대비
-4.0%

자료 : 하나금융투자

2021년
수소 경제 관련 예산

7977억원

세계적 친환경 담론,
부담되는 발전 공기업

월성 1호기 감사 결과 등 에너지 전환에 따른 다양한 노이즈가 발생하고 있다. 그럼에도 불구하고 글로벌 정책 트렌드는 탈탄소와 신재생 발전이다. 이에 따라 현 상황에서는 신재생에너지 도입을 위한 비용은 발전 공기업이 감당할 수밖에 없다.

점점 커지는 수소 경제

2021년 수소 경제 관련 예산은 전년 대비 35.3% 늘어난 7977억원으로 확대될 것으로 보인다. 대표적 사항은 수소 발전 의무화 제도인 HPS 도입과 추출 수소 경쟁력 확보를 위한 천연가스 도입 체제 개편이다.

연료비 연동제 논의 본격화

친환경 에너지에 대한 비율이 높아질수록 발전 공기업에만 이 비용을 전가하는 것은 더 이상 지속 가능하지 않다는 목소리가 커지고 있다. 이에 따라 연료비 연동제의 실행이 본격적으로 논의될 시기가 됐다. 제도를 도입하면 한국전력 등 발전 공기업의 주가는 상승세를 탈 것이다.

철강

식었던 철강주가 다시 타오른다

2021년 철강 산업 전망 키워드는 '회복'

2021년 철강 산업은 불확실성이 여전하지만 백신 개발에 대한 기대감,
각국의 재정 정책 확대, 중국의 경기 회복세가 이어지며
억눌렸던 철강 수요가 반등할 것으로 보인다.

포스코의 포항제철소 고로에서 작업 중인 직원의 모습.

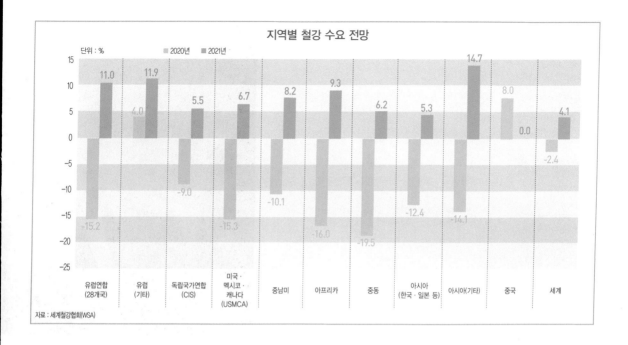

지역별 철강 수요 전망

단위 : %　■ 2020년　■ 2021년

지역	2020년	2021년
유럽연합(28개국)	-15.2	11.0
유럽(기타)	4.0	11.9
독립국가연합(CIS)	-9.0	5.5
미국·멕시코·캐나다(USMCA)	-15.3	6.7
중남미	-10.1	8.2
아프리카	-16.0	9.3
중동	-19.5	6.2
아시아(한국·일본 등)	-12.4	5.3
아시아(기타)	-14.1	14.7
중국	8.0	0.0
세계	-2.4	4.1

자료 : 세계철강협회(WSA)

신종 코로나바이러스 감염증(코로나19) 여파로 어려움에 빠졌던 철강업계는 2021년 수요가 회복될 것으로 전망된다. 세계철강협회(WSA)에 따르면 코로나19에 위축됐던 글로벌 철강 수요는 2021년에 전년 대비 4.1% 증가할 것으로 예상된다.

세계 최대 수요처인 중국의 경기가 가파르게 회복되고 있다는 점도 긍정적이다. 코로나19 발생 이후 단기적으로 급락했던 중국의 제조업 가동률은 미·중 무역 전쟁 직후인 2018년 3월 수준까지 회복됐다.

글로벌 철강업계 수요에 힘입어 한국의 철강업계도 매출과 영업이익의 증대가 예상된다. 포스코와 현대제철의 실적 전망도 밝다. 금융 정보 업체 에프앤가이드에 따르면 증권사들이 전망한 포스코의 2021년 영업이익 컨센서스는 2020년 전망치보다 50.3% 증가한 3조4599억원이다.

현대제철도 2021년 영업이익 컨센서스가 5176

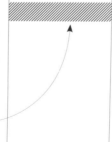

포스코 2021년
영업이익 컨센서스

**3조
4599억원**

자료 : 에프앤가이드

억원으로 2020년 전망치보다 372.7% 늘어날 것으로 보인다.

바이든 시대, 보호무역주의 기조 완화 예상

세계 최대 경제 대국인 미국의 수장이 바뀐 점도 철강 산업 전망에 큰 영향을 미칠 것으로 보인다. 바이드노믹스(조 바이든의 경제 정책)가 본격화하면 한국산 철강의 대미 수출 회복도 기대된다.

2018년 도널드 트럼프 미국 대통령은 '무역확장법 232조'를 시행함으로써 전 세계로부터 수입되는 철강에 대해 일괄적으로 25%의 수입 관세를 부과했다.

이 강력한 보호무역주의 정책이 단기적으로는 미국 내 철강 업체들에 수혜로 작용했지만 오래 가지 못했고 오히려 관세 부과에 따른 비용 부담 증가로 수요 산업에 부정적으로 작용했다.

철강에 대한 무역확장법 232조의 실효성 의문이 제기되는 상황으로 시장에서는 조 바이든 미

조 바이든의 환경 관련 대선 공약

공약	내용
파리기후협약 재가입, 미국의 글로벌 리더십 회복	—미준수 국가 제품에 탄소 조정 수수료 부과
2035년까지 클린 에너지와 에너지 효율에 대한 기술 중립적 접근 방식을 통해 발전소의 탄소 오염 제거	—철강, 시멘트, 목재 등 저탄소 건축 자재의 국내 생산 장려를 위해 바이 클린 앤드 바이 아메리카(buy Clean and buy america) 표준 제정 등 대책 수립 —5년 안에 태양열 지붕과 공동체 태양열 시스템 800만 개를 포함해 5억 개의 태양열 패널과 6만 개의 풍력 터빈 설치
2050년까지 탄소 배출 순제로(탄소 중립) 목표 설정	—2025년까지 탄소 배출이 많은 국가나 기업 제품에 탄소국경세 도입 —2030년까지 미국 내 50만 개 이상 공공 전기차 충전소 보급
건축 부문 : 2030년까지 모든 신축 건물에 온실가스 배출량 순제로 달성	—5년 이내에 병원, 학교, 공공주택, 시립 건물 등 400만 개의 건물 에너지 시스템을 개선하기기 위해 수백억 달러의 민간 투자 장려

자료 : 하나금융투자

조 바이든 미국 대통령 당선인.

국 대통령 당선인이 정책에 변화를 줄 가능성이 높은 것으로 예상된다.

바이든 당선인이 철강에 대한 무역확장법 232조를 폐지하고 개별 국가별·제품별로 무역 규제를 실시했던 오바마 방식으로 전환할 가능성이 높다는 분석이다.

물론 우려의 시각도 있다. 바이든 당선인은 대선 공약으로 대통령 당선 시 파리기후협약에 즉시 재가입하고 2025년까지 탄소 국경세를 도입하겠다고 언급한 바 있다.

친환경 기조의 경제 정책들이 철강업계에 중·장기적으로는 부담으로 작용할 수 있다. 하지만 실질적인 시행까지는 여러 가지 난항이 예상되기 때문에 향후 3년 내 한국 철강 업체들에 대한 영향을 제한적일 것이란 전망이 우세하다.

중국 철강
수출 시장 비율
15%

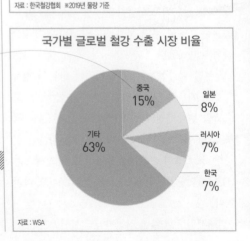

한국의 철강 수출 국가 상위 10개

단위 : 톤

순위	국가	2020년	2021년
1	중국	4,071,649	4,097,511
2	일본	2,297,646	3,900,902
3	베트남	1,438,302	1,914,083
4	미국	1,384,319	2,222,650
5	인도	1,327,690	3,023,412
6	태국	1,311,429	1,949,774
7	멕시코	1,119,531	2,047,091
8	터키	807,965	813,351
9	인도네시아	747,371	1,178,439
10	대만	726,443	713,305

자료 : 한국철강협회

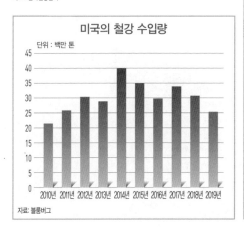

미국의 철강 수입량

단위 : 백만 톤

2010년	약 21.5
2011년	약 26
2012년	약 30
2013년	약 29
2014년	약 40
2015년	약 35
2016년	약 30
2017년	약 34
2018년	약 31
2019년	약 25

자료 : 블룸버그

포스코
2차전지 소재
2030년까지
세계 시장점유율

20%

한국 2019년
RCEP 국가
철강 수출 비율

47.8%

미래로 향하는
중후장대 대표 주자, 포스코

포스코는 글로벌 철강 산업 변화의 최대 수혜주로 꼽힌다. 포스코는 본업뿐만 아니라 신성장 동력인 2차전지(배터리) 소재 사업에 대한 투자에도 나서고 있다. 최근 포스코는 배터리 양극재·음극재 설비를 증설하기 위해 자회사인 포스코케미칼에 약 1조원 규모의 유상 증자를 결정했다. 2차전지 소재 사업을 2030년까지 세계 시장점유율의 20%, 연매출 23조원 규모로 키워 포스코그룹의 성장을 견인한다는 방침이다. 2021년부터 시작되는 파리기후협약 체제에 따라 글로벌 탄소 배출량의 7~9%를 차지하는 철강 업종에 비용 부담이 증가할 것으로 예상되지만 수소 환원 제철 공법, 탄소 포집 등 탄소 감축 신기술에 대한 투자 여력을 갖춘 포스코에 주목할 필요가 있다.

RCEP 체결로 아세안 수출 기대감

아세안(동남아시아국가연합) 10개국과 한국·중국·일본·호주·뉴질랜드 등 15개국이 역내포괄적경제동반자협정(RCEP)을 출범시켰다. RCEP 체결로 자동차 부품과 철강 등에 부과되던 관세가 철폐돼 수출에서 수혜를 볼 것으로 예상된다. 철강 업종에서는 봉강·형강 등 철강 제품(관세율 5%)과 철강관(20%)·도금강판(10%) 등에 대한 관세가 철폐됐다. 한국의 2019년 RCEP 국가에 대한 철강 수출은 129억 달러로 전 세계 수출의 47.8%를 차지했다. 수입은 120억 달러로 전체의 81.8%에 달하는 중요한 교역 국가다. RCEP 서명으로 역내 무역 자유화 제고를 통한 수출 경쟁력 강화가 기대된다.

조선

주춤했던 업황, 친환경 바람 타고 부활 기지개

강력한 환경 규제…한국 조선업계에 기회

신종 코로나바이러스 감염증(코로나19) 여파로 극심한 수주 부진에 빠졌던
조선업이 2021년에는 회복될 것으로 전망된다. 세계적인 환경 규제에 따라
우수한 친환경 기술력을 보유한 한국 주요 조선 업체의 실적도 개선될 것으로 보인다.

대우조선해양 옥포조선소 전경.

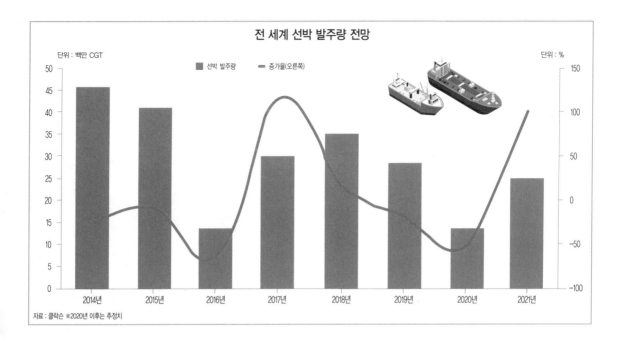

전 세계 선박 발주량 전망

단위 : 백만 CGT

단위 : %

■ 선박 발주량　─ 증가율(오른쪽)

자료 : 클락슨 ※2020년 이후는 추정치

2020년 조선 업종은 코로나19, 국제 유가 급락이라는 폭풍 속에서 주요 해양 프로젝트들의 지연과 취소로 이어지며 주요 업종 중 최악의 성적을 기록했다.

한국수출입은행 해외경제연구소의 '해운 조선업 2020년도 3분기 동향·2021년도 전망'에 따르면 세계 신조선 발주량은 모든 선종에서 크게 감소했다. 2020년 3분기까지 누적 세계 발주량은 전년 동기 대비 51.3% 감소한 975만CGT(표준화물선 환산톤수), 발주액은 57.0% 감소한 231억 달러를 기록했다. 같은 기간 세계 건조량은 19.1% 감소한 2131만CGT를 기록했다. 3분기 중 신조선가지수는 벌크선 0.7%, 컨테이너선 4.0%, 탱커 2.6%, 가스선은 1.2% 각각 하락했다. 한국 조선업계 3분기 누적 수주량은 262만CGT, 수주액은 62억2000억 달러로 전년 동기 대비 56.3%, 55.7% 각각 감소했다. 이 기간 건조량도 699만CGT로 12.1% 줄었다. 선종별로 벌크선 수주는 전무했고 전년 동기 대비 컨테

2020년 3분기
세계 발주량

51.3%

2020년 3분기
세계 건조량

19.1%

자료 : Clarkson

이너선은 96.0%, 유조선 35.0%, 제품 운반선이 15.0% 감소해 한국 조선사들의 모든 주력 선종이 크게 부진한 양상을 나타냈다. 한국 조선업의 새 먹거리였던 액화천연가스(LNG)선 수주도 전년 동기 대비 79.3% 감소하며 부진했다.

IMO 이어 강력한 규제 줄줄이 대기 중

2021년에는 강화된 환경 규제 효과 등으로 발주량·수주량 개선이 이어질 것으로 전망됐다. 2020년 국제해사기구(IMO)의 선박 연료유 황산화물 함량 규제에 이어 유럽연합(EU)의 온실가스 배출권 거래제가 2022년부터, 현존선 에너지효율지수(EEXI)가 2023년부터 시행될 것으로 예상되며 LNG 고부가선 기술력을 갖춘 한국 조선업에 유리한 환경이 조성될 것으로 기대된다. 강력한 환경 기준을 충족하기 위해 노후 선박의 교체가 가속화되면서 발주가 증가할 것으로 보인다. 환경 규제에 힘입어 한국 조선업 수주 점유율도 확대될 것으로 전망된다.

증권업계에서는 코로나19 장기화와 그에 따른 경기 침체, 국제 유가 변동 등이 업황 회복 시점을 늦추는 리스크 요인으로 작용할 수 있다고 분석했다. 코로나19의 확산이 진정되지 않으면 선주들이 또다시 선박 발주에 대한 의사결정을 미루고 관망세로 돌아설 우려가 있기 때문이다. 2020년은 코로나19와 국제 유가 급락으로 해양 플랜트 시장이 얼어붙었다. 2021년에도 시황은 크게 나아지지 않을 것으로 예상된다. 증권업계는 2020년 중단됐던 해양 플랜트 발주가 일부 재개될 전망이지만 그 규모는 여전히 충분하지 않을 것이라고 예상했다. 프로젝트 규모 축소가 경쟁 심화와 수익성 악화로 연결될 가능성이 높고 싱가포르나 중국 등 해외 조선사들의 해양 플랜트 시장 진출 가속화도 한국 대형 조선사들의 시장점유율과 수주 마진 하락을 유발할 수 있다는 지적이다. 발주 규모가 예상치를 밑돌거나 발주 재개에도 불구하고 지속적인 수주 실패가 이어진다면 조선 업종 주가에도 부담으로 작용할 가능성이 있다. 후판이나 도료 등 원자재 가격의 상승 역시 수익성에 부정적 영향을 줄 수 있어 리스크가 될 수 있다고 분석했다.

세계 신조선 발주량
단위 : 백만 CGT

- 2019년 28.6
- 2020년 14.2
- 2021년 30

자료 : 클락슨
※2020년 이후는 추정치

한국조선해양의 멤브레인형 LNG선.

조선 3사 매출액
단위 : 천억원

자료 : 하나금융경영연구소 ※한국조선해양·대우조선해양·삼성중공업 합산 실적

전 세계 선박 수주 잔액
단위 : 백만 CGT

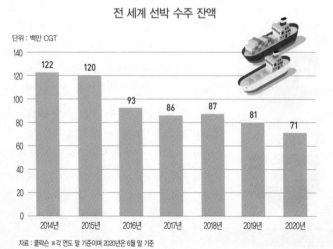

2014년	2015년	2016년	2017년	2018년	2019년	2020년
122	120	93	86	87	81	71

자료 : 클락슨 ※각 연도 말 기준이며 2020년은 6월 말 기준

조선 3사 수주 잔액
단위 : 억 달러

■ 2018년 ■ 2019년 ■ 2020년

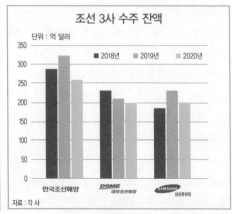

자료 : 각 사

한국 신조선 수주량

단위 : 백만 CGT

2019년
9.9

2020년
4.4

2021년
10

자료 : 클락슨
※2020년 이후는 추정치

한·중·일 3국의 수주량

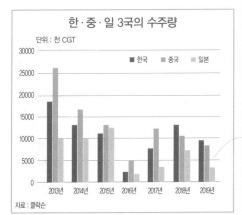

단위 : 천 CGT

- 한국 ■ 중국 ■ 일본

자료 : 클락슨

클락슨 신조선가지수

138
131
123
125
130 130
127

2014년 2015년 2016년 2017년 2018년 2019년 2020년

자료 : 클락슨 ※각 연도 말 기준이며 2020년은 6월 말 기준

2019년
수주 점유율

한국
37.3%

중국
33.8%

일본
13.0%

2021 투자 포인트

강력한 환경 규제, 더 치열해진 차세대 선박 경쟁

조선업계가 연료전지 선박 기술 선점 경쟁에 나서고 있다. 한국조선해양은 연료전지를 선박의 추진 시스템에 이어 발전 시스템으로 확대 적용하며 관련 기술 개발에 속도를 내고 있다.

탈화석 연료 시대, 암모니아·전기 추진선 주목

한국조선해양·대우조선해양·삼성중공업 등 조선 3사는 포스트 액화천연가스(LNG) 시대에 대비해 기존 화석 연료 대신 암모니아·전기 등 친환경 에너지를 원료로 운행되는 친환경 선박 개발과 상용화를 추진하고 있다.

▲현대중공업
DSME 대우조선해양

'조선 빅딜' 기업 결합 심사 촉각

현대중공업은 2019년 3월 KDB산업은행과 대우조선해양 인수 계약을 체결하고 공정거래위원회를 비롯해 유럽연합(EU)·일본·중국 등에서 기업 결합 심사를 받고 있지만 코로나19 등의 영향으로 일정이 지연되고 있다. 합병이 성사되면 LNG 운반선의 세계 시장점유율이 60%에 달하는 만큼 EU에서는 독과점 우려에 대해 까다롭게 심사하고 있는 것으로 알려졌다.

정유

저물어 가는 석유시대, 살길은 체질 개선뿐

내연기관 퇴출 가속하는 에너지 전환 시대, 사업 다각화 안간힘

2020년 상반기 5조원대 적자를 기록했던 한국 정유 4사는 올해 3분기 간신히 적자 탈출에 성공했다.
하지만 신종 코로나바이러스 감염증(코로나19) 재확산 여파와 내연기관차 판매 축소,
정부의 경유 가격 인상 움직임까지 맞물리면서 위기감이 다시 고조되고 있다.

현대케미칼의 대산공장 전경.

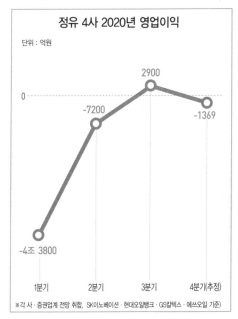

정유 4사 2020년 영업이익

단위 : 억원

	1분기	2분기	3분기	4분기(추정)
	-4조 3800	-7200	2900	-1369

※각 사ㆍ증권업계 전망 취합, SK이노베이션ㆍ현대오일뱅크ㆍGS칼텍스ㆍ에쓰오일 기준

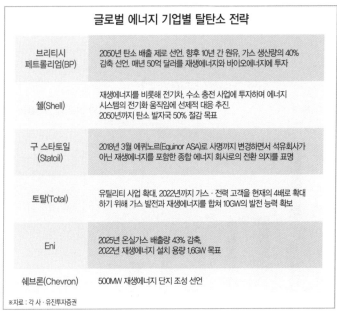

글로벌 에너지 기업별 탈탄소 전략

브리티시 페트롤리엄(BP)	2050년 탄소 배출 제로 선언. 향후 10년 간 원유, 가스 생산량의 40% 감축 선언. 매년 50억 달러를 재생에너지와 바이오에너지에 투자
쉘(Shell)	재생에너지를 비롯해 전기차, 수소 충전 사업에 투자하며 에너지 시스템의 전기화 움직임에 선제적 대응 추진 2050년까지 탄소 발자국 50% 절감 목표
구 스타토일 (Statoil)	2018년 3월 에퀴노르(Equinor ASA)로 사명까지 변경하면서 석유회사가 아닌 재생에너지를 포함한 종합 에너지 회사로의 전환 의지를 표명
토탈(Total)	유틸리티 사업 확대. 2022년까지 가스ㆍ전력 고객을 현재의 4배로 확대하기 위해 가스 발전과 재생에너지를 합쳐 10GW의 발전 능력 확보
Eni	2025년 온실가스 배출량 43% 감축, 2022년 재생에너지 설치 용량 1.6GW 목표
쉐브론(Chevron)	500MW 재생에너지 단지 조성 선언

※자료 : 각 사ㆍ유진투자증권

2021년 석유 수요는 회복될 것으로 예상되지만 속도는는 더딜 것으로 보인다. 코로나19의 점진적 충격 완화와 경기 회복 국면에서 정유업 반등 가능성이 높다. 증권업계는 2021년 이후 제품별 마진 회복 순서는 휘발유-디젤-연료유(FO)-항공유를 예상한다. 코로나19 확산 움직임이 완화되면서 국내 이동량 증가로 승용차 주행 거리가 늘어나며 휘발유가 가장 빠르게 마진을 회복할 것이란 전망이다.

문제는 중ㆍ장기 생존 전략이 필요하다는 점이다. 전 세계적으로 2050 글로벌 저탄소 전략이 강화되며 화석 원료 수요 감소세가 고착화됨에 따라 정유 산업은 점차 축소될 것으로 전망된다. 글로벌 저탄소 전략 강화에 따라 원유ㆍ가스ㆍ정유 제품 수요 감소가 불가피하다. 국제에너지기구(IEA)는 세계 석유 수요가 전기차ㆍ수소차 보급 확대와 비대면 활동 증가 등으로 2030년 이후 정체할 가능성이 높다고 전망했다.

글로벌 메이저 탐사&생산(E&P), 정유 기업의

주요 업종별 탄소 배출량

업종	배출량
철강	1억500만
석유화학	5800만
시멘트	3600만
정유	3000만
반도체	1700만
디스플레이	1200만
자동차	450만

※자료 : 환경부 온실가스종합정보센터
※단위 : 이산화탄소환산톤(2018년 기준)

주가는 하향세에 있다. 미국계 기업은 비주력 사업 매각 후 기존 사업 중 수익성이 높은 분야에 집중하고 있다. 유럽계 기업은 '석유'에서 수소ㆍ신재생 등 '에너지' 기업으로 전환하기 위해 속도를 내는 중이다. 한국의 상황도 녹록하지 않다. 정부가 탄소 배출량을 지금의 70% 수준으로 줄이고 전기차ㆍ수소차 등 친환경 자동차 비율을 90% 가까이 늘리고 내연기관차 비율을 낮추는 내용의 '2030 장기 저탄소 발전 전략'을 추진하고 있기 때문이다. 내연기관차 퇴출 움직임에 따른 규제도 예상된다.

비정유ㆍ신사업 키워 위기 탈출

정유업계는 사업 부진을 털고 수익성을 높이기 위한 생존 전략으로 사업 다각화에 총력을 기울이고 있다. 석유수출기구(OPEC)는 2045년까지 석유 수요 성장에서 석유화학용 비율이 가장 높을 것으로 전망하고 있다. 업계는 정유 부문의 높은 실적 변동성과 중ㆍ장기 석유 수요 둔화에

국내 석유화학 기업들의 온실가스 배출량

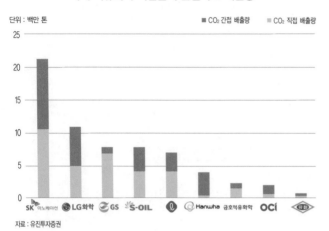

단위 : 백만 톤   ■ CO₂ 간접 배출량   ■ CO₂ 직접 배출량

자료 : 유진투자증권

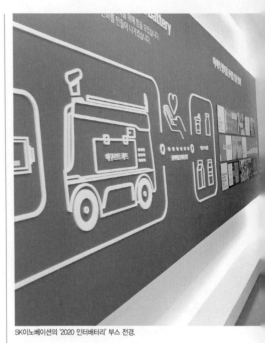

SK이노베이션의 '2020 인터배터리' 부스 전경.

대응해 비정유 부문 사업인 석유화학과 신사업에 대한 투자를 늘리며 에너지·화학 기업으로의 변신을 꾀하고 있다.

SK이노베이션은 배터리, 에쓰오일·GS칼텍스·현대오일뱅크는 올레핀 부문 확대를 통해 생존 전략을 추진하는 것이 대표적이다. SK이노베이션은 전기차 시대에 발맞춰 전기차 배터리 기술 개발과 해외 배터리 공장 증설에 역량을 집중하고 있다. 에쓰오일은 2018년 총 5조원을 들여 올레핀 다운스트림 설비(ODC), 잔사유 고도화 설비(RUC)를 건립하는 프로젝트를 완료한 데 이어 총 7조원 규모를 투자하는 석유화학 2단계 프로젝트도 검토하고 있다. GS칼텍스는 주유소를 생활 편의 복합 공간으로 변화시키는 데 주력하고 있다. 카셰어링, 드론 배송, 전기차 충전도 가능한 미래형 주유소인 '에너지플러스'를 만들고 복합 에너지 플랫폼으로 변신시켰다. 현대오일뱅크는 2021년 올레핀 석유 화학 공장인 HPC 프로젝트 완공을 기점으로 석유 화학 사업을 본격적으로 확대할 계획이다.

2050년 산업 부문 탄소 감축 시나리오별 산업 영향

■ 시나리오 중   ■ 시나리오 강

감축량
2억140만t	
	2억6800만t

고용 감소
88만명	
	134만명

생산 위축
29%	
	44%

※자료 : 산업연구원

석유 수요에 영향을 주는 요인

세계 운송 및 여행업 판매액 전망

단위 : 십억 달러   ■ 항공   ■ 해운   ■ 여행업

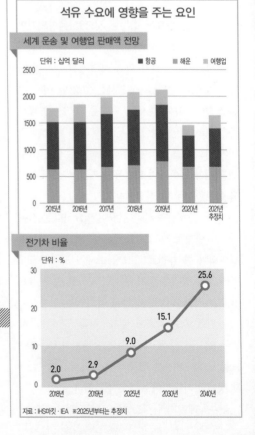

2015년 2016년 2017년 2018년 2019년 2020년 2021년 추정치

전기차 비율

단위 : %

- 2018년 2.0
- 2019년 2.9
- 2025년 9.0
- 2030년 15.1
- 2040년 25.6

자료 : IHS마킷·IEA ※2025년부터는 추정치

**2021년
글로벌 원유 시장**

+6.9%

정제 마진 전망

단위 : 배럴당 달러   ■ 경유 ■ 휘발유 ■ 중유

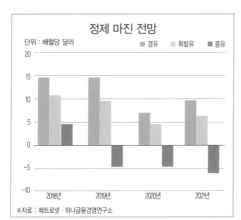

※자료 : 페트로넷 · 하나금융경영연구소

정유사 실적 전망

단위 : 조원 ■ 매출액 — 영업이익률(오른쪽)   단위 : %

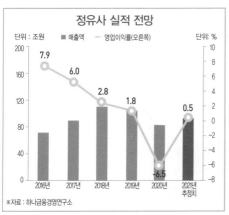

※자료 : 하나금융경영연구소

**한국의 분야별
탄소 배출량**
단위 : 이산화탄소환산톤

**총 배 출 량
7억2760만**

| 기타 6470만 |
| 수송 9960만 |
| 건물 1억5830만 |
| 산업 4억500만 |

*발전 · 열 배출량은
산업, 건물, 수송,
기타 배출량에 포함

발전 · 열
2억7020만

※2018년 기준
자료 : 환경부 온실가스종합정보센터

**2021년 세계
석유 수요 전망**

9740만b/d

2021 투자 포인트

전기차용 포트폴리오 확대하는 정유 4사

에쓰오일 · SK이노베이션 · GS칼텍스 · 현대오일뱅크 등 한국 정유 4사는 주력 사업인 석유 사업의 부진 속에서 윤활유 사업에서 돌파구를 찾고 있다. 정유 4사는 전기차 · 하이브리드차용 윤활유를 개발해 신제품을 앞다퉈 출시하고 있다. 윤활유 사업은 이익률이 높은 고부가 제품으로 친환경 규제가 늘면서 수요가 증가하고 있다.

엑슨모빌, 다우지수에서 92년 만에 퇴출

한때 전 세계 에너지업계 시가총액 1위였던 미국 최대 석유 기업 엑슨모빌이 2020년 8월 다우존스 산업평균지수에서 퇴출됐다. 엑슨모빌은 저유가세 장기화, 정제 마진 하락, 에너지 전환 흐름 속에서 최근 실적 부진을 겪고 있다. 다우존스지수는 대형주 중심의 스탠더드앤드푸어스(S&P)500, 기술주 중심의 나스닥 지수와 함께 뉴욕 증시를 대표하는 3대 대표 주가지수다.

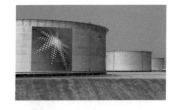

'석유왕' 아람코도 탈석유 드라이브

사우디아라비아 국영 석유회사인 아람코가 '비전 2030'에 맞춰 탈석유 전략에 박차를 가하고 있다. 사우디아라비아의 실세인 모하메드 빈 살만 왕세자는 수년 동안 석유에 의존해 온 사우디아라비아 경제의 체질 변화를 위해 경제 개혁 정책인 '비전 2030'을 추진 중이다. 아람코는 신재생에너지 사업 비중도 확대하고 있다.

화학

위생용 장갑 · 헬멧 수요 폭발…화학업계 '들썩'

중국 수요 증가 지속…언택트 제품군 호조 계속된다

신종 코로나바이러스 감염증(코로나19) 사태로 인한 소비 패턴의 변화로 2020년 최대 특수를 누린 화학업계는 2021년에도 수혜를 누릴 것으로 예상된다. 관련 제품을 보유한 LG화학 · 롯데케미칼 · 금호석유화학 등 화학 기업의 수익 증대가 예상된다.

금호석유화학 연구원

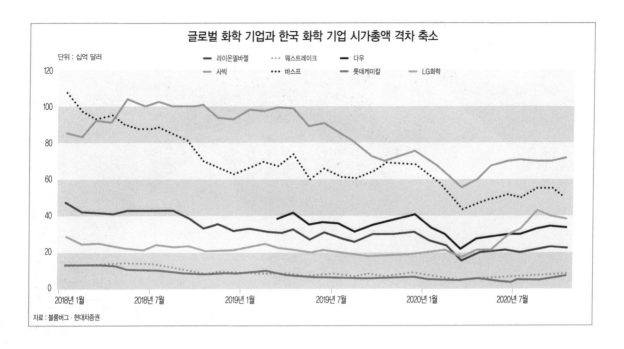

글로벌 화학 기업과 한국 화학 기업 시가총액 격차 축소

단위 : 십억 달러

라이온델바젤 · 웨스트레이크 · 다우 · 사빅 · 바스프 · 롯데케미칼 · LG화학

자료 : 블룸버그 · 현대차증권

2020년 상반기 화학업계는 신종 코로나바이러스 감염증(코로나19) 락다운 조치 등으로 금융 위기 이후 최대 시련을 겪었다. 하지만 하반기 다수의 화학 기업이 최대 영업이익 또는 그에 준하는 호실적을 기록했다. 코로나19로 실내 생활이 늘어나며 언택트(비대면) 소비를 위한 포장재 · 일회용품 · 위생용품 · 가전제품 · 건자재 · 실내용품 수요가 크게 늘었기 때문이다. 2021년에는 백신 개발의 기대감이 크지만 공급까지는 상당한 시간이 걸릴 것으로 예상돼 변화된 소비 패턴 패러다임이 유지될 것으로 보인다. 화학 제품 수요 호황이 지속될 것이라는 의미다.

NB 라텍스, 2021년 초호황 예상

2021~2022년에는 중국인들의 위생에 대한 관념 변화로 장갑 수요가 폭발적으로 늘어날 것으로 전망된다. 미국과 유럽의 1인당 장갑 사용량이 100~150개인데 반해 중국은 6개에 불과하다는 점도 폭발적인 수요 증가 가능성을 짐작

**세계
고무장갑 수요**

**2020년
3380억 장**
(전년 대비 20%↑)

**2021년
4220억 장**
(전년 대비 25%↑)

※전망치

하게 한다. 실제 최근 주요 중국 장갑, 위생 관련 업체들은 장갑 라인의 대규모 증설에 나서고 있다. 대표적인 업체는 인트코(INTCO)와 블루세일 등이다. 이에 따라 중국의 NB(Nitrile Butadiene) 라텍스 수요는 2020년 대비 2021년 2배, 2022년 3배 정도 늘어날 것으로 추정된다.

의료 · 위생용 니트릴 장갑의 소재인 NB 라텍스를 생산하는 화학 기업들의 수혜도 계속될 것으로 보인다. 세계 고무장갑 수요는 2005~2019년 연평균 6.8%씩 증가하며 2019년 2980억 개를 기록했다. 특히 니트릴 장갑은 미국 · 유럽 · 중국 · 브라질 등의 헬스케어 규제 강화와 중국 PVC 장갑 소비 감소로 수요가 폭발적으로 증가하고 있다.

또한 선진국의 장갑 수요가 크게 증가하지 않는 가운데 중국 · 인도 · 인도네시아 등 개발도상국의 수요가 최근 급격히 증가하고 있는 추세다. 코로나19 확산으로 세계 고무장갑 수요는 2020년 20%, 2021년 25% 성장할 것으로 전

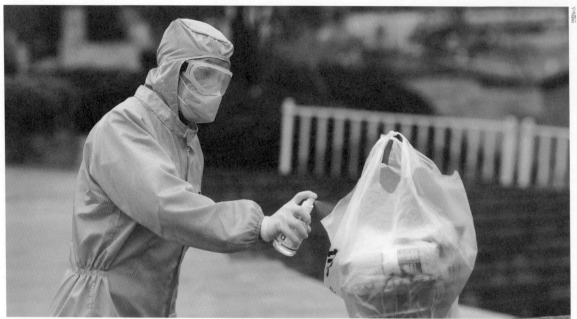
중국에서 배달 물품에 소독제를 분사하는 모습.

망된다. 니트릴 장갑의 원가 중 43%가 NB 라
텍스다. 이를 생산하는 금호석유화학과 LG화
학의 NB 라텍스 생산 능력은 각각 68만 톤, 17
만 톤으로 세계 1위, 3~4위 지위를 유지하고
있다.

코로나19의 영향으로 전 세계에서 NB 라텍스
의 수요가 급증하면서 금호석유화학의 실적은
가파른 상승 곡선을 그리고 있다. 금호석유화학
은 울산공장에 연간 7만 톤 생산 규모의 NB 라
텍스 설비를 추가로 증설하기로 했다. 증권업계
에서는 금호석유화학의 2021년 영업이익이 1조
원을 넘을 것이라는 전망도 나온다.

금호석유화학
NB라텍스 생산능력

세계 **1**위

금호석유화학은 울산고무공장에 NB 라텍스 생산 설비 증설을 추진 중이다.

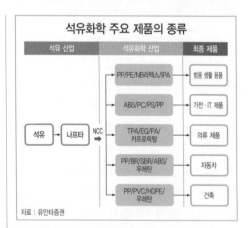

석유화학 주요 제품의 종류

석유 산업	석유화학 산업	최종 제품
석유 → 나프타	NCC → PP/PE/NB라텍스/IPA	범용 생활 용품
	ABS/PC/PS/PP	가전·IT 제품
	TPA/EG/PA/카프로락탐	의류 제품
	PP/BR/SBR/ABS/우레탄	자동차
	PP/PVC/HDPE/우레탄	건축

자료 : 유안타증권

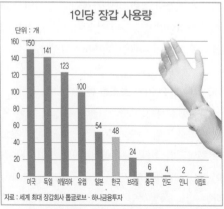

1인당 장갑 사용량

단위 : 개

미국	150
독일	141
이탈리아	123
유럽	100
일본	54
한국	48
브라질	24
중국	6
인도	4
인니	2
이집트	2

자료 : 세계 최대 장갑회사 톱글로브 · 하나금융투자

중국 장갑·위생용품 업체 인트코 영업이익률

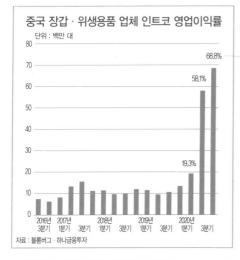

단위 : 백만 대

- 2016년 3분기
- 2017년 1분기
- 3분기
- 2018년 1분기
- 3분기
- 2019년 1분기
- 3분기
- 2020년 1분기 19.3%
- 3분기 58.1%
- 68.8%

자료 : 블룸버그·하나금융투자

중국 인트코
영업이익률

68.8%

※2020년 3분기

중국의 NB 라텍스 수요

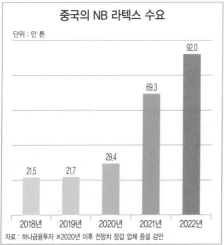

단위 : 만 톤

- 2018년 21.5
- 2019년 21.7
- 2020년 29.4
- 2021년 69.3
- 2022년 92.0

자료 : 하나금융투자 ※2020년 이후 전망치 장갑 업체 증설 감안

코로나19 장기화에 틈새 특수 노리는 화학 기업들

금호석유화학
라텍스 생산 공장 증설

LG화학
NB 라텍스 합작 공장 추진

롯데케미칼
항균 소재 시장 선점

SK케미칼
방역용 특수 소재 수출 확대

효성티앤씨
스판덱스 적용 마스크 생산

한국의 NB 라텍스 중국 수출량

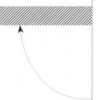

단위 : 톤 / 단위 : 만 명

— 중국향 NBL 수출량 · · · 중국 코로나 확진자

2012년 2013년 2014년 2015년 2016년 2017년 2018년 2019년 2020년

자료 : 한국무역협회·하나금융투자 ※코로나19와 관계 없이 증가

2021 투자 포인트

ABS 호황에 LG화학 '깜짝 실적'

LG화학은 2020년 3분기 사상 최대 매출과 영업이익을 기록했다. 석유화학 부문에서 20.1%의 분기 사상 최대 영업이익률을 기록한 것이 주효했다. LG화학이 세계 시장점유율 1위를 차지하고 있는 ABS 시장의 호황 덕분이다. 코로나19로 인한 실내 생활 증가로 가전 수요가 늘면서 가전 내·외장재 등에 쓰이는 ABS 수요가 세계적으로 크게 증가했기 때문이다.

중국 헬멧 의무화에 화학업계 수혜

국내 화학업계에 중국 정부의 정책 수혜가 지속될 전망이다. 가전 등 다양한 제품의 소재로 활용되는 ABS는 헬멧의 원료이기도 하다. 중국 정부가 2020년 7월부터 오토바이·전동스쿠터 운전자에게 헬멧 착용을 의무화하면서 중국의 헬멧 수요가 폭발적으로 증가하고 있다.

친환경 신소재 공략 '박차'

환경 이슈가 부각되면서 일회용 플라스틱 이슈는 여전히 수요 불확실성으로 남을 것으로 전망된다. 그러나 위생·포장 수요는 당분간 유지될 것으로 전망되며 바이오 플라스틱, 재활용 등 친환경 소재 이슈 역시 화학 업체들의 몫이 될 가능성이 높다.

은행

ESG 금융에서 디지털 화폐까지…
금융 패러다임이 바뀐다
은행 핵심 수익성 지표인 순이자 마진이 저금리로 역대 최저 수준을 경신했다

2020년 상반기 한국 은행들은 지난해와 비슷한 수준의
이익을 거둔 것으로 나타났다. 금리가 낮아졌지만 대출 채권 등 운용 자산이 증가했고
수수료 등 비이자 이익이 증가했기 때문으로 분석됐다

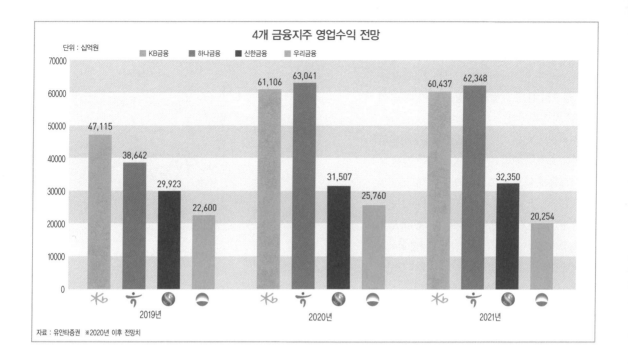

4개 금융지주 영업수익 전망

단위 : 십억원

KB금융 · 하나금융 · 신한금융 · 우리금융

2019년: 47,115 / 38,642 / 29,923 / 22,600
2020년: 61,106 / 63,041 / 31,507 / 25,760
2021년: 60,437 / 62,348 / 32,350 / 20,254

자료 : 유안타증권 ※2020년 이후 전망치

초저금리 시대를 맞이한 은행들은 비이자 이익 확대와 금융 투자 부문 활성화라는 숙제를 안고 있다.

한국 금융업계는 제로 금리로 수익성에 빨간 불이 켜졌다. 나이스신용평가가 2019년 한국 시중은행(KB국민 · 우리 · 신한 · 하나 · 한국 SC · 한국씨티은행)과 미국 4대 상업은행(JP모건체이스은행 · 뱅크오브아메리카 · 웰스파고은행 · 씨티뱅크)의 수익성을 비교한 결과 미국 4대 상업은행이 월등히 우수했다. 미국 은행이 한국 은행보다 더 낮은 금리 환경에서도 더 높은 수익성을 유지하고 있는 것은 사업 구조상 비이자 이익과 신용 대출의 비율이 상대적으로 높기 때문이다.

2020년 상반기 한국 은행들은 지난해와 비슷한 수준의 이익을 거둔 것으로 나타났다. 금리가 낮아졌지만 대출 채권 등 운용 자산이 증가했고 수수료 등 비이자 이익이 증가했기 때문으로 분석됐다. 금융감독원이 한국 은행의 실적을

국내 은행
2020년 상반기
영업이익

9조
4000억원

잠정 집계한 결과 은행들은 이자 이익과 비이자 이익을 합쳐 모두 24조원의 이익을 낸 것으로 나타났다. 판매비 · 관리비 · 충당금을 뺀 영업 이익은 모두 9조4000억원으로 지난해 같은 기간보다 1조9000억원 감소했다.

신종 코로나바이러스 감염증(코로나19)으로 인한 경기 악화로 채무 불이행이 커질 것을 대비한 대손충당금을 적립한 결과 영업이익이 줄었다. 올 상반기 대손충당금 전입액은 3조3000억원으로, 지난해 1조3000억원보다 2조원 정도 늘었다.

대출 증가에 은행 자산 건전성 위험할 수도

은행의 핵심 수익성 지표로 꼽히는 NIM은 저금리로 인해 올해 2분기 1.42%로 역대 최저 수준을 경신했다. 금감원은 순이자 마진이 하락했지만 은행의 이자 수익 자산(평잔)이 지난해 상반기 2249조7000억원에서 올해 상반기 2466조6000억원으로 증가하는 등 운용 자산이 늘면서 수익 감소를 만회했다고 분석했다.

한국금융연구원은 올해 하반기에도 한국 은행의 수익성이 개선되기 어려울 것이라고 전망했다. 또 하반기 마이데이터(본인신용정보관리업) 도입 등으로 은행 산업의 시장 경쟁이 더욱 치열해질 것으로 봤다.

코로나19로 인한 대출이 늘면서 잠재적인 금융 위험 요소도 커지고 있다. 한국은행 경제 통계 시스템에 따르면 지난해 말 1698조6000억원이었던 예금 은행의 총대출금 규모는 지난 6월 말 1805조7000억원으로 6개월간 107조1000억원 증가했다. 같은 기간 비은행 금융회사의 여신(대출) 규모는 931조2000억원에서 970조1000억원으로 약 38조9000억원 늘었다.

대출 증가 폭이 커지자 금융 당국이 신용 대출에 제동을 걸고 나섰다. 지난 9월 14일 열린 금융감독원과 은행 여신 담당 임원들 간의 화상 회의에서 2억원 이상 신용 대출을 조이는 방안이 논의됐다. 금융 당국이 신용 대출 규제 방안을 찾는 것은 신용 대출에서 부실이 발생하면 그 위험을 고스란히 은행이 떠안기 때문이다. 은행권 역시 대출 총량과 속도 조절에 나섰다. 은행권은 낮은 금리로 수억원씩 빌리는 고신용·고소득 전문직의 신용 대출부터 줄이는 쪽을 검토하는 것으로 알려졌다. 은행들의 재정 건전성을 지키면서 생활자 금융 대출을 건드리지 않으려면 결국 소수 특수직 등의 거액 신용 대출 한도를 건드릴 수밖에 없다는 결론이 나온다.

2020 상반기
예금 은행 총대출금
증가액

107.1조원

예금은행 차주별 대출 성장률
단위 : 전년 대비 %

— 총대출 기업 대출 — 가계

자료 : 이베스트투자증권

은행 순이자 마진
단위 : %

— 신한 — 국민 하나
 우리 — 기업

자료 : 이베스트투자증권

경제성장률과 기준금리 전망
단위 : 전년 대비 %

— GDP 증가율 — 기준금리

자료 : 한국은행·이베스트투자증권 ※경제성장률 전망치는 한국은행 추정치 기준(2020년 : -0.2%, 2021년 +3.1%)

마이데이터 서비스 효과

| 기존 | 도입 후 |

마이데이터 앱
- 은행 계좌정보
- 카드 결제정보
- 보험 납부정보
- 증권 투자정보

통합조회 및 분석

맞춤형 금융상품

은행(계좌 정보), 카드회사(결제 정보), 보험회사납부 정보 등에 흩어져있는 정보를 한눈에 파악하기 어려움

마이데이터 서비스를 통해 흩어져 있는 개인 신용 정보를 한 번에 확인하고 통합 분석이 가능

자료 : 이베스트투자증권

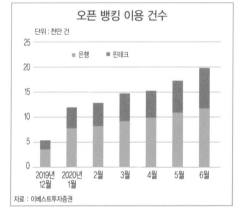

오픈 뱅킹 이용 건수

단위 : 천만 건

■ 은행 ■ 핀테크

2019년 12월 / 2020년 1월 / 2월 / 3월 / 4월 / 5월 / 6월

자료 : 이베스트투자증권

2025년 데이터 산업 시장 규모

32조 **9000**억원

세계 중앙은행 중 디지털 화폐 R&D 착수 비율

80%

"석탄 회사에 투자·대출 안 한다" ESG 선언

환경·사회·지배구조(ESG)가 금융 시장의 새 기준으로 자리 잡고 있다. 국제 금융 기구와 각국 중앙은행은 기후 리스크와 사회적 책임 요소를 산업과 금융의 가치 평가에 반영하려는 움직임을 본격화하자 시중은행 역시 ESG 경영을 선언했다. KB국민은행은 '탈석탄' 경영을 통해 석탄회사에 투자나 대출을 중단하기로 했다.

CBDC 시대 개막
〈Central Bank Digital Currency〉

중국 인민은행을 시작으로 정부의 통제 아래 있는 디지털화폐 시대가 열렸다. 디지털 화폐는 중앙의 통제가 없는 가상화폐와 달리 일반 지폐와 마찬가지로 법정 화폐의 효력을 갖는다. 전 세계 중앙은행의 결정에 따라 상업은행도 디지털 화폐 시스템을 준비하고 있다. 신한은행은 한국은행의 디지털 화폐 발행에 대비해 LG CNS와 블록체인 기반의 디지털 화폐 플랫폼을 시범 구축하는 업무협약을 체결했다

빅테크에 맞선 은행의 디지털 반격

한국 금융사들이 디지털 전환에 사활을 건 지 오래다. 올해는 그 의미가 더 각별하다. 지난해 말 오픈 뱅킹이 본격적으로 시행됐고 올해 데이터 3법이 통과되며 마이데이터 시대가 됐다. 기존의 금융사들은 물론 테크핀 기업들과도 '디지털 무한 경쟁'이 본격적으로 시작된 셈이다. 은행권 역시 인공지능(AI) 전문 조직을 확대하고 AI 기술을 사업 전반에 도입하며 디지털 반격에 나서고 있다. 2021년 초 마이데이터 사업자 선정이 끝나면 금융권이 데이터 사업에 전사적 역량을 집중할 것으로 보인다. 마이데이터를 활용하면 흩어진 개인 신용 정보를 한눈에 보여 주고 맞춤형 서비스를 제공하는 새로운 사업에 나설 수 있다.

증권

시장 패러다임 바꾼 '동학 개미'

개인 투자자들의 공격적인 투자로
2020년 증권사 브로커리지(위탁매매) 수수료 수익이 크게 늘어났다

증권가의 2021년 업계 전망은 엇갈린다. 2021년에도 브로커리지 부문의 강세가
계속될 것이라는 전망이 있는가 하면 신종 코로나바이러스 감염증(코로나19)의 영향으로
투자은행(IB) 부문의 부진이 이어지는 상황에서 브로커리지 수익에 의존하는
이익 구조는 한계에 부닥칠 것이라는 지적도 나온다.

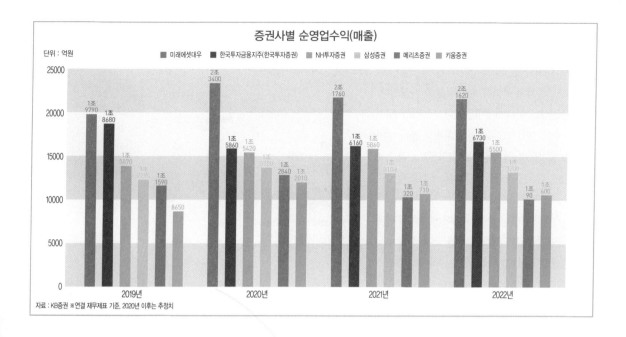

증권사별 순영업수익(매출)

단위 : 억원

■ 미래에셋대우 ■ 한국투자금융지주(한국투자증권) ■ NH투자증권 ■ 삼성증권 ■ 메리츠증권 ■ 키움증권

자료 : KB증권 ※연결 재무제표 기준, 2020년 이후는 추정치

증권사들은 2020년 코로나19 사태를 계기로 한국 주식은 물론 해외 주식 투자 붐이 일면서 호실적을 기록했다. '동학개미운동'으로 불리는 개인들의 주식 투자 열풍에 힘입어 브로커리지(위탁 매매) 수익이 급증했다. 채권 금리 하락과 글로벌 증시 회복으로 트레이딩 이익도 늘었다.

금융감독원에 따르면 미래에셋대우 · NH투자증권 · 한국투자증권 · 삼성증권 · KB증권 · 신한금융투자 · 하나금융투자 · 메리츠증권 등 자기 자본 3조원 이상 8개 대형 증권사의 2020년 2분기 기준 순이익 규모는 1조4055억원이었다. 전년 동기(1조209억원) 대비 37.7% 증가했다. 분기 기준 사상 최대였다.

2020년 2분기 순이익 1위는 미래에셋대우(3041억원)였다. 미래에셋대우는 증권업계 최초로 분기 순이익 3000억원을 넘기며 1분기에 이어 순이익 1위를 차지했다. 한국투자증권은 2분기 2958억원의 순이익을 내면서 1분기 적자에서 흑자로 전환했다.

2020년
미래에셋대우
순영업수익(업계 1위)

2조
3400억원

한국투자증권은 1분기 주가연계증권(ELS) 자체 헤지 등 트레이딩 부문에서 손실이 발생해 2008년 4분기 이후 11년3개월 만에 적자를 냈다.

증권사 호실적의 비결은 브로커리지에 있다. 개인 투자자들이 대거 증시에 뛰어들면서 2020년 2분기 기준 국내 증시 하루 평균 거래 대금은 21조8000억원으로 사상 최대치를 기록했다. 전년 동기 대비 45.5% 급증했다. 이 기간 개인의 보유 주식 회전율(거래량÷상장주식 수)은 486%로 전년 평균(179%) 대비 두 배 이상 높았다.

해외 주식도 수익으로 자리 잡아

증권사들의 새로운 먹거리로 떠오른 해외 주식도 든든한 수익원으로 자리 잡았다. 2020년 2분기 증권사들의 해외 주식 수수료(외화증권 수탁 수수료) 수입은 역대 최고 수준을 갈아 치웠다. 개인 투자자들이 해외 주식 열풍을 주도하고 있는 영향이다. 금융투자협회에 따르면 한국 증권사들의 2020년 상반기 해외 주식 수수료는 2224억원으로 전년 동기 대비 194.1% 증가했다. 증권사들의 2분기 해외 주식 수수료만 1246억원으로 1분기(977억원)보다 27.5% 늘었다.

2020년 2분기에 해외 주식 수수료를 가장 많이 거둔 증권사는 미래에셋대우였다. 이 기간 해외 주식 수수료 수입만 334억원으로 전년 동기 대비 178.3% 증가했다. 삼성증권(282억원), 키움증권(154억원), 한국투자증권(130억원), KB증권(85억원) 등이 뒤를 이었다.

주식 거래량 폭증은 증권사 실적에 그대로 반영됐다. 금융감독원에 따르며 개인 고객 비율이 높은 키움증권은 2020년 2분기 순이익이 2215억원으로 전 분기 대비 317% 급증했다. NH투자증권의 브로커리지 수익도 122% 늘었다.

트레이딩 등 증권사 자체 운용 수익도 좋아졌다. 트레이딩은 2020년 1분기 파생 상품 운용에서의 대규모 손실로 증권사 실적 악화의 원인이었다. 하지만 2분기 글로벌 증시가 반등하면서 투자 자산 평가 이익이 급증했다. 미래에셋대우의 2분기 트레이딩 이익은 3198억원으로 전 분기 대비 479% 늘었다. 1분기 트레이딩에서 1716억원 적자를 기록한 NH투자증권은 2분기 2349억원으로 흑자 전환에 성공했다.

증권가의 2021년 업계 전망은 엇갈린다. 2021년에도 브로커리지 부문의 강세가 계속될 것이라는 전망이 있는가 하면 코로나19의 영향으로 투자은행(IB) 부문의 부진이 이어지는 상황에서 브로커리지 수익에 의존하는 이익 구조는 한계에 부닥칠 것이라는 지적도 나온다.

강승건 KB증권 애널리스트는 "주식 시장의 변동성이 계속 확대될 수 없고 그 방향성 또한 지속적으로 우상향한다고 가정하기 어렵다"며 "공매도 금지 연장 기한이 2021년 3월이고 2020년 말을 기점으로 양도소득세 부과 대상이 3억원으로 낮아지는 점을 감안하면 높은 개인 투자자의 참여 비율이 낮아질 수 있다"고 말했다.

해외 주식 수수료

1246억원

자료 : 금융투자협회 ※2020년 2분기 기준

증권사별
해외 주식 수수료

단위 : 억원

334 미래에셋대우
282 삼성증권
154 키움증권

자료: 금융투자협회 ※2020년 2분기 기준

증권사별 순영업수익 구성

단위 : %

MIRAE ASSET 미래에셋대우

WM 9
이자 12
IB 15
위탁 매매 26
트레이딩 38

한국투자 금융지주

WM 10
이자 15
트레이딩 22
위탁 매매 28
IB 25

NH투자증권

WM 5
이자 11
IB 18
위탁 매매 33
트레이딩 33

자료 : KB증권 ※2020년은 추정치

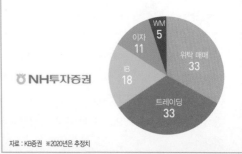

위탁 매매 ■ 트레이딩 ■ 투자은행(IB) ■ 이자 ■ 자산관리(WM)

WM 7
IB 11
트레이딩 13
이자 18
위탁 매매 51

신뢰에 가치를 담하다
삼성증권 SAMSUNG

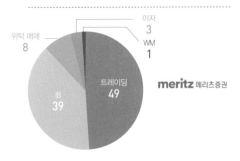

이자 3
WM 1
위탁 매매 8
트레이딩 49
IB 39

meritz 메리츠증권

WM 1
IB 15
트레이딩 18
이자 20
위탁 매매 46

키움증권

미래에셋대우
자기 자본(업계 1위)

9조
5000억원

※2020년 9월 말 기준

삼성증권 예탁 자산
30억원 이상 고객

2600여 명

※2020년 9월 말 기준

2021 투자 포인트

자기 자본 10조원 눈앞에 둔 미래에셋대우

미래에셋대우는 한국 금융 투자업계 최초로 자기 자본 10조원 돌파를 눈앞에 뒀다. 미래에셋대우의 자기 자본은 2020년 9월 말 기준 9조5000억원을 넘어서며 글로벌 투자은행(IB)과 어깨를 나란히 하고 있다. 각종 수수료 수익뿐만 아니라 국내외 채권, 주식, 장외 파생 상품 등 전 사업 부문에서 균형 잡힌 수익 구조를 갖췄다는 평가를 받는다.

상장 앞둔 '카뱅'의 2대 주주 한국투자금융지주

한국투자금융지주는 2021년 상장 예정인 카카오뱅크의 지분 33.35%를 보유한 2대 주주다. 카카오뱅크는 2020년 10월 기준 장외 시장에서 약 40조원의 가치를 부여받고 있다. 한국금융지주는 2020년 10월 20일 기준 시가총액 4조1000억원으로 카카오뱅크의 지분 가치가 충분히 반영되지 않았다는 것이 증권가의 분석이다.

자산 관리 경쟁력 돋보이는 삼성증권

삼성증권은 한국 증권사 중 가장 많은 고액 자산가를 고객으로 보유하고 있다. 초고액 자산가 전용 자산 관리 서비스인 'SNI'를 통해서다. 2023년 금융투자소득세가 도입되면 자산 관리(WM) 부문 경쟁력을 통해 추가적 자기자본이익률(ROE) 상승이 가능하다는 평가다.

보험

보험도 디지털 전환…플랫폼 공룡에 대비하라

보험업계는 대면 영업이 어려워지고 IT공룡이 경쟁자로 등장하면서 새로운 도전에 직면하고 있다

한국 보험사들은 과거 고금리를 약속하고 팔아둔 저축성 상품이 많다.
IFRS17이 시행되면 보험 부채가 막대하게 늘어나 재무 위기에 빠질 가능성이 있다.

보험업계는 비대면 서비스 확대에 나서고 있다. 삼성화재는 업계 최초로 24시간 디지털 영업 지원 시스템을 구축했다.

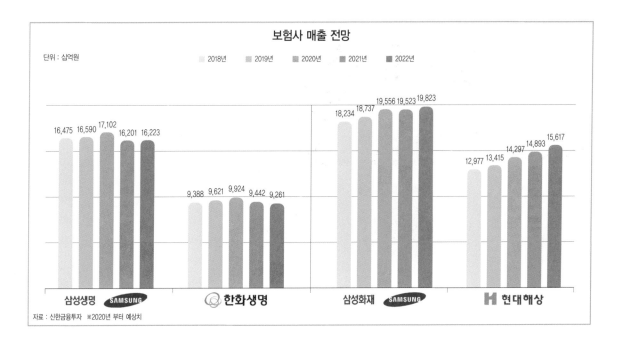

보험사 매출 전망

단위 : 십억원

2018년　2019년　2020년　2021년　2022년

삼성생명 SAMSUNG
16,475　16,590　17,102　16,201　16,223

한화생명
9,388　9,621　9,924　9,442　9,261

삼성화재 SAMSUNG
18,234　18,737　19,556　19,523　19,823

현대해상
12,977　13,415　14,297　14,893　15,617

자료 : 신한금융투자　※2020년 부터 예상치

신종 코로나바이러스 감염증(코로나19) 확산으로 금융업의 중심축이 언택트(비대면)로 빠르게 이동하고 있다. 보험업계 역시 대면 영업이 불가능해진 상황과 온라인 플랫폼 등 새로운 경쟁자의 출현으로 위협을 맞게 됐다. 전문가들은 보험 산업의 생존과 발전을 위해서는 플랫폼과의 협업이 필수적이라고 입을 모았다.

'언택트 시대 인슈어테크와 보험산업 전망' 세미나에서 발표자로 나선 김재호 KPMG 상무는 "보험사는 고객을 이해할 수 있는 접점이 미흡해 고객 유입과 확보를 위한 근본적인 개선책이 필요하다"며 "이종 산업과의 제휴로 디지털 보험사를 설립해 고객 접촉 빈도를 늘리는 등 고객 서비스와 상품에서 차별화에 나서야 한다"고 말했다.

생명보험과 손해보험은 다른 금융 업종에 비해 최근 2년간 수익성 하락 폭이 컸다. 저금리 기조 심화에 따라 보험 영업 손실이 확대됐고 새 보험국제회계기준(IFRS17) 대응 과정에서의 자본 확충 부담이 컸다. 새 회계 기준인 IFRS17

보험사 2019년 당기순이익

5조 3367억원

는 보험사가 가입자에게 지급해야 하는 보험금을 계약 시점의 원가가 아니라 회계 보고서를 제출하는 매 결산기의 시장 금리를 반영한 '시가로 평가한다는 게 핵심이다.

한국 보험사들은 과거 고금리를 약속하고 팔아둔 저축성 상품이 많다. IFRS17이 시행되면 보험 부채가 막대하게 늘어나 재무 위기에 빠질 가능성이 있다. 초저금리 정책, 대면 채널 영업 환경의 악화, 고령화 등 한국의 보험 산업은 이미 경영을 악화시킬 수 있는 요인들이 차고 넘친다. 이 때문에 생명보험 시장 성장세는 낮은 수준이다.

장기보험 비율 하락

수입 보험료 성장률은 2015년 5.6%에서 꾸준히 하락했고 2017~2018년에는 역성장세를 나타냈다. 한국 보험회사의 2019년 당기순이익은 5조 3367억원으로, 1년 전보다 26.8% 급감했다. 금융 위기 직후인 2009년 이후 10년 만의 최저 수

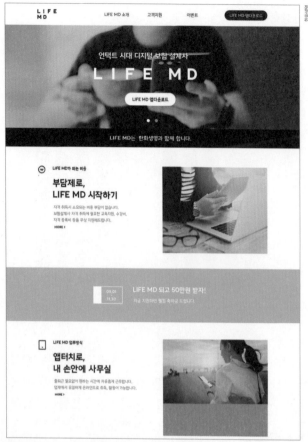

보험업계는 비대면 사업 확대에 나서고 있다. 한화생명은 모바일 애플리케이션을 기반으로 보험설계사 모집부터 교육과 활동까지 전 과정을 진행할 수 있는 새로운 디지털 영업 채널 '라이프 MD'를 신설했다.

준이다.

국제회계기준위원회가 3월 17일 IFRS17 도입 시기를 2022년에서 2023년으로 1년 연기함에 따라 자본 확충 부담이 줄었지만 그에 따른 실적 개선까지 기대하기는 어려울 것으로 보인다.

나이스신용평가는 지속된 공시 이율 하락과 IFRS17 및 신지급여력제도(K-ICS) 도입 부담 등으로 저축성 보험 판매가 축소됐고 종신보험 시장 정체로 보장성 보험 증가도 제한적이었던 요인이 보험사 수익성 하락의 원인이라고 분석했다. 주식 시장의 변동성 확대로 변액보험 판매도 부진할 것으로 예상된다.

손해보험업계 역시 IFRS17 도입에 대비하기 위해 보험료 적립 부담이 큰 저축성 보험 판매 감소 추세가 이어지고 있어 당분간 손해보험사의 원수보험료 성장세는 과거에 비해 낮아질 것으로 예상된다.

나이스신용평가에 따르면 한국 손해보험사는 2015년 이후 과도한 실손보험금 청구로 인한 실손보험 판매 축소, IFRS17 도입 예정에 대비한 장기 저축성보험 판매 감소 등의 영향으로 최근 장기 보험 비율이 70% 이하로 하락했다.

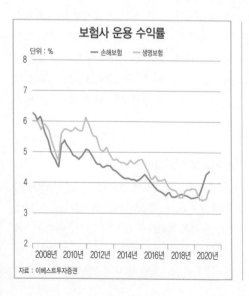

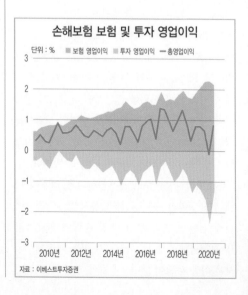

IFRS17 특징

전 세계 통일된 기준서 마련	보험 부채 전면 공정 가치 평가
저축성 보험 매출에서 제외	보험 만기까지 고르게 이익 인식

자료 : 보험연구원

네이버 · 카카오 보험업 진출 현황

NAVER 네이버		kakao 카카오
네이버파이낸셜	금융 자회사	카카오페이
4000만명	가입자 수	3400만명(카카오페이)
NF보험서비스 설립	보험업 진출	디지털 손해보험사 설립 추진
온라인 소상공인 대출 서비스에 필요한 보험서비스 제공	사업 예정	개인형 일상생활 보험 등 보험 사각지대에 있는 상품군 판매

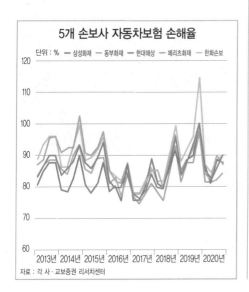

5개 손보사 자동차보험 손해율

단위 : % ─ 삼성화재 ─ 동부화재 ─ 현대해상 ─ 메리츠화재 ─ 한화손보

자료 : 각 사 · 교보증권 리서치센터

보험사
IFRS17 도입 시기
2023년

2020년
수입 보험료 증가율
4.2%
(보험연구원, 퇴직연금 제외)

2021 투자 포인트

네이버 · 카카오가 보험 파는 시대, 경쟁 심화

플랫폼 공룡 네이버와 카카오가 보험업계 진출에 나섰다. 보험업계로서는 경쟁이 치열해진다는 위협 요소가 있지만 이 과정에서 보험업계의 판매 채널 다변화나 빅테크와의 협업이 긍정적인 효과를 줄 수 있다는 장점도 있다.

코로나19로 고성장한 보험업계

보험연구원은 2020년 보험 산업 전체적으로 퇴직연금을 제외한 수입 보험료가 4.2% 늘어날 것으로 추정했다. 생명보험과 손해보험 수입 보험료 성장률 추정치는 각각 2.5%와 6.1%로 파악됐다. 또한 신종 코로나바이러스 감염증(코로나19)이 확산된 올해 상반기에는 생명보험과 손해보험은 지난 몇 년간에 비해 '이례적'으로 높은 성장세를 보였다고 평가했다.

많이 쓰면 보험료 오르는 실손보험 나온다

실손보험 손해율이 130%를 넘길 정도로 높아져 지속 가능하지 않다는 판단에 당국이 4세대 실손보험을 추진하고 있다. 4세대 실손보험은 보험금 청구액에 따라 이듬해 보험료를 많게는 3배 수준으로 대폭 할증한다는 내용이다. 현행 3세대 실손, 즉 '착한실손'의 상품 구조에서는 기본형 부분이 급여와 비급여 진료를 포괄적으로 보장하고 특약형 부분은 도수 치료 등 '도덕적 해이' 우려가 큰 부분을 보장한다는 이유에서다.

카드

'본업보다 부업'···카드 대출, 역대 최대 규모

2020년 상반기 8개 카드사 순이익은 18.9% 증가했다.
카드 이용액은 감소했지만 카드 대출이 크게 증가한 덕분이다

올 상반기 기준 카드업계의 신용카드 발급 장수(누적)는 1억1253장으로 전년 동기 발급 장수와 비교해 3.5% 증가했다. 문제는 카드업계의 신용카드 발급 장수 증가율이 지속적으로 떨어지고 있다는 점이다.

카드사들의 간편 결제 서비스가 진화하고 있다. 신한카드는 얼굴을 통해 결제하는 '신한 페이스 페이'를 선보였다.

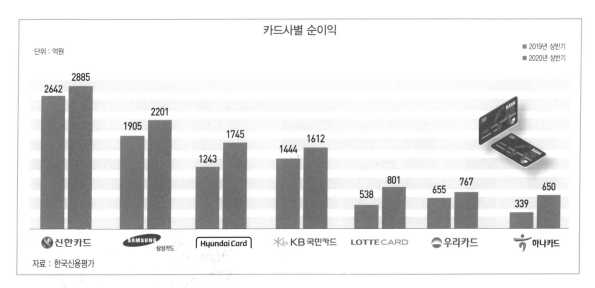

카드사별 순이익

단위 : 억원

■ 2019년 상반기
■ 2020년 상반기

- 신한카드: 2642 / 2885
- SAMSUNG 삼성카드: 1905 / 2201
- Hyundai Card: 1243 / 1745
- KB 국민카드: 1444 / 1612
- LOTTE CARD: 538 / 801
- 우리카드: 655 / 767
- 하나카드: 339 / 650

자료 : 한국신용평가

카드업계가 본업(수수료)보다 부업(카드론)에서 이익을 얻고 있다. 2020년 상반기 한국의 카드 소비자들은 상품·서비스 결제는 줄인 반면 카드론은 역대 최대 규모로 늘렸다.

올 상반기 기준 카드업계의 신용카드 발급 장수(누적)는 1억1253장으로 전년 동기 발급 장수와 비교해 3.5% 증가했다. 문제는 카드업계의 신용카드 발급 장수 증가율이 지속적으로 떨어지고 있다는 점이다. 카드업계의 신용카드 발급 장수 증가율은 2019년 상반기 6.3%, 2019년 말 5.6%, 2020년 상반기 3.5%로 나타났다. 체크카드 발급 장수는 1억1159장으로 전년 동기 대비 0.2% 소폭 감소했다.

카드 이용액 역시 감소했다. 금융감독원 발표에 따르면 올 상반기 전업 카드사 신용·체크카드 이용액은 424조원으로 지난해 같은 기간 426조원 대비 0.3% 줄었다. 개인과 법인카드 모두 이용이 부진했다. 해당 기간 개인 신용카드 이용액은 269조원으로 작년과 비교해 증가율이 1.0%에 그치며 저조했다. 법인 신용카드와 체크카드는 각각 5.1, 0.3% 이용액이 감소했다.

발급 장수 성장세 둔화와 이용액 감소 원인에는 신종 코로나바이러스 감염증(코로나19)이 자

2020년 상반기 신용카드 누적 발급 장수

1억1253장

리 잡고 있다. 코로나19 확산에 따라 대면 모집 등이 줄어들었을 뿐만 아니라 고객들의 외출 자제 등으로 카드 이용액이 줄어든 것이다.

반면 지난 상반기 현금 서비스와 카드론 등 카드 대출 이용액은 53조원으로 전년 동기(52조3000억원) 대비 1.4%(7000억원) 증가했다. 8개 전업계 카드사 체제 이후 역대 최대 규모다. 장기 대출 성격의 카드론 이용액이 전보다 10.5%(2조4000억원) 늘어난 25조4000억원으로 역대 가장 큰 금액을 기록한 영향이다. 단기 대출 성격의 현금 서비스 이용액(27조6000억원)은 전보다 5.7%(1조7000억원) 감소했지만 금융감독원에 따르면 이는 지속적으로 이어져 온 감소 추세에 따른 것이다.

2020년 상반기 8개 전업 카드사의 순이익은 1조 1181억원으로 전년 동기(9405억원) 대비 18.9%(1776억원) 증가했다. 순이익뿐만 아니라 대출 건전성 역시 강화됐다. 해당 기간 연체율 역시 개선된 것으로 나타났다.

다만 제조업 가동률과 실업률 등 실물 경기 측면의 회복이 지연되면 적극적인 금융 지원책에도 불구하고 내수 경기 침체가 장기화될 가능성이 존재한다. 나이스신용평가는 보고서를 통

카드론 이용액

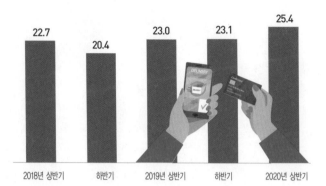

단위 : 조원

2018년 상반기	하반기	2019년 상반기	하반기	2020년 상반기
22.7	20.4	23.0	23.1	25.4

자료 : 금융감독원

신용카드 이용 비율

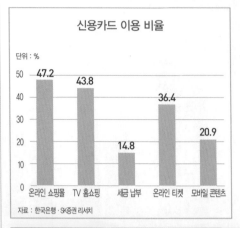

단위 : %

온라인 쇼핑몰	TV 홈쇼핑	세금 납부	온라인 티켓	모바일 콘텐츠
47.2	43.8	14.8	36.4	20.9

자료 : 한국은행 · SK증권 리서치

2020년 상반기
카드론 이용액
25.4억원

해 "민간 소비에 밀접하게 연동된 산업 특성상 신용카드사의 수익성과 재무 안정성은 다소 저하될 수 있다"며 "특히 상위권 카드사 대비 사업 지위와 재무 안전성이 열위한 중하위권 카드사의 재무 지표의 변동 가능성이 상대적으로 높다"고 전망했다.

향후 신용카드사의 조달 비용과 유동성에 영향을 미치는 주요 변수는 기준 금리 인하와 여신전문회사금융회사채(여전채)의 신용 스프레드 확대다. 은행과 다르게 수신 기능이 없는 카드사나 캐피털사 같은 여신 전문 금융회사는 대부분의 사업 자금을 회사채를 통해 끌어온다. 카드사는 전체 자금의 70%를 여전채를 통해 조달하는 것으로 알려져 있다. 여전채의 스프레드 확대는 발행 주체인 카드사의 조달비용 상승을 의미한다. 즉 카드사는 영업을 위해 더 비싸게 돈을 빌려와야 한다는 말이다. 향후 코로나19 확산으로 국고채 금리의 하방 압력이 이어질 수 있어 신용 스프레드 확대 가능성이 높아 보인다.

신용카드 이용 비율

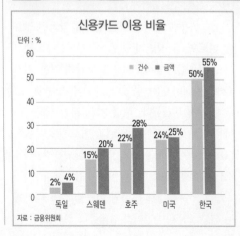

단위 : %

■ 건수 ■ 금액

	독일	스웨덴	호주	미국	한국
건수	2%	15%	22%	24%	50%
금액	4%	20%	28%	25%	55%

자료 : 금융위원회

중국 결제 수단 거래 비율

- 54%
- 21%
- 25%

■ 간편 결제
■ 신용 · 체크카드
■ 현금

자료 : iResearch China

중국 간편 결제
거래 비율

54%

MY소득 소비 관리부터
간편결제(앱카드),
포인트, 편의 서비스까지

🔹신한카드

카드사 주요 PLCC 출시 현황

카드사	기업명	카드명
현대카드	대한항공	대한항공카드
	이베이코리아	스마일카드
	코스트코	코스트코 리워드 현대카드
	스타벅스	미정
	배달의민족	미정
	쏘카	미정
롯데카드	롯데온	롯데오너스카드
	네이버페이	네이버페이플래티넘롯데카드
삼성카드	네이버페이	네이버페이 탭탭

자료 : 각 사

온라인 쇼핑몰
신용카드
이용 비율

47.2%

2021 투자 포인트

카드업계 새 전략, PLCC

최근 국내 카드업계는 어려운 상황에서도 새로운 성장 동력을 찾기 위해 다양한 시도를 하고 있다. 그중에서도 가장 주목 받는 전략은 상업자 표시 신용카드(PLCC)다. PLCC는 기업이 전문 카드사와 함께 운영하는 카드다. 카드사가 제휴한 기업의 브랜드를 사용하고 그 기업에 최적화된 혜택을 제공한다. 현대카드를 중심으로 신한카드 · 삼성카드 등이 PLCC 제휴 기업을 확대하고 있다.

카드사, 뜨거운 페이 경쟁

비대면 소비가 확산되면서 카드사들이 '페이 경쟁'에 적극 뛰어들고 있다. KB국민카드는 최근 기존 애플리케이션(앱) 카드 기능을 개선해 송금 · 환전 등 타 금융권의 금융 서비스까지 종합적으로 제공하는 종합 금융 플랫폼 'KB페이'를 선보였다. 신한카드는 10월 29일 생활 금융 플랫폼 '신한페이판(신한PayFAN)' 앱 안에 실물 지갑을 그대로 구현한 디지털 지갑 서비스 '마이 월렛(MY 월렛)'을 출시한다. BC카드의 모바일 금융 플랫폼 '페이북'도 빠른 속도로 점유율을 높여 가고 있다.

4대 지주 카드사, 실적 방어 성공

4대 금융지주 계열 카드사들이 가맹점 카드 수수료 인하 등 업황 악화 속에서도 신한 · KB국민 · 우리 · 하나 카드는 올해 3분기에도 당기순이익을 끌어올리며 실적 방어에 성공했다.

백화점

사회적 거리두기로 매출 타격…명품은 예외

해외여행이 불가능해지자 백화점 명품 소비는 3월 이후 급반등했다

백화점은 신종 코로나바이러스 감염증(코로나19)의의 확산으로
가장 큰 피해를 본 업종 중 하나다. 코로나19 확진자 발생에 따른 영업 중단,
사회적 거리 두기 강화 방침에 따른 고객 수 감소를 겪으며 주요 업체들의 매출도 부진했다.
과연 2021년에는 백화점들이 올해의 부진을 씻고 반등할 수 있을까.
업계에서는 코로나19의 향방에 따라 업종 전망이 갈릴 것으로 보고 있다.

서울 시내 한 백화점에서 명품 관련 행사를 진행하는 모습. 해외여행이 사실상 불가능해지자 대신 백화점에서 명품을 구매하는 소비자들이 크게 늘어났다.

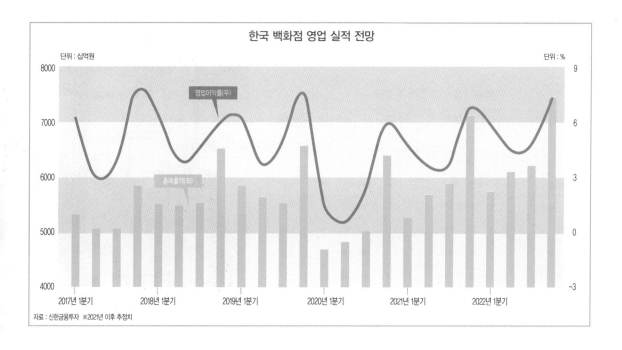

한국 백화점 영업 실적 전망

단위 : 십억원

단위 : %

영업이익률(우)

총매출액(좌)

2017년 1분기　　2018년 1분기　　2019년 1분기　　2020년 1분기　　2021년 1분기　　2022년 1분기

자료 : 신한금융투자　※2021년 이후 추정치

코로나19의 확산은 롯데·신세계·현대 등 주요 백화점 업계에 치명타를 안겨줬다. 매출에 크게 기여하는 도심 내 주요 점포들은 확진자가 다녀간 것으로 밝혀지면서 영업을 중단하기도 했다. 이 점포들은 하루 매출이 약 100억원에 달한다.

또 정부의 사회적 거리 두기 방침 강화와 외출을 자제하는 분위기가 맞물리면서 백화점을 찾는 소비자들도 크게 줄었다.

이에 따라 2020년 상반기 주요 3사의 매출은 전년 동기 대비 약 14%가 감소하기도 했다. 하지만 2020년 하반기 들어 점차 사정이 나아지기 시작했다.

해외여행이 불가능해지자 그 대신 백화점에서 명품을 구매하는 소비자들이 급증했다. 또 확진자 수 감소에 따라 다시 백화점을 찾는 이들도 점차 늘어나 서서히 예전의 모습을 찾아가는 상황이다.

2021년에는 과연 어떨까. 시나리오는 크게 3

백화점 3사의 전체 유통시장 매출 비율

17.9%

2019년 상반기

14.8%

2020년 상반기

자료 : 산업통상자원부

개로 나뉜다. 첫째, 코로나19가 완전히 종식되지 않은 상태에서 미미한 확산세를 보이는 경우다.

이는 곧 정부의 사회적 거리 두기 방침이 1단계 수준으로 유지되는 것을 의미하는데 이때 백화점 업종은 가장 큰 수혜를 볼 것으로 전망된다.

거리 두기 1단계 유지 시 '최대 수혜'

코로나19가 종식되지 않은 만큼 여전히 해외여행이 불가능해 백화점을 찾아 다양한 제품들을 구매하는 '보상 소비' 성향이 더 커질 것으로 예상되기 때문이다.

한 업계 전문가는 "이후 예상을 뛰어넘는 큰 폭의 '어닝 서프라이즈'를 기록할 것"이라고 내다봤다. 예컨대 한국 소비자들이 해외여행에서 쓰는 돈은 매년 30조원을 웃도는 것으로 추산된다. 이 돈이 고스란히 명품이나 고가의 가정용품 소비로 이어질 수 있다는 얘기다.

백화점 품목별 판매 수수료

단위 : %

분류	수수료율	분류	수수료율	분류	수수료율
셔츠 넥타이	27.3	잡화	24.6	가공식품	17.9
여성 정장	26.9	란제리/모피	24.5	소형 가전	16.7
남성 캐주얼	26.3	건강식품	24.0	신선식품	16.2
아동 · 유아용품	25.8	화장품	23.9	해외 명품	15.2
주방용품	25.4	욕실 · 위생용품	23.1	문구 · 완구	14.0
여성 캐주얼	25.2	레저 용품	23.1	대형 가전	11.7
남성 정장	25.2	진 · 유니섹스	21.9	도서 · 음반 · 악기	9.6
스포츠 용품	24.8	보석 · 액세서리	20.1	디지털 기기	7.9
가구 인테리어	24.7	생활용품	18.1		

자료 : 산업통상자원부 · 신한금융투자

둘째, 코로나19가 종식되는 상황인데 이 경우엔 소폭 성장이 예상된다. 백화점에서 상품을 구매하는 소비자가 증가할 것은 분명한 사실이다.

하지만 그보다 코로나19 시대에서 불가능했던 '해외여행' 또는 '문화 · 예술 공연' 등을 관람하는 데 더 많이 지출할 가능성이 높다는 것이 유통업계 전문가들의 분석이다.

셋째, 코로나19가 다시 심각해지는 시나리오다. 사회적 거리 두기가 강화되는 것은 물론 외출을 꺼리는 분위기가 이전보다 더 심하게 나타날 수 있다.

이렇게 되면 백화점들은 2021년에도 어려운 한 해를 보낼 것으로 전망된다. 명품 등의 고가 상품 판매가 더욱 늘 수 있지만 다른 품목들에 비해 상대적으로 마진율이 낮은 만큼 수익성 개선이 요원해질 수밖에 없다. 한 업계 전문가는 "백화점의 매출을 분석해 보면 오프라인 비율이 약 85%에 달한다"며 "결국 코로나19가 업황과 실적을 좌우할 수밖에 없다"고 진단했다.

백화점
오프라인 매출 비율

85%

롯데쇼핑 실적 전망

단위 : 억원

■ 총매출 ■ 영업이익

23,712.5 (2019년)
22,298.3 (2020년)
23,056.3 (2021년)

427.9 (2019년)
254.3 (2020년)
587.7 (2021년)

자료 : 롯데쇼핑 · 신한금융투자 추정

현대백화점 실적 전망

단위 : 억원

■ 총매출 ■ 영업이익

6,541.4 (2019년)
7,114.7 (2020년)
9,046.1 (2021년)

292.2 (2019년)
171.6 (2020년)
375.8 (2021년)

자료 : 현대백화점 · 신한금융투자 추정

임시 휴점 안내

롯데백화점 본점에
신종 코로나 바이러스 확진자가
방문한 사실이 확인되어
임시 휴점을 결정하게 되었습니다.

고객과 직원의 안전을 위한 조치이오니
많은 양해 부탁드립니다.

앞으로도 고객과 직원의 안전을
우선으로 생각하는 롯데백화점이 되겠습니다.

백화점 3사의
매출 증가율

2.8%

-14.2%

2019년 상반기   2020년 상반기

자료 : 산업통상자원부

신세계 실적 전망

단위 : 억원

■ 총매출 ■ 영업이익

SHINSEGAE

9,557.2   7,824.9   9,463.6

467.8   55.4   378.4

2019년   2020년   2021년   2019년   2020년   2021년

자료 : 신세계·신한금융투자 추정

백화점 3사의 명품 판매 증가율

단위 : %

22.9   4.2   -19.4   8.2   18.4   20.6

2020년 1월   2월   3월   4월   5월   6월

자료 : 각사

백화점 3사
2020년 6월
명품 판매 증가율

20.6%

2021 투자 포인트

백화점 관련 규제 리스크…
실현 가능성은 낮아

백화점은 현재 매달 1번을 휴무일로 지정해 휴업을 진행하고 있다. 이를 확대해 백화점을 매월 2회 의무 휴업하도록 하는 유통산업발전법(유통법) 개정안 논의가 본격화하고 있다. 특히 백화점에서 가장 많은 매출이 발생하는 주말 중 하루를 휴업일로 지정할 가능성이 있다. 그러면 실적 감소가 불가피하다. 다만 관련 업계에서는 이 법안의 통과 가능성이 낮다고 보고 있다.

2020년 부진에 따른 기저 효과

투자자들이 눈여겨봐야 할 부분은 '기저 효과'다. 2020년 주요 백화점들의 실적은 코로나19가 정점을 찍던 1분기와 2분기 크게 떨어졌다. 2021년 1분기와 2분기에는 이에 따른 기저 효과가 일어날 것이고 이 부분이 주가에 긍정적인 영향을 미칠 가능성도 제기된다.

신규 출점 박차가하는 현대백화점

코로나19 확산세 둔화 시 주요 백화점들 가운데 가장 큰 성장이 기대되는 곳으로는 현대백화점이 꼽힌다. 2020년 6월과 11월 대전 프리미엄 아울렛, 구리 프리미엄 아울렛을 오픈했고 2021년 2월 여의도 파크원이 문을 연다. 경쟁사들 대비 신규 출점이 활발한데 코로나19가 완화되면 효과를 톡톡히 누릴 것으로 보인다.

마트

저무는 오프라인 시대…온라인 강화로 생존 모색

비대면 소비 트렌드가 확산되면서 생필품을 구매하기 위해
대형마트를 찾는 이들의 발길도 끊기고 말았다

신종 코로나바이러스 감염증(코로나19) 확산 전부터 대형마트는 위기였다. 빠른 배송을 앞세운 이커머스들의
등장은 소비자들의 구매 방식을 오프라인에서 온라인으로 급격하게 전환시켰다. 이런 가운데 2020년
코로나19의 확산으로 '비대면 소비' 바람이 일었고 유통 시장의 무게 추는 더욱 빠르게
온라인으로 기우는 모습이다. 대형마트들의 상황은 더 어려워졌다.

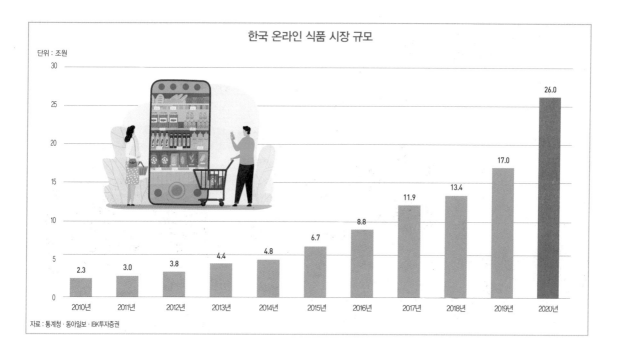

한국 온라인 식품 시장 규모

단위 : 조원

2010년	2011년	2012년	2013년	2014년	2015년	2016년	2017년	2018년	2019년	2020년
2.3	3.0	3.8	4.4	4.8	6.7	8.8	11.9	13.4	17.0	26.0

자료 : 통계청·동아일보·IBK투자증권

코로나19는 대형마트 업체들에 치명타로 작용했다. 코로나19 확산 초기에 생필품 구매가 늘면서 반짝 특수를 누리기도 했다. 하지만 잠깐이었다. 감염 우려에 따른 외출 자제, 여기에 따른 비대면 소비 트렌드가 확산되면서 생필품을 구매하기 위해 대형마트를 찾는 이들의 발길도 끊기고 말았다. 이는 매출을 통해서 확인할 수 있다. 산업통상자원부에 따르면 2020년 상반기 주요 유통 업체들의 매출은 전년 동기 대비 3.7% 증가했는데 이베이코리아·쿠팡 등 온라인 유통 업체들의 매출이 17.5% 늘어나며 전체적인 성장을 견인했다. 이마트·롯데마트·홈플러스 등 대형마트 3사의 매출은 전년 같은 기간과 비교할 때 5.6% 감소했다.

식품 구매 방식도 온라인으로 기울어

특히 대형마트들은 코로나19를 계기로 점차 식품을 온라인에서 구매하는 소비자들이 늘어나고 있는 것을 심각하게 받아들이고 있다. 식품 카테고리는 대형마트 매출의 약 60% 이상을 차지하기 때문이다. 그동안 식품은 온라인 침투율이 다른 품목들에 비해 현저히 낮았다. 직접 눈으로 신선한 제품들을 고를 수 있기 때문에 식품만큼은 온라인이 아닌 대형마트와 같은 오프라인 매장에서 구매하고자 하는 성향이 강했던 것이다.

하지만 코로나19로 인한 비대면 소비 확산은 이런 흐름마저 뒤바꿨다. 주요 온라인 업체들의 올해 상반기 매출을 들여다보면 식품 매출이 전년 대비 약 37% 높아진 것으로 집계됐다. 한 업계 관계자는 "코로나19를 계기로 많은 소비자들이 온라인으로 식품을 구매하게 됐다"면서 "이런 소비 유형이 코로나19가 종식되더라도 이어질 가능성이 높다"고 내다봤다.

이런 상황 속에서 대형마트들은 기존의 전략들을 대폭 수정하며 급변하는 시장 흐름에 맞서고 있다. 2021년에는 이런 움직임이 더욱 활발해질 것으로 예상된다. 대형마트를 관통하는 키워드로는 점포의 구조 조정, 혁신, 온라인 강화다.

대형마트 3사의 유통 시장 매출 비율

2019년
20.0%

2020년
18.2%

자료 : 산업통상자원부 ※상반기 기준

대형마트의 매출은 영업 면적에 비례하지만 최근 손님이 줄면서 급기야 이마트·롯데마트·홈플러스 등 3사는 '폐점'이라는 카드를 꺼내 들었다. 2020년에 이어 2021년에도 수익성이 떨어지는 점포들이 계속해 문을 닫을 것으로 보이는데 이로 인한 영업이익 개선 가능성이 높아 보인다.

점포 혁신도 2021년 활발히 진행될 전망이다. 장을 보기 위해 대형마트에 오는 이들이 줄어든 만큼 내부로 고객들의 발길을 그러모으기 위한 전략 중 하나가 바로 대대적인 리뉴얼이다. 생필품을 파는 공간을 대폭 축소하고 그 자리를 맛집이나 문화·예술 공간 등으로 채워 넣어 모객을 꾀하는 전략이다. 유통 시장의 흐름에 맞춰 온라인 역량을 강화하는 작업도 2021년에 더욱 거세질 것으로 전망된다. 롯데마트와 홈플러스는 기존의 마트 공간을 물류 거점으로 구축하고 있고 이마트 역시 SSG닷컴의 물류센터 등을 확장한다는 계획을 세우고 있다. 이런 측면에서 2021년을 기존의 유통 공룡과 이커머스의 맞대결이 더 치열해지는 한 해가 될 것이라는 관측도 제기된다.

대형마트 3사의
식품 매출 비율

65.0%

한국 새벽 배송 시장 규모

단위 : 억원

2015년	2016년	2017년	2018년	2019년	2020년
100	340	1,900	4,000	8,000	15,000

자료 : 관련 업계

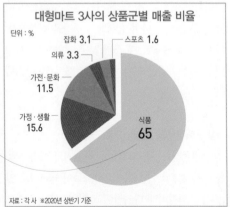

대형마트 3사의 상품군별 매출 비율

단위 : %

- 잡화 3.1
- 스포츠 1.6
- 의류 3.3
- 가전·문화 11.5
- 가정·생활 15.6
- 식품 65

자료 : 각 사 ※2020년 상반기 기준

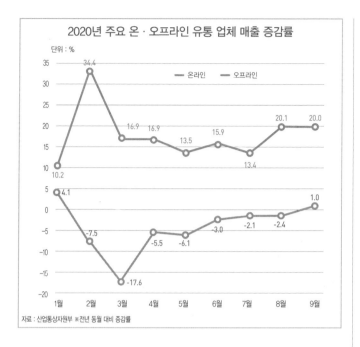

2020년 주요 온·오프라인 유통 업체 매출 증감률

단위 : %

온라인
오프라인

온라인: 10.2, 34.4, 16.9, 16.9, 13.5, 15.9, 13.4, 20.1, 20.0
오프라인: 4.1, -7.5, -17.6, -5.5, -6.1, -3.0, -2.1, -2.4, 1.0

1월 2월 3월 4월 5월 6월 7월 8월 9월

자료 : 산업통상자원부 ※전년 동월 대비 증감률

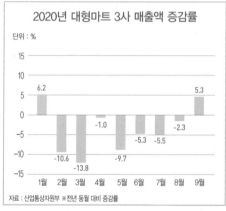

2020년 대형마트 3사 매출액 증감률

단위 : %

6.2, -10.6, -13.8, -1.0, -9.7, -5.3, -5.5, -2.3, 5.3

1월 2월 3월 4월 5월 6월 7월 8월 9월

자료 : 산업통상자원부 ※전년 동월 대비 증감률

2020년 대형마트 3사의 식품 매출 증감률

단위 : %

7.0, -2.9, -3.3, 5.9, -9.1, -7.1, -2.7, -0.6, 14.9

1월 2월 3월 4월 5월 6월 7월 8월 9월

자료 : 산업통상자원부 ※전년 동월 대비 증감률

주요 온·오프라인
유통 업체 매출 증가율

단위 : %

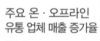
온라인
17.5%

대형마트 3사
5.6%

※2020년 상반기 기준

'한국판 월마트' 등장할 수 있을까

오프라인 유통 업체들의 부진은 세계적인 추세다. 이런 가운데 미국 월마트가 새로운 가능성을 보여줘 눈길을 끈다. 물류 시스템을 강화해 왔던 월마트는 2020년 이베이를 제치고 미국 온라인 쇼핑 시장점유율 2위를 기록했다. 한국에서도 비슷한 사례가 나타날 수 있을지 주목된다.

온라인 혁신 걸림돌로 작용하는 규제

다만 한국 대형마트들은 영업시간 제한과 의무 휴일이라는 규제를 적용받는다. 점포를 물류센터로 활용하더라도 24시간 운영이 불가능해 새벽 배송 대응이 사실상 불가능하다. 또 매달 주말 이틀을 쉬어야 하는데 이때 역시 점포 문을 열지 못해 온라인 배달 수요에 대응하지 못한다.

대형마트 규제 완화 여부도 관전 포인트

현재 국회에는 대형마트에 대한 다양한 규제가 발의됐다. 그중에는 의무 휴업일과 영업을 할 수 없는 0시부터 10시 사이 온라인 배송이라도 허용하자는 내용의 법안도 존재한다. 만약 이 법안이 통과된다면 대기업 유통 업체들의 온라인 활성화에 큰 도움이 될 것으로 예상된다.

편의점

전국 편의점 증가, 2021년에도 이어진다

코로나19로 대형마트 대신 편의점을 찾는 소비자들이 많아졌다

골목 상권은 2020년 신종 코로나바이러스 감염증(코로나19) 사태의 직격탄을 맞았다.
전 업종의 매출이 전년 동기 대비 감소한 가운데 편의점만 예외로 나타났다.

서울 잠실 롯데월드타워 31층의 무인 편의점 '세븐일레븐 시그니처'.

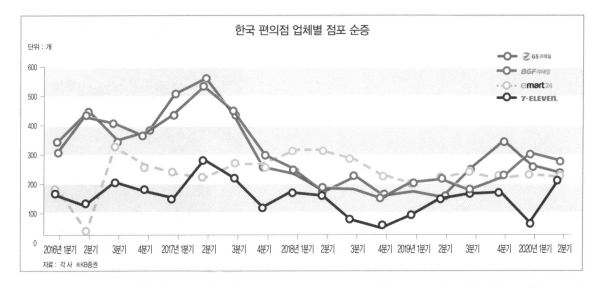

한국 편의점 업체별 점포 순증

단위 : 개

자료 : 각 사 ※KB증권

범례: GS리테일, BGF리테일, emart24, 7-ELEVEN

골목 상권은 2020년 상반기 신종 코로나19 사태의 직격탄을 맞았다. 전 업종의 매출이 전년 동기 대비 감소한 가운데 편의점만 예외로 나타났다.

전국경제인연합회(전경련)가 22개 주요 골목 상권 업종을 대표하는 각 협회·조합을 대상으로 2020년 '상반기 경영 실적 및 하반기 전망'을 설문 조사한 결과다. 조사에는 이·미용, 외식, 편의점, 프랜차이즈, 사진 촬영 등 22개 업종, 28개 기관이 참여했다.

조사 결과 골목 상권 업종의 2020년 상반기 매출은 전년 동기 대비 평균 27.2% 감소했다. 순이익은 32.9% 줄어든 것으로 조사됐다.

반면 편의점은 매출이 전년 동기 대비 3.1% 증가한 것으로 나타났다. 코로나19로 대형마트 등을 꺼린 소비자들의 편의점 방문 횟수가 늘었기 때문이다. 다만 편의점도 임대료와 인건비 등 고정 비용이 발목을 잡았다. 편의점의 2020년 상반기 순이익은 전년 동기 대비 25% 감소했다.

골목 상권의 상황은 2020년 하반기 더욱 나빠질 것으로 전망됐다. 물리적(사회적) 거리 두기 2단계에 준하는 코로나19 확산 상황이 이어진다면 매출과 순이익이 각각 평균 35.9%, 42.0%

2020년 상반기 편의점 매출 증가율

3.1%

※ 2020년 2분기 기준

줄어들 것으로 예상됐다. 집합 금지 등으로 영업이 사실상 중단돼 매출이 없는 '유흥음식업(-100.0%)'의 타격이 가장 클 것으로 나타났다. 반면 소비자의 집 앞 근거리 식품 구매 등의 증가로 편의점업은 소폭의 매출 성장(+2.8%)이 예상됐다. 하지만 인건비 등 고정 비용 절감의 한계로 순익(-28.0%)은 전년 동기 대비 줄어들 것으로 전망됐다.

다만 2021년 최저임금 인상률이 역대 가장 낮은 수준으로 결정되면서 편의점에는 다소 긍정적인 영향을 줄 것이라는 분석도 있다.

최저임금위원회는 2021년 최저임금을 시간당 8720원(월 기준 182만2480원)으로 2020년 7월 의결했다. 이는 2020년 최저임금(시간당 8590원)보다 1.5%(130원) 오른 금액이다. 1988년 최저임금 제도를 시행한 이후 역대 가장 낮은 인상률이다. 코로나19 사태가 노동 시장과 고용 상황에 미치는 충격이 커 일자리를 지키기 위한 수준에서 최저임금 인상률을 결정했다는 게 최저임금위원회의 설명이다.

김명주 미래에셋대우 애널리스트는 "2021년 편의점 방문객 수의 상승률이 2020년 1~2월 수준(2.8%)을 달성하면 점포당 매출 성장을 통해

주요 편의점 업체 주가

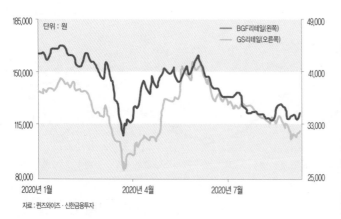

단위 : 원

- BGF리테일(왼쪽)
- GS리테일(오른쪽)

자료 : 퀀즈와이즈 · 신한금융투자

최저임금 인상을 상쇄할 수 있을 것으로 판단된다"며 "물가 상승 수준의 낮은 최저임금 인상으로 2020년에 이어 2021년에도 편의점 개점의 수요는 꾸준할 전망"이라고 말했다.

한국편의점산업협회에 따르면 2019년 기준 전국 프랜차이즈 편의점은 4만672개로 전년 대비 5.8% 증가했다. 이들 편의점의 2019년 전체 매출은 24조8283억원으로 전년 대비 3.1% 늘었다. 한국 편의점업계는 GS25를 운영하는 GS리테일과 CU의 BGF리테일이 양강 체제를 유지하고 있다.

GS리테일은 2019년 편의점 사업 부문에서 전년 대비 4.7% 증가한 6조8564억원의 매출을 기록했다. 영업이익은 2564억원으로 33.4% 증가했다. 점포 수는 1만3918개로 6.2% 늘었다. 점포당 매출은 1.4% 감소한 493만원을 기록했다. BGF리테일은 2019년 전년 대비 2.9% 증가한 5조9434원의 매출을 올렸다. 영업이익은 2.7% 증가한 1954억원이다. 점포 수는 1만3877개로 5.4% 늘었다. 점포당 매출은 2.5% 감소한 428만원을 기록했다.

2020년
GS리테일
편의점 예상 점포 수

1만5503개

GS리테일 편의점 매출

단위 : 억원

자료 : KB증권 ※별도 재무제표 기준, 2020년 이후는 추정치

GS리테일 편의점 점포 수

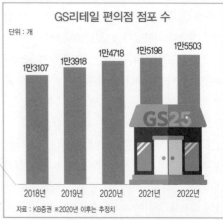

단위 : 개

자료 : KB증권 ※2020년 이후는 추정치

2021 투자 포인트

2020년
점포당 예상 매출

GS리테일

4억**9800**만원

자료 : KB증권

BGF리테일

4억**3200**만원

자료 : KB증권

실적 바닥 지나 회복세로 접어든 편의점주

증권가는 한국 편의점 '투톱'인 GS리테일과 BGF리테일이 실적 바닥을 지나 2021년부터 회복세에 접어들 것으로 내다본다. 이들 편의점주는 2020년 신종 코로나바이러스 감염증(코로나19) 사태와 유난히 긴 장마, 태풍 등으로 3분기 여름 매출 성수기에도 타격을 입었다. 하지만 4분기 들어 가을 야외 활동이 늘면서 매출과 영업이익이 회복세를 보이는 추세다.

편의점 '투톱' 밸류에이션 역대 최저

편의점주는 12개월 선행 주가수익률(PER)이 떨어져 밸류에이션 매력도 크다. 코로나19 이전 16배가 넘었던 편의점 투톱의 PER은 2020년 9월 말 기준 11~13배 수준에 그치고 있다. 상장 이후 최저 수준이다.

BGF리테일 매출

단위 : 억원

5조7742 5조9434 6조1342 6조4819 6조7092
2018년   2019년   2020년   2021년   2022년

자료 : KB증권 ※별도 재무제표 기준, 2020년 이후는 추정치

2020년
BGF리테일
편의점 예상 점포 수

1만**5542**개

BGF리테일 점포 수

단위 : 개

1만3169 1만3877 1만4757 1만5237 1만5542
2018년   2019년   2020년   2021년   2022년

BGF리테일

자료 : KB증권 ※2020년 이후는 추정치

제약

희귀의약품 · 혁신 신약이 고성장 이끈다

2020년 코로나19 봉쇄 조치로 일부 제약사 매출은 감소했지만
세계 처방약 시장은 2026년까지 연평균 7.4% 성장이 예상된다

신종 코로나바이러스 감염증(코로나19) 사태로 인해 가장 큰 영향을 받은 분야는
병원 내 의사로부터 투여 받는 약물과 만성 질환 치료제. 사회적 거리 두기와
봉쇄 조치 등으로 인해 환자들의 병원 접근이 어려워지면서
수술 횟수가 감소하는 등 영향을 크게 받았다.

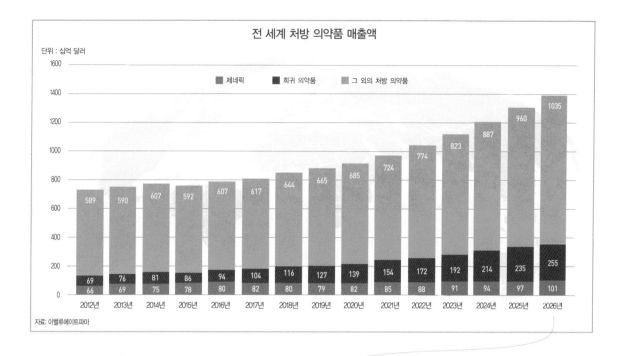

전 세계 처방 의약품 매출액

단위 : 십억 달러

범례: ■ 제네릭   ■ 희귀 의약품   ■ 그 외의 처방 의약품

	2012년	2013년	2014년	2015년	2016년	2017년	2018년	2019년	2020년	2021년	2022년	2023년	2024년	2025년	2026년
그 외의 처방 의약품	589	590	607	592	607	617	644	665	685	724	774	823	887	960	1035
희귀 의약품	69	76	81	86	94	104	116	127	139	154	172	192	214	235	255
제네릭	66	69	75	78	80	82	80	79	82	85	88	91	94	97	101

자료: 이밸류에이트파마

2020년 코로나19의 팬데믹(세계적 유행) 상황 속에서도 혁신적이고 효과적인 치료제에 대한 지속적인 요구로 글로벌 의약품 시장은 성장을 지속했다. 특히 희귀 의약품 시장의 급성장과 혁신적 의약품 승인에 힘입어 2021년에도 지속적인 성장이 기대된다. 전 세계 처방 의약품 매출액은 2020년 9040억 달러(약 1073조원)에서 연평균 7.4%씩 성장해 2026년에는 1조3903억 달러(약 1650조원) 규모가 될것으로 전망된다. 이는 2012~2019년 처방 의약품 매출액 연평균 성장률이 2.7%에 그친 것과 비교할 때 매우 빠른 성장세다.

하지만 2020년 지속적인 시장 성장 속에서도 코로나19의 여파로 주요 제약사는 매출 하락을 경험했다. 글로벌 15대 제약 기업의 2020년 매출은 약 49억 달러(약 5조8197억원) 감소할 것으로 예측된다. 코로나19로 인해 가장 큰 영향을 받은 분야는 병원 내 의사로부터 투여 받는 약물과 만성 질환 치료제다. 사회적 거리 두기와 봉쇄 조치 등으로 인해 환자들의 병원 접근이 어려워지면서

2026년 세계 처방 의약품 매출
1650조원

2020년 휴미라 판매액
190억
1000만 달러

수술 횟수가 감소하는 등 영향을 크게 받았다.

2019년 화이자와 노바티스를 제치고 글로벌 처방 의약품 매출 1위를 차지한 로슈는 2026년에도 1위 자리를 유지할 전망이다. 2020년 세계 최다 판매 1위 의약품은 2019년에 이어 에브비의 자가 면역 질환 치료제 휴미라가 차지할 것으로 보인다. 휴미라의 2020년 예상 판매액은 190억1000만 달러다.

한국 의약품 시장도 꾸준히 커지고 있다. 식품 의약품안전처에 따르면 2019년 한국의 의약품 생산 실적은 22조3132억원으로, 전년(21조1054억원) 대비 5.7% 증가했다. 2015년부터 5년간 연평균 생산액 성장률은 7.1%로, 전체 제조업(2.4%) 대비 4.7%포인트 높은 성장세를 보였다.

품목별로는 완제 의약품 생산 실적이 19조8425억원으로 전체의 88.9%를 차지했다. 원료 의약품 생산액은 2조4706억원(11.1%)이었다. 완제 의약품 중 전문 의약품 생산액은 16조6180억원으로 최근 5년간 80%대 이상의 생산 비율을 유지했다. 특히 완제 의약품 중 국산 신약 21개 품목이 전

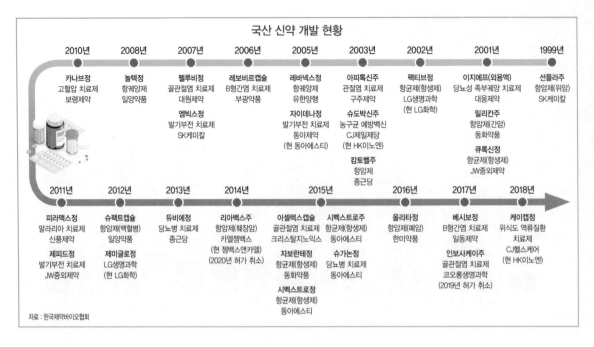

국산 신약 개발 현황

2010년	2008년	2007년	2006년	2005년	2003년	2002년	2001년	1999년
카나브정 고혈압 치료제 보령제약	**놀텍정** 항궤양제 일양약품	**펠루비정** 골관절염 치료제 대원약품	**레보비르캡슐** B형간염 치료제 부광약품	**레바넥스정** 항궤양제 유한양행	**아피톡신주** 관절염 치료제 구주제약	**팩티브정** 항균제(항생제) LG생명과학 (현 LG화학)	**이지에프(외용액)** 당뇨성 족부궤양 치료제 대웅제약	**선플라주** 항암제(위암) SK케미칼
		엠빅스정 발기부전 치료제 SK케미칼		**자이데나정** 발기부전 치료제 동아제약 (현 동아에스티)	**슈도박신주** 농구균 예방백신 CJ제일제당 (현 HK이노엔)		**밀리칸주** 항암제(간암) 동화약품	
					캄토벨주 항암제 종근당		**큐록신정** 항균제(항생제) JW중외제약	

2011년	2012년	2013년	2014년	2015년	2016년	2017년	2018년
피라맥스정 말라리아 치료제 신풍제약	**슈팩트캡슐** 항암제(백혈병) 일양약품	**듀비에정** 당뇨병 치료제 종근당	**리아백스주** 항암제(췌장암) 카엘젬백스 (현 젬백스앤카엘) (2020년 허가 취소)	**아셀렉스캡슐** 골관절염 치료제 크리스탈지노믹스	**올리타정** 항암제(폐암) 한미약품	**베시보정** B형간염 치료제 일동제약	**케이캡정** 위식도 역류질환 치료제 CJ헬스케어 (현 HK이노엔)
제피드정 발기부전 치료제 JW중외제약	**제미글로정** LG생명과학 (현 LG화학)			**자보란테정** 항균제(항생제) 동화약품		**인보사케이주** 골관절염 치료제 코오롱생명과학 (2019년 허가 취소)	
				시벡스트로주 항균제(항생제) 동아에스티			
				슈가논정 당뇨병 치료제 동아에스티			
				시벡스트로정 항균제(항생제) 동아에스티			

자료 : 한국제약바이오협회

년 대비 26.4% 증가한 2350억원의 생산액을 기록했다. 이 중 100억원 이상 생산한 품목이 6개로 증가했다. CJ헬스케어(현 HK이노엔)의 위식도 역류 질환 치료제 케이캡정, 보령제약의 고혈압 치료제 카나브 등이 100억원 이상의 생산 실적을 기록했다.

기업별로는 한미약품이 2018년(9075억원) 대비 11.7% 증가한 1조139억원으로 생산 실적 1위를 지켰다. 이어 종근당(8561억원), 대웅제약(7392억원), GC녹십자(6820억원) 등의 순이었다.

2021년에도 연구·개발이 제약 산업을 선도할 것으로 보인다. 다양한 신약 허가와 사업 확장이 예상된다. 맞춤의학(Personalized medicine)과 인공지능(AI), 빅데이터 활용의 중요성이 더 커질 것으로 예상된다. 치료 영역에서는 면역 항암제와 표적 항암제가 중심이 된 종양학(Oncology) 분야가 가장 높은 시장점유율과 성장률을 기록할 것으로 보인다. 종양학 분야의 2019년 점유율은 16%로 2026년까지 연평균 11.5%로 성장, 2026년에는 21.75%로 점유율이 확대될 것으로 예상된다.

국산 신약 생산 증가율

26.4%
※2019년, 21개 품목

한국 완제 의약품 생산 실적

19조 8425억원
※2019년

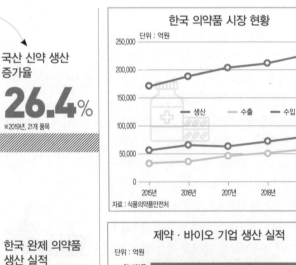

한국 의약품 시장 현황

단위 : 억원

— 생산　— 수출　— 수입

자료 : 식품의약품안전처

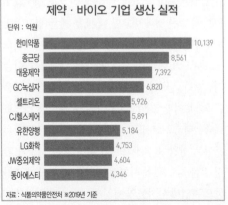

제약 · 바이오 기업 생산 실적

단위 : 억원

한미약품	10,139
종근당	8,561
대웅제약	7,392
GC녹십자	6,820
셀트리온	5,926
CJ헬스케어	5,891
유한양행	5,184
LG화학	4,753
JW중외제약	4,604
동아에스티	4,346

자료 : 식품의약품안전처 ※2019년 기준

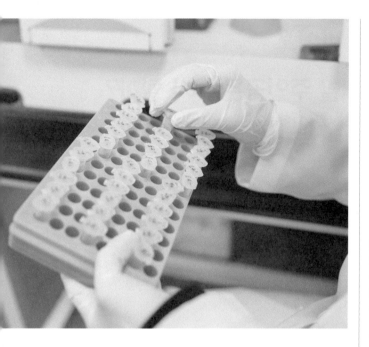

세계 처방 의약품 매출 순위 전망

단위 : 십억 달러

구분	기업	매출액		
		2019년	2026년	연평균 성장률
1	로슈	48.2	61.0	+3.4%
2	존슨앤드존슨	40.1	56.1	+4.9%
3	노바티스	46.1	54.8	+2.5%
4	머크	40.9	53.8	+3.8%
5	애브비	32.4	52.7	+7.2%
6	화이자	43.8	51.1	+2.2%
7	브리스톨 마이어스 스퀴브	25.2	44.7	+8.6%
8	사노피	34.9	41.7	+2.6%
9	아스트라제네카	23.2	41.0	+8.5%
10	글락소 스미스클라인	31.3	40.8	+3.9%

자료: 이밸류에이트파마

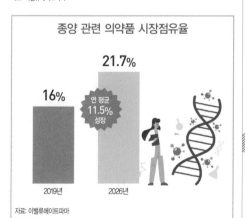

종양 관련 의약품 시장점유율

16%
2019년

21.7%
2026년

연 평균 11.5% 성장

자료: 이밸류에이트파마

신약 개발 시
일자리 창출 효과

4만 명

신약 개발

미국 이어 아시아 공략 나서는 SK바이오팜

SK바이오팜은 미국 식품의약국(FDA)의 허가를 받아 현지에서 판매 중인 뇌전증(간질) 치료제 세노바메이트(미국 제품명 엑스코프리)로 아시아 시장 공략에 나선다. SK바이오팜은 한국·중국·일본에서 세노바메이트의 임상 3상을 본격 진행할 계획이다.

유한양행

오픈 이노베이션 성과 돋보이는 유한양행

유한양행은 자체 파이프라인 발굴은 물론 바이오 벤처의 파이프라인을 도입해 글로벌 제약사에 기술을 이전하는 전략으로 성과를 내고 있다. 2018년 7월부터 2020년 8월까지 총 5건의 기술 수출에 성공하며 업계의 주목을 끌고 있다.

코로나19 치료제로 주목받는 GC녹십자

GC녹십자는 코로나19 혈장 치료제 'GC5131A'로 시장의 주목을 받고 있다. 2020년 9월 임상 2상 첫 환자 투여를 완료했다. 혈장 치료제는 코로나19 완치자의 혈장(혈액의 액체 성분)에서 코로나19 면역 항체를 추출해 만드는 의약품이다.

바이오

코로나19 백신 개발 주인공은 누가 될까?

GC녹십자 · SK바이오사이언스는 코로나19 백신 생산 기지로 각광받고있다

한국 바이오산업의 대표 주자인 셀트리온과 삼성바이오로직스는 한국을 넘어 글로벌 시장에서 두각을 보이고
있다. GC녹십자와 SK바이오사이언스는 해외에서 개발 중인 신종 코로나바이러스 감염증(코로나19) 백신의 생산
기지로 떠오르고 있다.

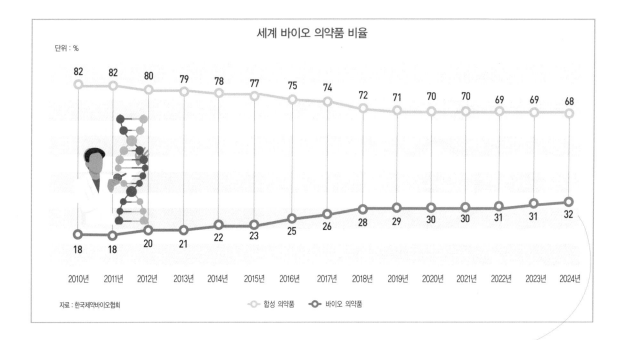

세계 바이오 의약품 비율

단위 : %

	2010년	2011년	2012년	2013년	2014년	2015년	2016년	2017년	2018년	2019년	2020년	2021년	2022년	2023년	2024년
합성 의약품	82	82	80	79	78	77	75	74	72	71	70	70	69	69	68
바이오 의약품	18	18	20	21	22	23	25	26	28	29	30	30	31	31	32

자료 : 한국제약바이오협회

바이오 의약품은 사람 또는 기타 생물체에서 유래하는 세포·단백질·유전자 등을 원료로 제조한 의약품이다. 성분에 따라 생물학적 제제, 단백질 의약품, 항체 의약품, 세포 치료제, 유전자 치료제 등으로 구분한다.

바이오 의약품은 합성 의약품에 비해 복잡한 구조를 지녔다. 반면 생물 유래 물질 특성상 고유의 독성이 낮고 난치성 질환이나 만성 질환에 효과가 뛰어나다. 최근 글로벌 헬스케어 산업이 치료 중심에서 개인 맞춤형에 기반한 예방 중심으로 전환하면서 세포 치료제와 유전자 재조합 의약품 등 새로운 개념의 의약품에 대한 연구·개발(R&D)이 활발해지는 추세다.

특히 생명공학기술의 발전으로 의약품 시장의 중심이 합성 의약품에서 바이오 의약품으로 이동하고 있다. 신약 개발의 트렌드도 기존 합성 신약 제조 일변도에서 벗어나 바이오 신약 제조 비율이 점차 높아지는 추세다.

한국 바이오산업의 대표 주자인 셀트리온과

2024년 의약품 중
바이오 제품 비율

32%

삼성바이오로직스는 한국을 넘어 글로벌 시장에서 두각을 보이고 있다. 셀트리온은 자가 면역 질환 치료제 램시마와 혈액암 치료제 트룩시마, 유방암 치료제 허쥬마를 앞세워 글로벌 영토를 넓혀 가고 있다. 이들 바이오 시밀러(바이오 의약품 복제약) 중 램시마와 트룩시마는 유럽 시장에서 오리지널 의약품인 존슨앤드존슨의 레미케이드와 로슈의 맙테라 점유율을 넘어섰다. 오리지널 의약품과 비슷한 약효에도 30% 저렴한 가격으로 현지 유럽에서의 입지를 굳혔다.

삼성바이오로직스는 2020년 창사 이후 최대 규모의 바이오 의약품 위탁 생산(CMO) 수주 물량을 확보하며 업계의 주목을 끌었다. 2020년 9월 22일 기준 1조8127억원의 바이오 의약품 CMO 수주 물량을 확보했다. GSK와 아스트라제네카 등 글로벌 제약·바이오 기업들과 맺은 CMO 계약으로 1년 전 전체 수주액(3739억원)의 4배 이상을 3분기에 이미 따냈다. 이

바이오 의약품 분야

- 세포 치료제
- 항체 바이오 신약
- 유전자 치료제
- 바이오 의약품
- 신기술 바이오 기반 제품
- 백신
- 바이오 시밀러

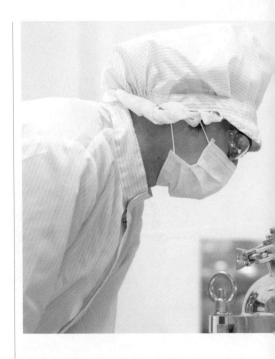

는 2019년 매출(7016억원)의 2배 이상에 해당하는 물량이다.

삼성바이오로직스는 급증하는 CMO 수주 물량을 감안해 4공장 건설에 나섰다. 총 1조7400억원이 투입되는 4공장은 2022년 말부터 부분 생산에 돌입할 계획이다. 4공장이 가동되면 삼성바이오로직스는 총 62만 리터의 생산 규모를 보유하게 된다. 글로벌 전체 CMO 생산 규모의 약 30%를 차지할 것으로 전망된다.

한편 한국 바이오 기업들은 해외에서 개발 중인 신종 코로나바이러스 감염증(코로나19) 백신의 생산 기지로 떠오르고 있다.

GC녹십자는 2021년 3월부터 2022년 5월까지 글로벌 민간 기구인 전염병대비혁신연합(CEPI)의 코로나19 백신 생산을 맡는다. 약 5억 도즈 이상을 생산할 계획이다. SK바이오사이언스는 2020년 7~8월 영국 아스트라제네카, 미국 노바백스와 코로나19 백신의 위탁 생산·공급 계약을 했다. 이들 기업은 자체 코로나19 백신도 개발하고 있다.

세계 1위 바이오 기업 로슈2024년 예상 매출

387억 달러

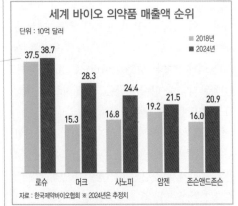

세계 바이오 의약품 매출액 순위

단위 : 10억 달러

■ 2018년　■ 2024년

	2018년	2024년
로슈	37.5	38.7
머크	15.3	28.3
사노피	16.8	24.4
암젠	19.2	21.5
존슨앤드존슨	16.0	20.9

자료 : 한국제약바이오협회 ※ 2024년은 추정치

한국 바이오 의약품 생산 실적

단위 : 억원

연평균 성장률 (2015~2019년) 11.6%

연도	생산 실적
2015년	17,209
2016년	20,079
2017년	26,015
2018년	26,113
2019년	25,377

자료 : 식품의약품안전처

한국 1위
국내 바이오 기업
셀트리온 생산액

5924 억원

한국 내 바이오 의약품 생산 실적

단위 : 억원

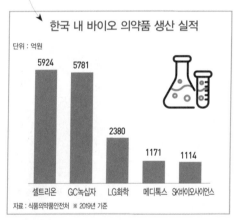

기업	생산액
셀트리온	5924
GC녹십자	5781
LG화학	2380
메디톡스	1171
SK바이오사이언스	1114

자료 : 식품의약품안전처 ※ 2019년 기준

한국 1위
바이오 의약품
트록시마 생산액

2304 억원

한국 내 바이오 의약품 생산 실적 상위 품목

단위 : 억원

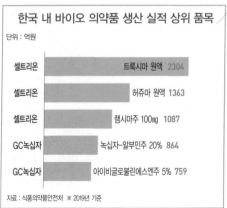

기업	품목	생산액
셀트리온	트록시마 원액	2304
셀트리온	허쥬마 원액	1363
셀트리온	램시마주 100mg	1087
GC녹십자	녹십자-알부민주 20%	864
GC녹십자	아이비글로불린에스엔주 5%	759

자료 : 식품의약품안전처 ※ 2019년 기준

2021 투자 포인트

삼성바이오로직스

삼성바이오로직스는 2011년 설립 이후 단기간에 글로벌 위탁 생산(CMO) · 위탁 개발(CDO) 기업으로 성장했다. 인천 송도 4공장 건설을 통해 바이오 의약품 시장에서 초격차 경쟁력을 확보하고 바이오산업이 한국의 신성장 동력으로 자리 잡을 수 있도록 힘쓸 계획이다.

셀트리온

셀트리온그룹은 셀트리온 · 셀트리온헬스케어 · 셀트리온 제약의 합병을 추진하고 있다. 소유 · 경영의 분리와 지배구조 강화가 목적이다. 이를 위해 2020년 9월 25일 셀트리온헬스케어홀딩스를 설립했다. 2021년 말까지 지주회사 체제를 확립한다는 목표다.

SK바이오사이언스

SK케미칼의 비상장 자회사인 SK바이오사이언스는 2021년 기업공개(IPO) 시장의 '대어'로 주목받고 있다. SK바이오사이언스는 세계 최초 4가 세포 배양 독감 백신 스카이셀플루4가와 한국 최초 3가 세포 배양 독감 백신 스카이셀플루 등을 개발한 회사다.

인터넷 포털

네이버 · 카카오, 끝없는 영토 확장

'비대면' 훈풍에 날개를 단 인터넷 기업들이 고성장 기회를 맞고 있다

신종 코로나바이러스 감염증(코로나19) 사태로 인해 비대면 시대가 도래하자
온라인 플랫폼의 역할은 더욱 커졌다. 주식 시장은 이런 변화를 숫자로 보여준다.
네이버와 카카오의 시가 총액은 2년 전 39조원에서 최근 60조원을 넘어섰다.

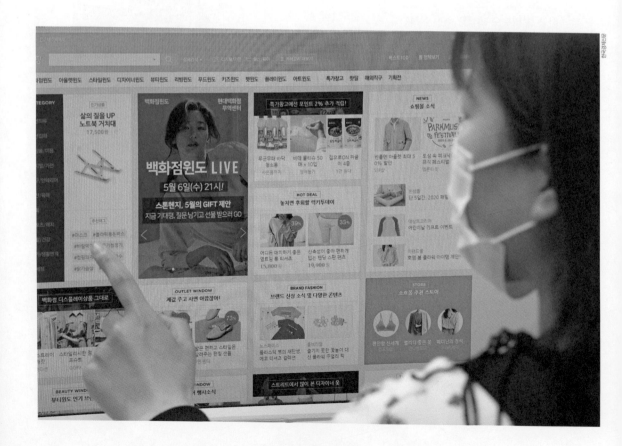

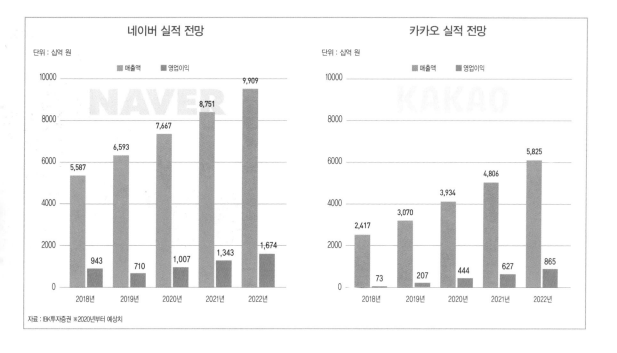

네이버 실적 전망

단위 : 십억 원

	2018년	2019년	2020년	2021년	2022년
매출액	5,587	6,593	7,667	8,751	9,909
영업이익	943	710	1,007	1,343	1,674

카카오 실적 전망

단위 : 십억 원

	2018년	2019년	2020년	2021년	2022년
매출액	2,417	3,070	3,934	4,806	5,825
영업이익	73	207	444	627	865

자료 : IBK투자증권 ※2020년부터 예상치

인터넷은 이제 모든 산업의 기반이 됐다. 핀테크·커머스·콘텐츠·동영상·모빌리티·예약·배달 등 일상 속 모든 서비스가 인터넷으로 연결된다.

코로나19로 언택트(비대면) 시대에 접어들면서 인터넷 기업의 존재감은 더 커졌다. 네이버와 카카오는 올해 사상 최고가를 기록하며 시가총액(시총) 10위 내에 자리 잡고 있다.

카카오는 올해 처음으로 시가 총액 30조원을 돌파했고 네이버는 2019년 말 30조2433억원이던 시총이 2020년 9월 기준 49조원까지 불어나며 시총 순위 4위 자리를 차지하고 있다.

시장에서는 두 회사의 이익 성장세가 장기적으로 이어질 것이라고 분석한다. 각각 '독점 시장'을 구축하고 있는 만큼 후발 주자가 나타나 이 시장을 잠식하기가 쉽지 않을 것이라는 판단이다. 특히 한국의 전자 상거래(e커머스) 시장에서 네이버의 영향력은 시간이 갈수록 점차 확대될 것으로 전망된다. 전자 상거래 시장에서 네이버의 기본 전략은 다양한 판매자를 확

검색 엔진 점유율

NAVER
58%

KAKAO
6%

자료 : 인터넷트렌드

보하는 생태계 확장이었는데 코로나19로 인해 신규 스마트 스토어 창업 수가 더욱 늘어났다. 네이버 스마트스토어를 통한 소규모 중소상공인의 거래액이 전년 대비 90% 증가했고 매출 발생 판매자 중 48%는 가입 후 1년 이하의 초기 창업가인 것으로 나타났다. 네이버는 작년 연간 쇼핑 결제액 20조9249억원을 기록하며 1위에 오르는 등 e커머스 시장에서의 영향력을 계속 확대하고 있다. 하반기부터 홈플러스·GS리테일 등과 협력해 신선식품 분야로도 비즈니스를 확장했다.

라인과 야후재팬의 합병이 완료되는 2021년부터 일본에서 합병 법인의 사업 확장 또한 본격화될 것으로 보인다. 야후재팬은 약 1조 엔의 현금성 자산을 보유하고 있어 이를 기반으로 테크핀·커머스 등 다양한 부문으로 사업을 확장해 나갈 수 있을 것으로 보인다. 특히 2021년에는 인터넷 은행인 라인뱅크가 일본에서 출범할 예정이고 페이·증권사·은행으로 이어지는 테크

네이버 · 카카오 주요 업종 점유율

단위 : 조원

단위 : %

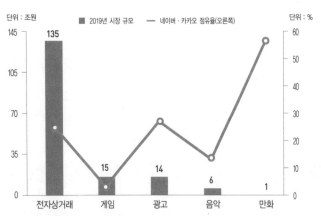

■ 2019년 시장 규모 ― 네이버 · 카카오 점유율(오른쪽)

	전자상거래	게임	광고	음악	만화
2019년 시장 규모	135	15	14	6	1

자료 : 통계청 · 산업자료 · 네이버 · 카카오 · 카카오페이 ※주 : 전자상거래는 거래액 기준

핀 포트폴리오가 일본에서 완성된다.

카카오는 기존 메신저 고객층을 바탕으로 금융 · 모빌리티 · 쇼핑뿐만 아니라 어떤 분야로도 확장이 가능한 구조다.

국민 모바일 메신저 '카카오톡'으로 방점을 찍은 카카오는 인수 · 합병(M&A)으로 몸집을 불려 나갔다. 카카오는 지난 5년간 가장 많은 M&A를 진행한 기업이다. CEO데일리스코어에 따르면 카카오는 2016년부터 2020년까지 47개 기업을 인수하며 플랫폼 사업의 지배력을 높여왔다.

2021년에는 톡비즈를 통한 광고 수익과 유료 콘텐츠 중심의 생태계 확장이 예상된다. 카카오 비즈보드는 공개 1년 만에 8400개 광고주를 유치하며 카카오의 핵심 수익 동력으로 거듭났다.

콘텐츠 자회사인 카카오페이지와 픽코마의 영향력도 높아질 것으로 보인다. 증권업계에 따르면 두 기업의 합산 거래 대금은 2019년 4300억원에서 2022년 1조4000억원까지 성장하면서 연평균 48.2%의 고성장이 예상된다.

글로벌 이커머스
시장 규모

4조
9000억 달러

자료 : e마케터 · 카카오페이 ※2020년

글로벌 소매 판매 온라인 채널 비율

단위 : 조 달러

단위 : %

■ 글로벌 소매 판매액 ― 온라인 비율(오른쪽)

자료 : e마케터 · 카카오페이 ※2020년부터 전망치

한국 소매 판매 온라인 채널 비율

단위 : 조원

단위 : %

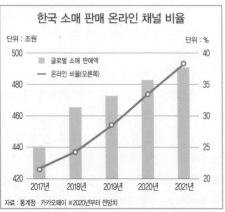

■ 글로벌 소매 판매액 ― 온라인 비율(오른쪽)

자료 : 통계청 · 카카오페이 ※2020년부터 전망치

주요 IT 기업 시가총액 순위

코스피

3위	네이버
9위	카카오
15위	엔씨소프트
17위	넷마블

코스닥

10위	필어비스
18위	컴투스
22위	NHN한국사이버결제
91위	네오위즈
94위	넥슨지티

주 : 9월 7일 기준

아시아 지역 전자상거래 비율

단위 : %

■ 2019년 ■ 2024년(예상)

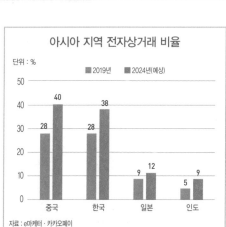

	중국	한국	일본	인도
2019년	28	28	9	5
2024년	40	38	12	9

자료 : e마케터 · 카카오페이

글로벌 모바일 간편 결제 서비스 선호도

단위 : 백만 명

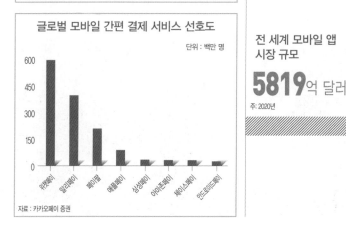

위챗페이 / 알리페이 / 페이팔 / 애플페이 / 삼성페이 / 아마존페이 / 체이스페이 / 안드로이드페이

자료 : 카카오페이 증권

전 세계 모바일 앱 시장 규모

5819억 달러

주 : 2020년

2021 투자 포인트

비대면 시대, 일상이 된 플랫폼

신종 코로나바이러스 감염증(코로나19) 사태로 인해 비대면 시대가 도래하자 온라인 플랫폼의 역할이 더욱 커졌다. 주식 시장은 이런 변화를 숫자로 보여준다. 네이버와 카카오의 시가총액은 2년 전 39조원에서 최근 60조원을 넘어섰다. 인터넷 · 클라우드 · 이커머스 등 비대면 사업의 성장은 전 세계적인 현상이고 오프라인에서 온라인으로의 생활 이동은 더욱 가속화할 것으로 전망된다.

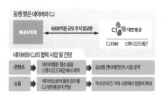

'물류' 태운 네이버 쇼핑, 아마존 꿈꾼다

네이버는 CJ그룹과 손잡고 해외로 도약할 계획이다. 양사는 서로의 경쟁력을 더해 글로벌 콘텐츠 커머스 시장에 도전할 예정이다. 쿠팡과 달리 자체 물류 시스템이 없던 네이버가 CJ대한통운의 물류 시스템을 이용하게 되면서 이커머스 1위 자리를 굳힐 것이란 전망이다.

'광고'로 날개 단 카카오

카카오는 광고와 쇼핑 부문 성장세가 거세다. 특히 성과형 광고인 '카카오 비즈보드(톡보드)'가 2020년 목표인 광고주 1만 개를 3분기에 이미 달성했다.

게임

게임을 넘어 '가상현실 시대'에 돌입하다

차세대 콘솔이 본격 등장하고 클라우드 게임이 확산되기 시작했다

신종 코로나바이러스 감염증(코로나19)으로 인한 글로벌
산업 지형의 변화가 거세다. 코로나19의 최대 수혜주로
꼽혔던 게임 산업도 마찬가지다.

가상현실을 다룬 영화 '레디 플레이어 원'의 포스터

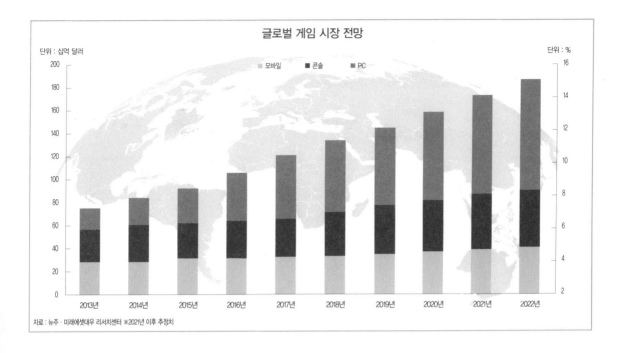

글로벌 게임 시장 전망

단위 : 십억 달러

단위 : %

■ 모바일 ■ 콘솔 ■ PC

자료 : 뉴주 · 미래에셋대우 리서치센터 ※2021년 이후 추정치

센서타워에 따르면 2020년 상반기 글로벌 모바일 게임 시장은 전년 대비 21% 성장했다. 이는 전년 동기 성장률 13%를 훨씬 웃도는 것이다.

2021년 글로벌 게임 시장은 성장을 이어 갈 것으로 예상한다. 단기적으로 신종 코로나바이러스 감염증(코로나19) 사태로 인해 2021년 상반기까지 신작 판매량 등이 늘어날 것으로 보인다. 또한 2020년 11월 출시한 차세대 콘솔과 5세대 이동통신(5G) 서비스 도입에 따라 늘어나는 클라우드 게임의 등장은 2021년 게임 산업의 판매량과 가격을 확대시키는 계기가 될 것으로 보인다.

차세대 콘솔과 클라우드는 게임 시장의 성장을 이끄는 핵심 요소다. 마이크로소프트와 소니는 차세대 콘솔 게임을 출시했다. 마이크로소프트는 'X박스 시리즈'를, 소니는 '플레이스테이션5'를 각각 11월 10일과 12일 출시했다. 양대 기종의 본격적인 경쟁과 함께 콘솔 시장이 성장할 것으로 전망된다.

글로벌 정보기술(IT) 기업들은 클라우드 게임 시장을 선점하기 위해 경쟁 중이다. 지배적 사업자가 등장하기 전까지는 플랫폼을 선점하기 위한 경쟁이 이어질 것으로 보인다.

클라우드 게임 시장이 본격적으로 커지면 게임 인구 증가, 고품질 · 고용량 게임 이용 증가, 보안 이슈 해결, 패치 · 업그레이드 용이, 게임 비즈니스 모델 다양화 등의 변화가 일어날 것으로 예상된다.

현재 마이크로소프트는 구독 모델을, 구글과 엔비디아는 '구독+게임 유료 판매' 모델을 강조하고 있다. 아마존은 '구독+유료 게임 채널 추가 구독' 모델을 채택했다. 이처럼 게임의 비즈니스 모델은 구독과 패키지 판매, 월정액 등으로 훨씬 다양화될 것으로 예상된다.

단기적인 매출 증대뿐만 아니라 보다 장기적인 게임 시장의 변화는 가상 세계 플랫폼의 확대다. '세컨드 라이프' 이후 지속됐던 가상 세계 플랫폼에 대한 갈증은 코로나19로 게임 플레이 시간이 증가하면서 포트나이트의 '파티로얄'로 구체화됐다.

다만 모바일 게임 시장은 성장세가 더딜 것으로 예상된다. 모바일 게임 시장의 77%를 차지하

2020년
글로벌 모바일
게임 시장 성장률

21.0%

※전년 대비 성장률

클라우드 게임 시장 개화로 달라지는 것

5G 도입 + 글로버 IT 기업들의 클라우드 플랫폼 선점 경쟁 본격화

 +

클라우드 게임 시장 개화

| 게임 인구 확대 | 초고품질, 대용량 게임 이용 증가 | 게임 보안 관련 이슈 해결 | 게임 패치 및 업그레이드 용이 | 게임 비즈니스 모델 다변화 |

자료 : 대신증권 리서치센터

는 한·중·미·일 등 4개국 유저의 성향은 여전히 차이가 있다. 중국 모바일 게임의 흥행 장르는 역할수행게임(RPG)에서 1인칭슈팅게임(FPS)·대전공성전(AOS)·전략 등으로 다양화되고 있다. 반면 미국과 일본은 흥행작 등장 빈도가 현저히 감소하고 있다. 한국의 모바일 게임 시장은 신규 흥행작이 다수 등장했다. 하지만 매출 상위권 게임은 대부분 모바일 다중역할수행게임(MMORPG)이다. 이에 따라 모바일 MMORPG 간의 경쟁이 심화될 것으로 보인다.

한국 게임 업체들 중 눈여겨볼 곳은 넥슨·컴투스·네오위즈다. 넥슨은 중국 '던파 모바일' 흥행과 PC·콘솔 게임 '카트라이더 드리프트' 등이 기대된다. 컴투스는 양호한 실적이 이어지는 가운데 21년 2월 '서머너즈워 : 백년전쟁'이 출시될 예정이다.

엔씨소프트는 신작 출시 일정이 확정되면 투자 모멘텀이 되살아날 것으로 보인다. 넷마블은 밸류에이션 부담이 있고 펄어비스는 신작 공백기이지만 두 회사의 콘솔·클라우드 게임 시장의 대응 행보를 지켜볼 필요가 있다.

소니 PS5

글로벌 클라우드 게임 시장 전망

단위 : 억원 / 단위 : %

- 긍정적
- 평균
- 비관적
- 게임 시장 대비 비율(오른쪽)

2019년 2020년 2021년 2022년 2023년

자료 : 뉴주·미래에셋대우 리서치센터 ※2020년 이후 추정치

2020년 11월 출시 예정 차세대 콘솔 스펙

구분	PS5	엑스박스 시리즈 X
출시일	2020년 11월 (예상)	2020년 11월
출시 가격	–	USD499
크기(mm)	–	–
무게	–	–
CPU	AMD Zen2 3.5GHz	AMD Zen2 3.8GHz
GPU	10.3 TFLOPs, 2.23GHz	12.0 TFLOPs
메모리	GDDR6 16GB	GDDR6 16GB
저장장치	825GB SSD	1TB SSD

자료 : 미래에셋대우 리서치센터

PS5 및 엑스박스 시리즈 X 판매량

단위 : 백만 대

■ 소니 PS5 ■ MS 엑스박스

5세대	100
6세대	185
7세대	175
8세대	165
9세대	240

자료 : 소니 · 블룸버그 · 미래에셋대우 리서치센터

2020년 글로벌 게임 시장

단위 : 달러

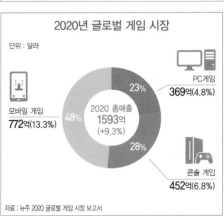

2020 총매출
1593억
(+9.3%)

모바일 게임
772억(13.3%)   48%

PC게임
369억(4.8%)   23%

콘솔 게임
452억(6.8%)   28%

자료 : 뉴주 2020 글로벌 게임 시장 보고서

2020년 게임 업체 매출

단위 : 억원

넥슨	넷마블	엔씨소프트
8873	6423	5852

자료 : 각 사 ※3분기 기준

게임 · 가상 세계 플랫폼으로 진화

게임·가상 세계 플랫폼은 영화 '레디 플레이어 원', 게임 '세컨드 라이프'와 같은 콘텐츠가 대표적이다. 게임 제작사나 게임 유통사는 가상 세계 플랫폼을 통해 광고나 전자 상거래 등의 신규 수익원도 확보할 수 있게 됐다.

이어지는 코로나19 영향

신종 코로나바이러스 감염증(코로나19)의 영향이 이어짐에 따라 게임 유저가 빠르게 줄어드는 상황은 발생하지 않을 것으로 보인다. 또한 코로나19로 인해 신작 게임에 대한 관심이 더 높아질 것으로 예상된다. 실제로 대형 신작 게임 출시도 늘어났다.

차세대 콘솔과 클라우드 게임의 효과 본격 발생

'플레이스테이션5' 등을 비롯한 차세대 콘솔 기기가 속속 등장함에 따라 게임 유저들의 '구매 지연'이 해소됐다. 또 새로운 방식의 게임 유통 플랫폼인 클라우드 게임의 등장으로 콘솔 유저와 컴퓨터 혹은 모바일 게임 유저 간의 경계가 사라졌다.

엔터테인먼트

콘서트 빈자리 유튜브가 채운다

유튜브는 큰 비용이 수반되지 않아 엔터테인먼트 기업의 마진 확보에 용이한 채널이다

싸이를 시작으로 글로벌 K팝의 열풍이 가능했던 이유는 유튜브 채널을 통해 동시 다발적으로 콘텐츠가 빠르게 공급됐기 때문이다. 신종 코로나바이러스 감염증(코로나19)이 장기화하면서 유튜브를 포함한 온라인 플랫폼을 통해 아티스트들의 활동과 디지털 음원 서비스가 더욱 가속화할 것으로 전망된다.

유튜브 독점 콘텐츠를 내놓은 걸그룹 트와이스

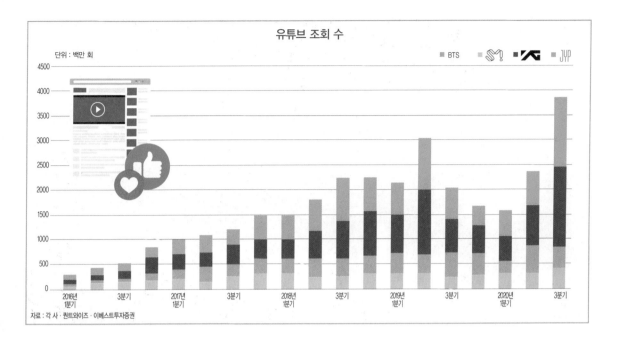

유튜브 조회 수

단위 : 백만 회

■ BTS ■ SM ■ YG ■ JYP

2016년 1분기 / 3분기 / 2017년 1분기 / 3분기 / 2018년 1분기 / 3분기 / 2019년 1분기 / 3분기 / 2020년 1분기 / 3분기

자료 : 각 사 · 퀀트와이즈 · 이베스트투자증권

코로나19 상황에서 아티스트가 대중과 지속적으로 교류할 수 있는 방법은 음반·음원, 영상 콘텐츠, 온라인 콘서트, 방송 등의 온라인 매체다. 이에 따라 온라인 미디어 플랫폼 채널에 대한 의존도가 점점 높아질 것으로 예상된다.

그중에서도 유튜브는 엔터테인먼트 기업의 마진 확보에 용이한 채널이다. 아티스트 마케팅에 큰 비용이 수반되지 않으면서도 매출이 증가할수록 이익 기여가 커지는 구조로 기업 영업이익률 개선에 효과적이다. JYP엔터테인먼트는 2020년 2분기 유튜브 매출만 25억원을 기록했다. YG엔터테인먼트는 디지털 콘텐츠 부문에서 유튜브 발생 수익이 차지하는 비율이 2019년 25%에서 올해 30% 수준까지 올라온 상황이다.

이베스트증권에 따르면 구글 트렌드 분석 결과 2020년 K팝이 가장 많이 검색된 기간은 6월 4주 차다. 이는 코로나19 확산이 정점에 도달한 시기이자 방탄소년단(BTS) 첫 유료 온라인 콘

YG
디지털 콘텐츠에서
유튜브 수익 비율

30%

서트, 블랙핑크 신곡 선공개, 트와이스 컴백 등 K팝 아티스트의 온라인 활동이 활발하게 이뤄진 시점과 맞물린다.

이베스트증권에 따르면 2020년 하반기 4개 엔터테인먼트사(빅히트·SM·JYP·YG엔터테인먼트) 합산 매출액은 9763억원(+0.9%, 전년 대비), 영업이익 1320억원(+5.5%, 전년 대비), 영업이익률 13.5%(+0.6%포인트, 전년 대비)를 기록할 것으로 예상된다. 코로나19 장기화로 콘서트와 오프라인 활동이 제한됨에 따른 매출 공백이 발생해 이를 상쇄하기 위한 온라인 활동량이 더 늘어날 것으로 예상된다.

하반기 주요 레이블 음반 판매는 2146만 장으로, 상반기 대비 18.9% 증가할 것으로 추정된다. 주요 아티스트 컴백 일정이 4분기에 집중돼 엔터테인먼트 4사 합산 매출 및 영업이익은 3분기 대비 4분기로 갈수록 증가할 것으로 판단된다. 엔터테인먼트업은 2분기를 저점으로 3분기 매출 4453억원(+5.3%, 전년 대비) 반등, 4분

2020년 10월 열린 온라인 콘서트에서 방탄소년단 멤버들이 화면을 통해 팬들과 인사하고 있다.

기 매출액은 5310억원(-2.5%, 전년 대비)으로 우상향 흐름이 지속될 것으로 예상된다.

2020년 하반기는 각 사의 주력 아티스트가 대거 컴백하는 가운데 코로나19로 연기됐던 신규 아이돌 그룹까지 데뷔하며 '별들의 전쟁'이 일어날 것으로 보인다.

보이 그룹 라인업 가운데 가장 독보적인 레이블은 단연 빅히트엔터테인먼트다. 500만 장 이상 음반 판매가 예상되는 BTS 글로벌 컴백과 제2의 BTS로 불리는 세븐틴의 스페셜 앨범 출시가 예정돼 있기 때문이다. BTS와 세븐틴의 약진으로 하반기 보이 그룹 음반 판매 가운데 빅히트엔터테인먼트가 차지하는 비율이 70% 이상으로 추정된다.

2020년 4개 합산 기획사 앨범 판매량은 2500만 장으로, 전년(1506만 장) 대비 66% 증가할 것으로 예상한다. 엔터테인먼트 4사 가운데 시장점유율이 가장 높은 빅히트엔터테인먼트 레이블의 2020년 아티스트별 합산 음반 판매량은 1523만 장(+93.2%, 전년 대비)으로, 전년 음반

2020년
앨범 판매 증가율
66.0%
주 : 엔터 4사

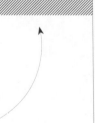

빅히트 포함 엔터 4사 분기별 매출액

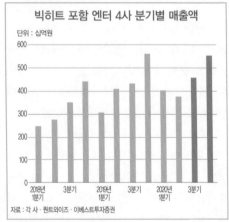

단위 : 십억원

자료 : 각 사·퀀트와이즈·이베스트투자증권

판매 788만 장(+53.1%, 전년 대비) 대비 40.1% 포인트 증가할 것으로 추정된다.

빅히트엔터테인먼트 다음으로 시장점유율이 높은 SM엔터테인먼트는 2020년 음반 판매량 663만 장(+39.2%, 전년 대비), JYP엔터테인먼트 467만 장(+67.2%, 전년 대비), YG엔터테인먼트 218만 장(+148.3%, 전년 대비) 순으로 전사 모두 전년 대비 음반 판매가 증가할 것으로 예상된다.

앨범 시장점유율

단위 : %
범례: 빅히트 ■ SM ■ YG ■ JYP

자료 : 각 사 · 가온차트 · 이베스트투자증권

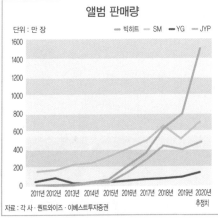

앨범 판매량

단위 : 만 장
범례: 빅히트 SM YG JYP

자료 : 각 사 · 퀀트와이즈 · 이베스트투자증권

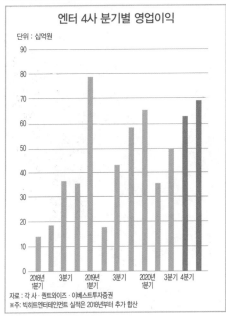

엔터 4사 분기별 영업이익

단위 : 십억원

자료 : 각 사 · 퀀트와이즈 · 이베스트투자증권
※주: 빅히트엔터테인먼트 실적은 2018년부터 추가 합산

2020년 음반 판매량

Big Hit
1523 만 장

SM
663 만 장

JYP
467 만 장

YG
218 만 장

더욱 커지는 유튜브 의존도

유튜브는 엔터테인먼트 기업의 마진 확보에 용이한 채널이다. 아티스트 마케팅에 큰 비용이 수반되지 않으면서도 매출이 증가할수록 이익 기여가 커지는 구조로 기업의 영업이익률 개선에 효과적이다.

한국 4사 보이 그룹 중 BTS 압도적 영향력

500만 장 이상 음반 판매가 예상되는 방탄소년단(BTS)의 글로벌 컴백과 제2의 BTS로 불리는 세븐틴의 스페셜 앨범이 출시된다. BTS와 세븐틴의 약진으로 하반기 보이 그룹 음반 판매 가운데 빅히트엔터테인먼트가 차지하는 비율은 70% 이상으로 추정된다.

디지털 음원 확산으로 앨범 판매량 상승세

2020년 4개 합산 기획사 앨범 판매량은 2500만 장으로, 전년(1506만 장) 대비 66% 증가할 것으로 추정된다. 이는 10년 내 최고치로, 글로벌 팬덤 확산(빅히트 · YG엔터테인먼트)과 코로나19로 인한 적극적 앨범 출시(JYP · SM엔터테인먼트) 영향이 크기 때문이다. 2021년에도 이런 경향은 이어 갈 것으로 보인다.

고급 서비스 찾는 2030…면세점은 2021년 중반 회복

휴가나 연휴 기간에 호텔을 여행지 삼아 방문하는 스테이케이션 또는 호캉스가 새로운 트렌드로 부상했다

최근 럭셔리 호텔에 대한 소비자의 니즈가 커지며 한국에서도 가치가 확실하면 고가의 금액도 기꺼이 지불하는
가심비(가격 대비 심리적 만족) 소비가 자리 잡으면서 럭셔리 호텔이 성장하고 있다.

신라호텔 영빈관

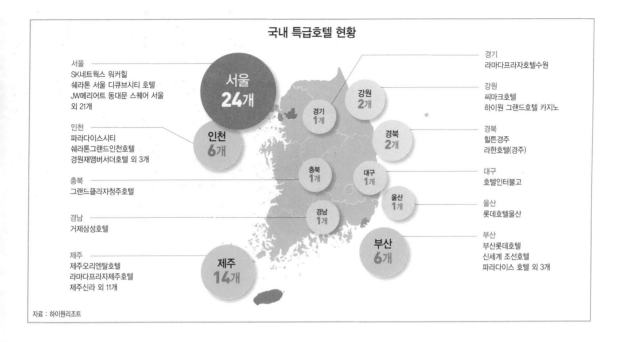

국내 특급호텔 현황

서울
SK네트웍스 워커힐
쉐라톤 서울 디큐브시티 호텔
JW메리어트 동대문 스퀘어 서울
외 21개

서울 24개

인천
파라다이스시티
쉐라톤그랜드인천호텔
경원재앰버서더호텔 외 3개

인천 6개

충북
그랜드플라자청주호텔

충북 1개

경남
거제삼성호텔

경남 1개

제주
제주오리엔탈호텔
라마다프라자제주호텔
제주신라 외 11개

제주 14개

경기 1개

강원 2개

경북 2개

대구 1개

울산 1개

부산 6개

경기
라마다프라자호텔수원

강원
씨마크호텔
하이원 그랜드호텔 카지노

경북
힐튼경주
라한호텔(경주)

대구
호텔인터불고

울산
롯데호텔울산

부산
부산롯데호텔
신세계 조선호텔
파라다이스 호텔 외 3개

자료 : 하이원리조트

연도별 호텔업 및 휴양 콘도미니엄업 총이용객 수를 살펴보면 2014년을 기점으로 소폭 하락한 구간도 있지만 전반적으로 상승 추세에 있는 것으로 나타났다. 연도별 객실 평균 요금(ADR : Average Daily Rate)을 살펴보면 2015년을 기점으로 5성급 호텔은 지속적으로 상승하는 추세를 나타낸 반면 관광호텔은 하락 후 2018년 소폭 상승한 것으로 나타났다. 연도별 객실 이용률을 살펴보면 2012년 이후 상승, 하락이 반복되지만 전체적인 주기로 살펴볼 때 하락하고 있는 것으로 나타났다.

휴가나 연휴 기간에 호텔을 여행지 삼아 방문하는 스테이케이션 또는 호캉스가 새로운 여가 문화로 부상하고 있다. 이에 따라 호텔은 단순히 숙박을 위한 곳이 아니라 쇼핑·음식·오락·문화를 즐기는 공간으로 변신하고 있다. 특히 최근 고급 서비스 소비를 과시하는 '플렉스(Flex)' 문화가 더해지며 2030 고객이 늘어나고 있다.

임시 휴업 중인 중소 호텔

40곳

주 : 2020년 7월

5성급 호텔은 '럭셔리 호텔'로 등장하기 시작했는데 특히 신종 코로나바이러스 감염증(코로나19) 이전 내수 시장이 활발해짐에 따라 호텔을 찾는 이들의 스펙트럼이 넓어지면서 흐트러져 가고 있는 특급 호텔의 위상을 다시 높이기 위한 움직임을 보이기 시작했다.

꾸준한 상승세 보이는 객실 평균 요금

호텔의 주 고객층인 외국인 관광객의 급감은 내국인 증가세만으로 상쇄하는 데 한계가 있고 서울 시내 호텔은 많은 수익을 창출하던 행사 수요가 사라져 부대 수입도 급감했다. 실제로 2020년 7월 기준 현재 중소 호텔업 중 약 40곳은 임시 휴업, 9곳은 폐업 상태라 객실 공급 과잉은 지속될 것으로 전망된다. 또한 호텔 개발 규제 완화 이후 전 등급에서 호텔 공급이 크게 늘었고 한때 분양형 호텔까지 등장함에 따라 호텔업계는 현재도 공급 과잉 상태인 것으로 평가된다.

한편 최근 들어서는 한곳에 체류하면서 휴양·휴식을 즐기는 체류형 레저 시설을 선호하면서 단독 콘도보다 리조트 내의 숙박 시설인 리조트형 콘도가 각광받고 있다.

2020년 대표적 신규 호텔과 리조트 업체를 보면 신세계그룹의 그랜드 조선 부산과 그랜드 조선 부산을 들 수 있다. 롯데호텔의 프리미엄 브랜드 시그니엘 부산도 오픈했다. 제주드림타워 그랜드 하얏트, 아난티 강남, 벨메르바이한화호텔앤드리조트, 정선파크로쉬 등도 관심의 대상이다.

시그니엘 부산 오픈식

80% 육박한 면세점 보따리상 의존도

신한금융투자에 따르면 2021년에도 출입국자가 급격히 증가하기는 쉽지 않다. 따라서 한국 면세점의 주요 고객은 2020년과 동일하게 보따리상(다이궁)밖에 없을 것으로 보인다. 2021년 한국 면세점 전체 매출액은 164억 달러(+23.0%, 전년대비)로 전망된다. 2020년에는 133억 달러(−37%, 전년대비)가 가능해 보인다.

2017년 3월 사드(고고도 미사일 방어 체계) 사태 이후부터 한국 면세점에서 보따리상의 영향력이 매우 커졌다. 사드 때문에 중국인 관광객이 급감했고 그 틈새를 중국인 보따리상이 채우고 들어오기 시작했었다. 2017년 1월 면세점의 중국인 보따리상 매출 비율은 약 20% 수준이었는데 2020년 1월에는 그 비율이 80%까지 올라갔다. 보따리상은 코로나19로 인해 2020년 2월부터 급감해 4월에 바닥을 찍었다. 중국 내부적으로 통제됐던 물류망이 회복되고 한국과 중국을 오가는 항공편과 해상 운송이 안정화되면서(항공 편수 자체는 급감했음) 보따리상의 매출이 다시 빠르게 회복되기 시작했다. 보따리상만 놓고 보면 2020년 4분기 현시점은 2019년 고점 대비 약 80~90% 수준까지 회복된 것으로 판단된다.

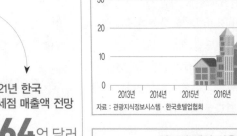

2021년 한국
면세점 매출액 전망
164억 달러

호텔 및 콘도미니엄 연간 이용자 수

단위 : 백만 명 — 관광호텔업 — 휴양콘도미니엄업

47.82 → 41.13 → 43.89 → 55.06 → 56.57 → 54.83
46.49 → 38.30 → 40.97 → 51.15 → 53.58 → 54.28

2013년 2014년 2015년 2016년 2017년 2018년

자료 : 관광지식정보시스템·한국호텔업협회

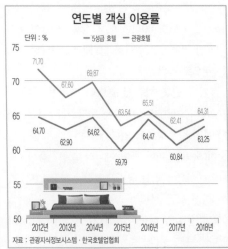

연도별 객실 이용률

단위 : % — 5성급 호텔 — 관광호텔

71.70 → 67.60 → 69.87 → 63.54 → 65.51 → 62.41 → 64.31
64.70 → 62.90 → 64.62 → 59.79 → 64.47 → 60.84 → 63.25

2012년 2013년 2014년 2015년 2016년 2017년 2018년

자료 : 관광지식정보시스템·한국호텔업협회

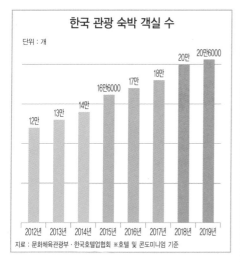

한국 관광 숙박 객실 수

단위 : 개

- 2012년: 12만
- 2013년: 13만
- 2014년: 14만
- 2015년: 16만6000
- 2016년: 17만
- 2017년: 18만
- 2018년: 20만
- 2019년: 20만6000

자료 : 문화체육관광부 · 한국호텔업협회 ※호텔 및 콘도미니엄 기준

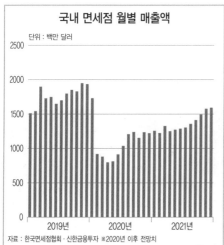

국내 면세점 월별 매출액

단위 : 백만 달러

2019년 · 2020년 · 2021년

자료 : 한국면세점협회 · 신한금융투자 ※2020년 이후 전망치

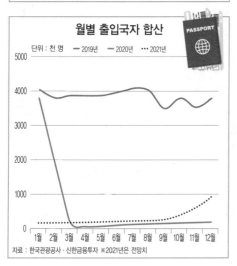

월별 출입국자 합산

단위 : 천 명   — 2019년 — 2020년 ⋯ 2021년

자료 : 한국관광공사 · 신한금융투자 ※2021년은 전망치

국내 관광 숙박
객실 수

20만
6000개

주 : 2019년 기준

2021년 예상 입국자

144만 명

2021 투자 포인트

'럭셔리' 찾는 소비자

최근 럭셔리 호텔에 대한 소비자의 니즈가 커지며 한국에서도 가치가 확실하면 고가의 금액도 기꺼이 지불하는 가심비(가격 대비 심리적 만족) 소비가 자리 잡으면서 럭셔리 호텔이 틈새시장을 공략한 것으로 해석할 수 있다.

중소 숙박업 경영 악화

서울 시내 호텔은 실제로 2020년 7월 기준 현재 중소 호텔업 중 약 40곳은 임시 휴업, 9곳은 폐업 상태다. 호텔 개발 규제 완화 이후 전 등급에서 호텔 공급이 크게 늘었고 한때 분양형 호텔까지 등장함에 따라 호텔업계는 현재도 공급 과잉 상태인 것으로 평가된다.

면세점, 믿을 구석은 아직 보따리상

2021년 한국 면세점 전체 매출액은 164억 달러(+23.0% YoY)로 전망된다. 이는 기저 효과를 반영한 것이다. 2017년 1월 면세점의 중국인 보따리상 매출 비율은 약 20% 수준이었는데 2020년 1월에는 비율이 80%까지 올라갔다.

식품

'집밥'·'온라인' 날개 달고 호황기 진입

개식형 · 온라인 · K푸드 소비 증가 2021년에도 이어진다

신종 코로나바이러스 감염증(코로나19) 사태로 판매 채널, 소비자의 라이프스타일, 소비 방식 등
글로벌 식음료 산업을 둘러싼 환경이 크게 변하고 있다. 식품 안전에 대한 관심과 건강 관련 식료품의 수요
증가, 비대면 선호 등 소비자의 라이프스타일과 소비 방식이 장기간 지속되며 식음료 시장을
변화시키는 구조적 요인으로 작용할 것으로 전망된다.

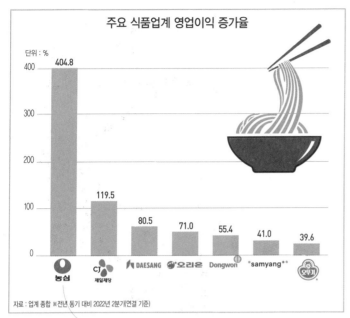

주요 식품업계 영업이익 증가율

단위: %

농심	CJ제일제당	DAESANG	오리온	Dongwon	samyang	오뚜기
404.8	119.5	80.5	71.0	55.4	41.0	39.6

자료: 업계 종합 ※전년 동기 대비 2022년 2분기(연결 기준)

코로나19 사태의 충격이 전 산업계를 강타하고 있지만 식품 시장의 성장세는 지속되고 있다. 2018년 6조 달러(약 6759조원) 규모로 추산됐던 세계 식품 산업 시장은 2020년 7조 달러(약 7813조원)를 넘어설 것으로 보인다. 온라인 판매 증가와 함께 '편의성'과 '건강'을 강조한 식품이 성장을 주도하고 음료 제품의 성장세가 꾸준히 이어지고 있기 때문이다. 영국 리서치·컨설팅 회사인 글로벌데이터는 세계 식품 시장의 연평균 성장률(2020~2022년)을 3.6%로 예상했다.

한국의 식품 산업도 호황을 보이고 있다. 특히 한국 식품 산업의 성장이 눈에 띈다. 한국 시장에서 연간 매출 1조원이 넘는 '1조 클럽 식품 제조사'들이 올해 덩치를 더 키우고 있다. 기업들은 글로벌 팬데믹(세계적 유행) 상황에도 'K푸드' 열풍을 타고 해외 시장에서 선방하고 있어 해외 매출까지 합산하면 연간 수조원대 매출을 올리는 식품 제조사가 상당수 추가될 것으로 보인다. 한국농수산식품유통공사(aT) 식품 산업

농심 영업이익 증가율

404.8%

※2020년 2분기 기준

식품 온라인 거래액

1조 8664억원

※2020년 6월

통계 정보에 따르면 2019년 한국 시장에서 연매출 1조원 이상을 기록한 '1조 클럽 식품 제조업'은 총 23개인데 올해는 매출 증가 기업이나 증가 폭이 더욱 확대될 것으로 예측된다.

식품 시장은 2020년 코로나19 사태로 커진 소용량의 개식형(個食型) 소비가 2021년에도 이어질 것으로 전망된다. 1인 가구 증가, 판매 채널, 소비자의 라이프스타일, 소비 방식 등 사회적 소비 트렌드가 많이 변했기 때문이다.

식품 관련 온라인 쇼핑 가장 크게 성장

특히 마트와 슈퍼마켓에서 직접 장을 보는 활동이 자제되면서 급성장한 온라인 채널 소비가 더욱 증가할 것으로 예상된다. 실제 통계청에 따르면 지난 6월 식품 부문 온라인 거래액은 1조8664억원으로 전년 동월(1조2978억원) 대비 43.8% 증가했다. 세부 상품군별로는 전년 동월 대비 음식 서비스(61.5%), 음식료품(39.4%) 거래액이 기하급수적으로 늘었다. 식품 회사들의

상품군별 온라인 쇼핑 증가액

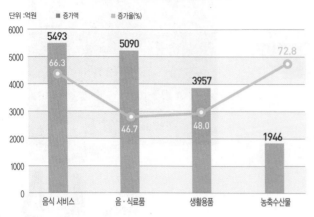

단위 :억원　■ 증가액　■ 증가율(%)

	음식 서비스	음·식료품	생활용품	농축수산물
증가액	5493	5090	3957	1946
증가율	66.3	46.7	48.0	72.8

자료 : 통계청 ※2020년 7월

자체 온라인몰을 비롯해 대형 오프라인 유통 업체, 기존 이커머스 업체가 온라인 식품 시장을 두고 경쟁을 펼치고 있는 가운데 최근에는 네이버까지 대형마트와 슈퍼마켓을 쇼핑몰에 끌어들이며 온라인 사업을 확장하고 있다.

수출 시장 전망도 긍정적이다. 코로나19의 영향으로 세계 식품 시장에 가성비 제품과 간편식·건강식품 수요가 늘면서 특히 라면·김치·두부·쌀가공식품 등 한국 식품의 인기가 내년에도 이어질 것으로 전문가들은 예측하고 있다.

실제 농림축산식품부에 따르면 올 1월부터 8월까지 농식품 수출액 누계는 48억4567만 달러로 전년 동기 대비 4.9% 증가했다. 그중에서도 라면·김치·쌀가공식품 등의 수출이 크게 늘며 가공식품은 전년보다 6.2% 증가한 39억8386만 달러를 달성했다. 특히 라면은 미국·일본·중국 등 주요 수출 대상국에서 큰 폭으로 증가하며 4억540만 달러를 기록했고 김치 역시 건강식품으로 각광 받으며 전년보다 40.3% 증가한 9790만 달러를 달성했다.

가공식품 수출
증가율

6.2%

※2020년 1~8월

국내 건강기능식품 시장

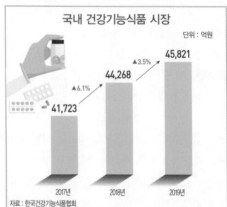

단위 : 억원

2017년	2018년	2019년
41,723	44,268	45,821
	▲6.1%	▲3.5%

자료 : 한국건강기능식품협회

K푸드 수출액

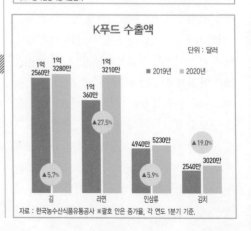

단위 : 달러

■ 2019년　■ 2020년

	김	라면	인삼류	김치
2019년	1억2560만	1억360만	4940만	2540만
2020년	1억3280만	1억3210만	5230만	3020만
증가율	▲5.7%	▲27.5%	▲5.9%	▲19.0%

자료 : 한국농수산식품유통공사 ※괄호 안은 증가율, 각 연도 1분기 기준.

농식품 수출액

48억

4567만 달러

※2020년 1~8월

전 세계 식품 시장 규모

단위 : 십억 달러

	2015년	2016년	2017년	2018년	2019년	2020년	2021년	2022년
								7479

자료 : 글로벌데이터

2022년
세계 식료품 시장

7조
4790억 달러

라면 수출액

단위 : 억 달러

	2015년	2016년	2017년	2018년	2019년	2020년 (1~8월)
						4억540만

자료 : 관세청

라면 수출 증가율

36.7%

※2020년 1~8월

2021 투자 포인트

농심 · 오뚜기 등 'K라면' 열풍 주목

코로나19 확산에 따른 집밥 열풍 등의 트렌드에 힘입어 'K라면'도 수출 시장에서 펄펄 끓고 있다. 관세청에 따르면 2020년 3분기 라면 수출액은 전년 동기 대비 32.8% 증가했다. K라면 열풍에 농심의 2020년 상반기 해외 사업 매출은 5억2000만 달러(약 5993억원)를 기록하며 전년 대비 30% 넘는 성장세를 보였다.

판 커지는 건강기능식품 시장

한국건강기능식품협회에 따르면 세계 건강기능식품 시장은 2004년 613억 달러(약 75조원) 규모를 형성한 이후 꾸준히 성장했다. 이러한 추세는 계속 이어져 2021년에는 전년 대비 6.1% 성장한 1625억 달러(약 199조원)의 시장 규모를 형성할 것으로 전망된다.

덩치 커지는 비건 푸드 시장

채식주의자를 위한 메뉴가 음료와 간식 등으로 확대되고 있다. 건강뿐만 아니라 가치 소비를 지향하는 비건 인구가 늘어나고 있어 앞으로 더욱 다양한 비건 제품이 나올 것으로 보인다. 전 세계 비건 식품의 시장 규모는 2018년 기준 약 127억 달러에서 2025년 241억 달러에 이를 것으로 예상된다.

2차 대전 이후 최악, 역성장 브레이크가 없다

섬유 · 패션 산업은 2021년에도 마이너스 성장이 불가피할 것으로 보인다

신종 코로나바이러스 감염증(코로나19)으로 섬유 · 패션 산업이 혼란스럽다.
소비자의 절대적 자율 재량적 속성을 갖추고 있는 산업 특성상 경제적 영향과 트렌드의 변화가
미치는 영향을 고스란히 받기 때문이다. 더욱이 수년째 이어지고 있는 글로벌 경기 불황에서 촉발된
기업 간 경쟁 심화는 코로나19와 엮이면서 산업이 전반적으로 위축되고 있다.

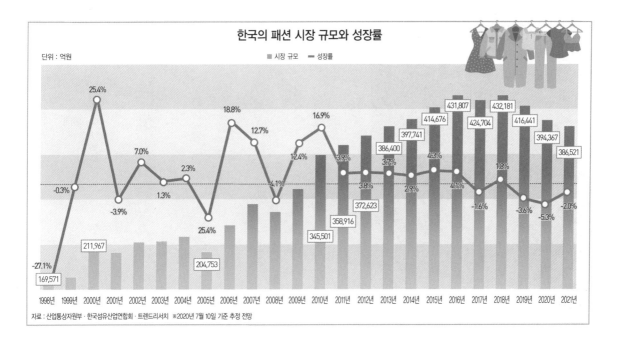

한국의 패션 시장 규모와 성장률

단위 : 억원

■ 시장 규모 ━ 성장률

연도	시장 규모	성장률
1998년	169,571	-27.1%
1999년		-0.3%
2000년	211,967	25.4%
2001년		-3.9%
2002년		7.0%
2003년		1.3%
2004년		2.3%
2005년	204,753	25.4%
2006년		18.8%
2007년		12.7%
2008년		4.1%
2009년		12.4%
2010년	345,501	16.9%
2011년	358,916	3.9%
2012년	372,623	3.8%
2013년	386,400	3.7%
2014년	397,741	2.9%
2015년	414,676	4.3%
2016년	431,807	4.1%
2017년	424,704	-1.6%
2018년	432,181	1.8%
2019년	416,441	-3.6%
2020년	394,367	-5.3%
2021년	386,521	-2.0%

자료 : 산업통상자원부 · 한국섬유산업연합회 · 트렌드리서치 ※2020년 7월 10일 기준 추정 전망

2020년 섬유 · 패션 산업은 중대한 기로에 서 있다. 제2차 세계대전 이후 가장 큰 위기에 처했다는 이야기까지 나올 정도다. 한국의 상황만 보더라도 코로나19 사태에 따른 미국 · 유럽의 이동 제한 정책, 생산 · 매장 셧다운 등으로 원사 · 직물 · 의류의 가치 사슬 전반에 걸쳐 가동률이 하락하고 있다. 여기에 정부의 사회적 거리 두기 정책, 소비 심리 위축은 내수 급감이라는 불황을 불러왔다. 산업통상자원부 · 한국섬유산업연합회 · 트렌드리서치에 따르면 2020년 한국의 패션 시장 규모는 39조4376억원에 머무를 것으로 추산된다. 2017년 42조4704억원(−1.6%)에서 2018년 43조2181억원으로 1.8% 소폭 회복됐던 한국 패션 시장이 2019년(2019년 3월~2020년 2월 기준) 41조6441억원으로 3.6% 감소한데 이어 2020년 감소 폭이 더욱 커졌다. 2021년 전망도 암울하다. 2020년보다 2.0% 하락한 38조6521억원을 기록할 것으로 전망되고 본격적인 마이너스 성장이 불가피한 상황이다.

한국 패션 시장 성장률

여성 정장
-13.6%

스포츠웨어
-10.9%

아동복
-12.7%

※2019년 기준

복종별(2019년)로는 캐주얼복이 15조6053억원으로 전년 대비 1.4% 상승했고 가방은 2조9345억원으로 1.8% 성장했다. 하지만 여성 정장을 비롯한 스포츠 웨어, 남성 정장, 아동복 등은 하락세를 기록했다. 여성 정장은 2조9753억원으로 전년 대비 마이너스 13.6%로 두 자릿수 하락했고 아동복과 스포츠 웨어 역시 각각 1조659억원(−12.7%), 6조6544억원(−10.9%)으로 감소세를 나타냈다. 이 밖에 신발은 6조22430억원으로 마이너스 2.6%, 내의류도 2조1074억원으로 전년 대비 4.5% 하락했다.

불황에서 살아남기 위한 기업들의 전략은

삼성물산 · LF · 코오롱인더스트리 등 패션 대기업 3사 모두 2020년 상반기에 타격을 받았다. 각 사에 따르면 지난 2분기 삼성물산 · LF · 코오롱인더스트리의 패션사업부문은 각각 매출 3770억원, 2935억원, 2334억원을 기록했다. 전년 동기와 비교해(YoY) 각각 9.4%, 18.9%, 3.6% 감소

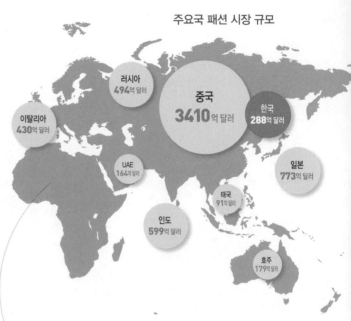

주요국 패션 시장 규모

러시아 494억 달러
이탈리아 430억 달러
중국 3410억 달러
한국 288억 달러
UAE 164억 달러
일본 773억 달러
태국 91억 달러
인도 599억 달러
호주 179억 달러

한 수준이다. 그나마 LF 패션부문이 상반기 135억원의 영업이익을 기록하면서 선방했지만 코오롱FnC는 72억원의 적자, 삼성물산 패션부문은 300억원대 적자로 힘든 시기를 보내고 있다. 이에 이들 기업들은 언택트(비대면) 쇼핑 기조에 대응해 온라인 영업을 강화하고 수익성이 저조한 브랜드나 오프라인 매장을 정리하는 등 나름의 생존 전략을 전사적으로 추진하고 있다.

우선 삼성물산 패션부문은 비용을 줄이기 위해 안 되는 사업을 정리하는 방법을 택했다. 우선 아웃도어 브랜드인 '빈폴 스포츠' 브랜드 사업을 전면 철수했다. LF는 자사몰인 LF몰을 중심으로 온라인 매출을 확대하는 데 주력하고 있다. 올 상반기 패션부문의 실적도 온라인몰 매출이 오프라인 매장 부진을 상쇄해 흑자를 낸 것으로 보인다. LF의 온라인 매출은 전체 패션부문 매출의 약 30%를 차지할 것으로 추산된다. 코오롱FnC는 아웃도어 브랜드의 리뉴얼 작업에 착수했다. 젊은 느낌의 온라인 전용 브랜드를 키우는 데 주력하고 있다.

세계 패션시장 구성

■ 주요 10개국
■ 한국

전체
1조6696억 달러

주요 10개국
9968억 달러

한국
288억 달러(1%)

2020년 한국 패션 시장 전망

복종	2020년 실적(전망)	증감률
캐주얼복	15조3334억원	-1.70%
스포츠복	6조917억원	-8.50%
신발	6조1873억원	-0.90%
남성 정장	3조7417억원	-7.80%
여성 정장	2조4606억원	-17.30%
가방	2조8199억원	-3.90%
내의	1조8950억원	-10.10%
유·아동복	9089억원	-14.80%
패션 시장	39조4376억원	-5.30%

자료 : 얼라이드 마켓 리서치 ※2019년 2월 기준

패션 대기업 3사 실적

■ 매출 ■ 영업이익 ■ 전년 대비   단위 : 억원

	삼성물산	코오롱인더스트리	LF
매출	7340	4042	5783
전년 대비	-15.9%	-15.2%	-18.7%
영업이익	-470 / -300	-230 / -72	-408 / 135

자료 : 각 사 ※패션사업부문에만 해당 ※2020년 상반기

미국
3416억 달러

브라질
412억 달러

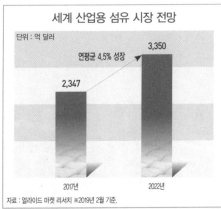

세계 산업용 섬유 시장 전망

단위 : 억 달러

연평균 4.5% 성장

2,347 (2017년)
3,350 (2022년)

자료 : 얼라이드 마켓 리서치 ※2019년 2월 기준.

웨어러블 디바이스 출하량 전망

단위 : 백만 대

연평균 8.9% 성장

199 (2019년)
279 (2023년)

자료 : IDC

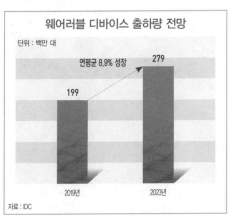

재활용 폴리에스터 시장점유율

■ 재활용 폴리에스터
■ 기타 폴리에스터

8%
2007년

14%
2017년

자료 : 섬유거래소, 선호 섬유 및 재료
시장 보고서(2018년)

세계 재활용 폴리에스터 생산량

■ 재활용 폴리에스터
■ 기타 폴리에스터

단위 : 백만 톤

32.5 (2007년)
44 (2012년)
53.7 (2017년)

자료 : 섬유거래소, 선호 섬유 및 재료
시장 보고서(2018년)

스트림 라인의 디지털 전환(DT)

섬유 · 패션 산업의 패러다임이 바뀌고 있다. 비대면 비즈니스를 위한 디지털 전환(DT)이 핵심이다. 신뢰할 수 있는 정보를 바탕으로 주문 · 기획 · 생산 · 제조 · 유통에 이르는 오픈 플랫폼과 이를 활용한 비즈니스 확대는 생산성과 효율성을 높일 수 있다. 제품 생산 가치 사슬 전반에 디지털 제조 기반을 갖춘다면 불량률 최소화, 생산성 향상 등 경쟁력 강화가 가능하다.

매주 새로운 옷을 입어보세요
패션 정기구독 서비스

신기술 기반 소비자 맞춤형 시장 재편

급변하는 트렌드와 소비자 요구에 유연하고 신속하게 반응하기 위한 혁신적 기획 · 실현 · 서비스가 비즈니스의 원동력이 되고 있다. 다양한 채널과 소셜 미디어를 통해 고객에게 제품의 정보뿐만 아니라 가치 · 트렌드 · 체험을 제공하는 맞춤형 서비스가 급성장 중이다.

재활용 폴리에스터 시장 확대

환경을 고려한 생산 공정 기술과 소재 개발 확대가 주요 이슈가 됐다. 2019년 기준으로 선진국 150여 개 브랜드는 플라스틱 사용 금지, 해양 보호 등을 내용으로 한 G7 패션협약을 공표하기도 했다. 2030년 재활용 폴리에스터 시장 규모는 전체 시장의 20%를 차지할 것으로 전망된다.

화장품

"이젠 테스트도 필요 없다"…온라인 판매 급성장

2020년 화장품 수출은 코로나19 영향에도 불구하고 두 자릿수 성장을 기록했다

신종 코로나바이러스 감염증(코로나19) 사태로 인해 화장품 소비 트렌드의 변화가 빨라지고 있다. 언택트(비대면) 소비가 증가하면서 오프라인 채널 대비 이커머스를 통한 화장품 구매가 성장세를 보이고 있고 마스크를 착용하면서 메이크업·기초화장품은 판매가 줄었다. 화장품업계는 온라인 유통 채널 강화, 위생 용품 수요 급증 추세 등을 이용해 채널 포트폴리오를 다양화하며 코로나19 위기를 극복하고 있다.

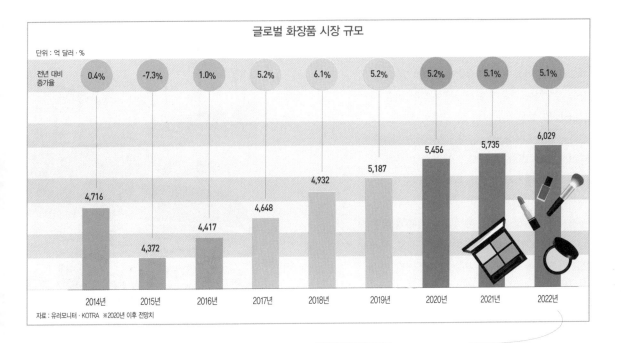

글로벌 화장품 시장 규모

단위 : 억 달러 · %

전년 대비 증가율	0.4%	-7.3%	1.0%	5.2%	6.1%	5.2%	5.2%	5.1%	5.1%
	4,716	4,372	4,417	4,648	4,932	5,187	5,456	5,735	6,029
	2014년	2015년	2016년	2017년	2018년	2019년	2020년	2021년	2022년

자료 : 유로모니터 · KOTRA ※2020년 이후 전망치

코로나19의 확산으로 화장품 산업이 큰 변화를 겪고 있다. 그동안 화장품은 오프라인 매장에서 직접 테스트해 보고 구매해야 한다는 인식이 강했지만 코로나19로 인해 온라인으로의 화장품 구매 전환이 가속화되고 있다. 실제로 KOSIS(국가통계포털) 집계에 따르면 온라인 채널을 통한 2020년 상반기 화장품 구매액이 지난해 상반기에 비해 6.4% 늘어난 6조426억2400만원으로 집계됐다. 특히 코로나19가 지속되고 온라인 구매에 대한 자연 증가 경향이 합쳐지면 하반기에는 비중이 더 높아질 것으로 예상된다. 반대로 화장품 산업의 성장세를 이끌어 왔던 오프라인 매장들의 수가 급감하고 있다. 공정거래위원회 가맹사업정보제공시스템에 따르면 2018년 말 기준 아모레퍼시픽의 아리따움 매장은 1186개, 이니스프리 매장은 750개, 에뛰드 매장은 321개였지만 2020년 10월 기준으로 각각 880개, 546개, 170개만 남았다.

코로나19로 인한 화장품 수출 산업은 오히려

2022년 글로벌 화장품 시장 규모

6029 억 달러

전년 대비 ↑5.1%

증가세를 보이고 있다. 화장품 수출액이 코로나19의 영향에도 불구하고 두 자릿수 성장했다. 전체 수출액이 감소하는 상황에서도 코로나19의 여파로 개인위생 등에 대한 관심이 커지면서 목욕 제품 등을 중심으로 화장품 수출액이 늘었다.

산업통상자원부가 최근 발표한 '2020년 8월 수출입 동향에 따르면 화장품 수출액은 6억1000만 달러로 지난해 같은 기간 5억2000만 달러보다 17.4% 늘어났다. 이는 8월 전체 수출이 전년 동기 대비 9.9% 감소한 396억6000만 달러에 그쳤다는 점과 비교하면 더욱 두드러지는 성장세다. K뷰티의 전 세계적인 인기에 힘입어 기초화장품(+20%), 목욕 제품(+140%), 향수(+23%) 등이 호조세를 보이면서 화장품 수출 증가율은 6월 16.8%, 7월 15.7% 등 3개월 연속 증가했다.

글로벌 시장, 2022년까지 연평균 5%이상 성장
화장품 산업의 전망은 밝다. 유로모니터에 따르면 글로벌 화장품 산업은 2022년까지 연평균

5% 이상 성장을 거듭해 6029억 달러까지 치솟을 것으로 전망된다. 권역별로 시장 규모를 살펴보면 아시아를 필두로 유럽과 북미가 주요 시장을 형성하는 가운데 아시아를 비롯한 신흥 시장이 높은 성장세를 이어 갈 것으로 기대를 모은다. 아시아 시장 규모는 2017년 기준 1476억 달러로, 권역별 최대 규모의 시장으로 자리 잡았다. 향후 성장성도 매우 높다. 유러모니터는 아시아 시장이 2022년까지 연평균 6.7%의 높은 성장세를 지속할 것으로 예측했다. 유럽과 북미는 각각 1060억 달러, 940억 달러 규모로 세계 2, 3위 시장을 형성하고 있다. 향후 5년간 연평균 성장률은 유럽 3.5%, 북미 3.9%로, 아시아와 기타 신흥 시장에 비해 성장률은 낮을 것으로 보인다.

2017년 기준 아시아의 글로벌 시장점유율은 32.0%로 가장 높다. 아시아 시장점유율은 고성장세에 힘입어 2022년 34.0%로 증가함으로써 세계 최대 시장의 위치를 차지할 것으로 예상된다.

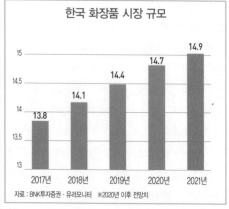

2020년 상반기 온라인 채널 화장품 구매액

6조 426억 원

한국 화장품 시장 규모

- 2017년 13.8
- 2018년 14.1
- 2019년 14.4
- 2020년 14.7
- 2021년 14.9

자료 : BNK투자증권 · 유러모니터 ※2020년 이후 전망치

글로벌 화장품 산업 M&A 동향

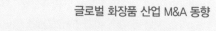

157건
2019년
M&A 거래 건수

27건
2015~2019년
10억 달러 이상 메가딜

304.4억 달러
2019년 크로스보더
M&A 거래 규모

1,271억 달러
2015~2019년
M&A 거래액

86.6%
2019년 화장품 M&A
거래 건수 중 크로스섹터 비율

45.2%
2019년 화장품 M&A
거래 건수 중 크로스보더 비율

화장품 온라인 쇼핑 거래액

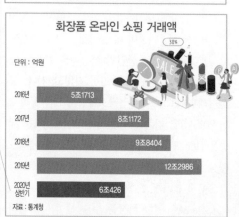

30%

단위 : 억원

- 2016년 5조1713
- 2017년 8조1172
- 2018년 9조8404
- 2019년 12조2986
- 2020년 상반기 6조426

자료 : 통계청

한국 화장품 수출 규모

65억 **2479**만달러

세계 4위

2019년

중국 프리미엄 화장품 시장 규모

단위 : 백만 달러

35,000
30,000
25,000
20,000
15,000
10,000
5,000
0

2011년 2013년 2015년 2017년 2019년 2021년 2023년

자료 : 한국투자증권 ※ 2020년 이후 전망치

로드숍 가맹점 수

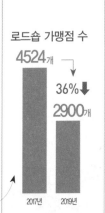

4524개

36%↓

2900개

2017년 2019년

화장품 로드숍 가맹점 수

단위 : 개

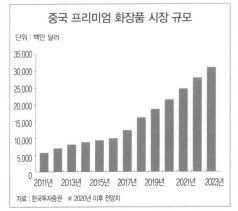

1200
100
800
600
400
200
0

1080
1056
695
679
450
564

920
598
550
517
247
68

2017년 2018년 2019년

innisfree
THE FACE SHOP NATURAL STORY
MISSHA
TONYMOLY
ETUDE HOUSE
SKIN FOOD

자료 : 공정거래위원회 가맹사업거래

2021 투자 포인트

온라인 화장품 브랜드 성장

스마트폰 이용자가 증가하면서 전자 상거래 시장이 성장했고 많은 뷰티 브랜드들이 '온라인 전용'으로 제품을 출시하고 있다. 제품 가격, 부피, 운송 어려움 등을 고려할 때 화장품은 온라인으로 전 세계에 판매하기 좋은 아이템이다.

맞춤 주문과 구독 경제

다양성이 확대되면서 소비자의 니즈에 맞춰 제품을 생산해 주는 개인별 맞춤 서비스 화장품도 증가하고 있다. 향후 화장품 분야의 미래는 개인 맞춤이 한 흐름이 될 것으로 전문가들은 내다보고 있다. 현재 일부 기업은 고객 맞춤 뷰티 제품과 라이프스타일 제품을 제공하는 새로운 구독 모델을 서비스하고 있다.

프리미엄화

프리미엄화는 글로벌 뷰티 시장에서 전체적으로 떠오르는 큰 흐름이다. 여기에서 말하는 프리미엄은 단순 가격으로 규정되는 것이 아니라 소비자들에게 전달되는 가치를 말한다. 예를 들어 클린 뷰티나 내추럴 뷰티, 암 환자를 위한 화장품처럼 소비자의 효용을 극대화해 주는 제품 등이 이에 해당된다.

항공

멈춰선 하늘길…글로벌 톱10 항공사 출범 '초읽기'

정부와 KDB산업은행은 항공업계 1·2위 합병이라는 초대형 구조 개편을 추진하고 있다

기간산업인 항공을 보호하기 위해 각국 정부는 지원에 나서고 있다. 항공 산업을 보호하기 위해
전 세계적으로 약 1230억 달러가 지원됐다. 한국 정부도 항공사에 3조2000억원의 유동성을 공급했다.

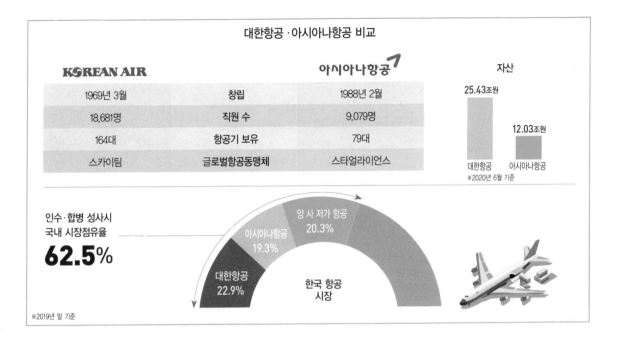

대한항공·아시아나항공 비교

KOREAN AIR		아시아나항공
1969년 3월	창립	1988년 2월
18,681명	직원 수	9,079명
164대	항공기 보유	79대
스카이팀	글로벌항공동맹체	스타얼라이언스

자산

25.43조원 대한항공
12.03조원 아시아나항공
※2020년 6월 기준

인수·합병 성사시
국내 시장점유율
62.5%

양 사 저가 항공 20.3%
아시아나항공 19.3%
대한항공 22.9%
한국 항공 시장

※2019년 말 기준

2021년 항공업계는 대대적인 지각변동이 예상된다. 정부와 KDB산업은행이 대한항공의 아시아나항공 인수를 추진하고 있기 때문이다. HDC 현대산업개발의 아시아나 인수가 무산된 뒤 한국 1·2위 항공사 통합으로 방향을 급선회한 것이다. 신종 코로나바이러스 감염증(코로나19) 사태로 빈사 위기인 항공 산업의 경쟁력 강화를 명분으로 내세웠다. 계획대로 2021년 인수가 마무리되면 '글로벌 톱10' 항공사가 탄생하게 된다.

그러나 통합 과정에서 넘어야 할 산도 많다. 우선 한진그룹 경영권을 두고 조원태 회장과 대립하는 행동주의 사모펀드(PEF) KCGI가 아시아나항공 인수를 반대하는 점은 커다란 걸림돌이다. 또한 대한항공의 아시아나항공 인수를 위해선 공정거래위원회의 기업 결합 승인도 필요하다. 2020년 항공업계는 여객 수요 급감을 '화물'로 돌파해 왔다.

대한항공에 따르면 2분기 매출액이 지난해 반토막 수준인 1조6909억원에 그쳤음에도 불구

2020년 2분기
화물 부문 매출액

KOREAN AIR
1조2259억원

아시아나항공
6391억원

하고 1485억원의 영업이익을 기록한 것으로 잠정 집계됐다. 특히 화물 부문 매출액이 1조2259억원을 기록하며 지난해에 비해 두 배 늘어났다. 화물 임시 전세편을 잇달아 유치한 것에 더해 방역 물품이나 의약품 등 적시 수송이 중요한 화물을 수송하며 '고부가 가치화'했기 때문으로 분석된다.

아시아나항공 또한 시장의 예상을 웃도는 1151억원의 영업이익을 올리며 6분기 만에 실적 턴어라운드에 성공했다. 아시아나항공의 화물 부문 매출액은 6391억원으로 작년 같은 기간과 비교해 95% 증가했다.

하지만 당초 예정됐던 인수·합병(M&A)이 무산되면서 항공업계의 앞날은 더욱 안갯속에 휩싸였다. HDC현대산업개발의 아시아나항공 인수는 결국 '노딜'로 끝났다. 화물 수송에 집중할 수 있는 대형 항공사와 달리 저비용 항공사(LCC)의 상황은 더욱 심각하다. 제주항공의 이스타항공 인수도 무산되면서 아시아나항공과

이스타항공은 새 주인을 찾아야 할 것으로 보인다.

이에 따라 항공사들은 어려운 시기를 버티기 위해 여객기를 화물기로 개조하고 있다. 대한항공은 여객기 좌석을 모두 떼어내고 화물 전용기로 개조한 항공기를 처음 띄웠다. 아시아나항공도 국토교통부의 승인을 받아 여객기 2대의 좌석을 떼어내고 화물 전용기로 개조하는 작업을 진행한다.

LCC 중에서는 진에어가 가장 적극적으로 나서고 있다. 대한항공의 계열사인 진에어는 LCC 중 처음으로 B777-200ER 기종을 개조해 화물 전용기로 운영할 계획이다.

항공업 정상화, '백신 개발'만이 정답

기간산업인 항공을 보호하기 위해 각국 정부는 지원에 나서고 있다. 각국 정부는 항공 산업을 보호하기 위해 전 세계적으로 약 1230억 달러를 지원했다. 한국 정부도 3조2000억원의 유동성을 공급했지만 코로나19의 확산이 장기화되면

대한항공 국제선
화물 수송량 증가율

13.7%
※2020년 10월, 전년 대비

대한항공
여객 수송량 감소율

-95.3%
※2020년 10월, 전년 비

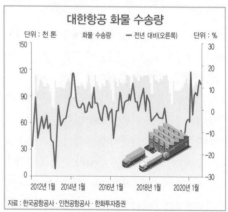

대한항공 화물 수송량

단위 : 천 톤   화물 수송량   ━ 전년 대비(오른쪽)   단위 : %

자료 : 한국공항공사·인천공항공사·한화투자증권

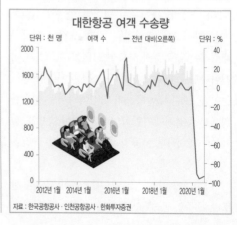

대한항공 여객 수송량

단위 : 천 명   여객 수   ━ 전년 대비(오른쪽)   단위 : %

자료 : 한국공항공사·인천공항공사·한화투자증권

서 항공사들의 부담이 더욱 커지고 있다.

한화투자증권은 항공 여객 수요가 과거 추세를 회복하기 위해선 4~5년의 시간이 걸릴 것이라고 예상했다. 이는 백신이 개발되더라도 전 세계 인구가 접종을 완료하는 데까지 시간이 필요하고 각 국가들도 입국 제한 조치를 보수적으로 해제할 가능성이 높기 때문이다. 여객 수요는 2022년부터 본격적으로 회복되기 시작해 2025년 이전 추세로 회귀할 것으로 보인다.

전반적인 업황이 정상화되기 위해서는 백신 개발이 필요하다. 백신은 여객뿐만 아니라 화물 수요에도 긍정적 영향을 미칠 수 있다. 코로나19 백신은 전 세계 인구의 대부분이 접종하고 온도에 민감한 제품 특성상 항공 화물로 수송될 가능성이 높기 때문이다.

정부의 항공 산업 지원 규모

3조 2000억원

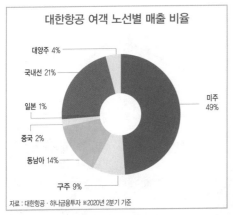

대한항공 여객 노선별 매출 비율

- 대양주 4%
- 국내선 21%
- 일본 1%
- 중국 2%
- 동남아 14%
- 구주 9%
- 미주 49%

자료 : 대한항공 · 하나금융투자 ※2020년 2분기 기준

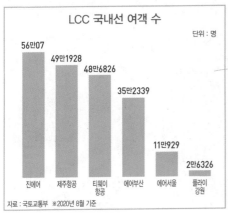

LCC 국내선 여객 수

단위 : 명

- 진에어 56만07
- 제주항공 49만1928
- 티웨이항공 48만6826
- 에어부산 35만2339
- 에어서울 11만929
- 플라이강원 2만6326

자료 : 국토교통부 ※2020년 8월 기준

LCC 국내선 점유율

71.1%

※2020년 8월 기준

초대형 국적항공사 순항할까

대한항공의 아시아나 인수는 항공업의 벼랑 끝 위기에서 2개 대형 항공사에 대한 정부 지원을 이어 가는 것이 합리적이지 않다는 판단에서 출발했다. 하지만 양 사 통합이 성공하려면 주주 반발과 공정위 심사 말고도 넘어야 할 산이 적지 않다. 무엇보다 노선 운용 합리화와 운영비용 절감, 이자비용 축소 등 통합 시너지 창출을 통한 수익성 제고가 필수 조건이다.

믿을 것은 화물 수송뿐

대한항공과 아시아나항공은 화물 수송에 집중하며 실적 방어에 성공했다. 당분간 여객 수요가 뚝 끊긴 상황에서 여객기의 화물기 전환 등을 통해 수익을 거둘 것으로 보인다.

생존 마케팅이 된 '목적지 없는 비행'

세계 각국의 항공사들은 경영난 타개를 위해 정차하지 않는 '목적지 없는 비행'을 시작했다. 한국에서도 아시아나항공 · 제주항공 · 에어부산이 목적지 없는 비행을 실시했다. 특히 아시아나항공은 '하늘 위 호텔'이라고 불리는 A380을 투입해 눈길을 끌었다. 사실상 국제선 띄우기가 어려워진 상황에서 목적지 없는 비행은 새로운 관광 상품으로 기업 이미지 제고에 긍정적인 영향을 줄 것으로 보고 있다.

10년 만에 '턴어라운드' 맞은 컨테이너선

꾸준한 물동량 증가로 글로벌 선사들의 기대감이 높아지고 있다

2021년 컨테이너 시장 전망은 낙관적이다.
2020년 2분기부터 글로벌 선사들을 비롯한 HMM과 SM상선 모두
호실적을 내면서 향후 성장에 대한 기대가 두드러지고 있다

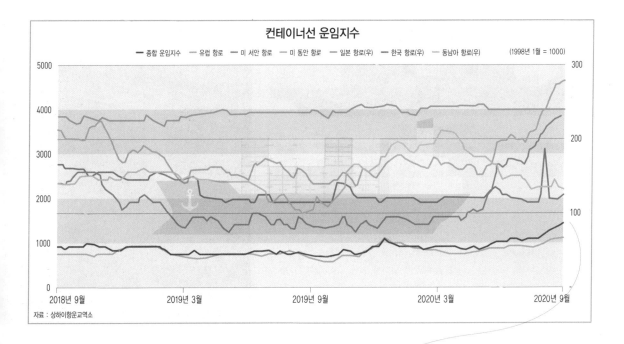

컨테이너선 운임지수

종합 운임지수 · 유럽 항로 · 미 서안 항로 · 미 동안 항로 · 일본 항로(우) · 한국 항로(우) · 동남아 항로(우)   (1998년 1월 = 1000)

자료 : 상하이항운교역소

신종 코로나바이러스 감염증(코로나19) 여파에도 2020년 해운 시장은 예상 밖의 순항을 기록했다. 해운 시장의 경기를 보여준다는 발틱운임지수(BDI)는 2020년 7월 1800까지 올랐다가 9월 들어 1300대로 조정된 상황이다. 컨테이너 운임 또한 높다. 상하이항운거래소가 집계한 아시아~북미 항로의 2020년 9월 첫째 주 운임은 FEU(1FEU는 40피트 컨테이너 1대)당 4538달러로 2014년 12월 이후 6년 만에 4350달러를 돌파했다.

해운 재건 5개년 계획이 드디어 성공을 거둔 것일까. 2020년 2분기 HMM은 1387억원의 영업이익을 기록했다. 2015년 1분기 이후 20분기 연속 적자를 이어 오다 21분기 만에 흑자를 낸 것이다. 2020년 2분기 매출액은 1조3751억원으로 집계됐고 당기순이익은 2007억원 손실에서 281억원 이익으로 개선됐다.

HMM은 2020년 9월 세계 최대 규모인 2만 4000TEU급(1TEU는 20피트 컨테이너 1개) 초대형 컨테이너선 12척을 아시아~유럽 항로에

2020년 컨테이너선 운임

발틱운임지수 ▼

1300

(2020년 9월 기준)

모두 투입했다. 이 선박은 부산을 시작으로 유럽으로 향한다. HMM이 2018년 정부에서 3조 1000억원의 유동성을 지원받아 한국 조선사에 발주한 12척 중 마지막 선박이다. 2만4000TEU급 컨테이너선은 기존 주력 선박인 8000TEU급의 세 배에 달하지만 연료 소모량은 60%에 불과하다. HMM 관계자는 "초대형선 투입으로 단위당 운송비용을 크게 낮춰 '규모의 경제' 효과를 거뒀다"고 말했다.

초대형선 발주로 '규모의 경제' 이룬 HMM

HMM과 함께 원양 항로를 기항하는 SM상선도 창사 이후 최대 분기 영업이익을 달성했다. SM상선은 2020년 2분기 매출 2010억원, 영업이익 201억원을 달성했다고 밝혔다. 이는 창사 이후 최대 실적으로 전년 동기 대비 영업이익이 260억원 개선된 수치다.

한국 최대 벌크선사인 팬오션도 2020년 2분기 영업이익이 643억원을 기록했는데 전년 동기

컨테이너 운임 비교

컨테이너선 시장		2020년			2019년		
		최저	최고	평균	최저	최고	평균
상하이발 운임지수 (SCFI) 및 운임 (달러)	종합(SCFI)	818.16	1,409.57	999.05	715.97	968.07	810.92
	유럽 항로(TEU당 달러)	725.0	1,124	885.14	580.0	1,027	759.66
	미 서안 항로(FEU당 달러)	1,361	3,867	2,261.61	1,229	2,114	1,525.32
	미 동 안항로(FEU당 달러)	2,542	4,634	3157	2,256	3,187	2,633.67
	한국 항로(TEU당 달러)	116.0	188.0	121.97	112.0	153.0	128.37
	일본 항로(TEU당 달러)	230.0	244.0	239.42	219.0	244.0	233.38
	동남아 항로(TEU당 달러)	131.0	211.0	169.25	101.0	173.0	138.14
용선지수(HRCI)		497.0	773.0	641	591.0	807.0	709.0

자료 : 상하이항운거래소

대비 27.3% 증가한 수준이다. 실적 개선은 '비정기적 단기 운송 계약(스폿 영업)'을 강화한 덕분이다. 팬오션은 벌크선 시황을 나타나는 BDI가 하락하는 상황에서도 단기 운송 계약을 통해 드라이벌크 부문에서 수익을 냈다. 저유가도 실적 향상에 큰 도움이 됐다.

2020년 하반기에도 운임은 여전히 강세를 보일 것으로 전망된다. 이는 선사들의 공급 조절도 영향을 미쳤지만 수요가 기대 이상이기 때문이다. 아시아~북미 수출 항로는 컨테이너 물동량이 2020년 5월 19% 감소에서 7월 2% 증가로 올라섰다. 수요가 뒷받침되는 상황에서 운임은 2020년 4분에도 상승세를 이어 갈 것으로 보인다.

특히 컨테이너 시장을 바라보는 기대는 크다. 2020년 2분기부터 글로벌 선사들을 비롯한 HMM과 SM상선 모두 호실적을 내면서 향후 실적 전망에 대한 기대가 두드러지고 있다. 한국투자증권은 "컨테이너선 시장이 10년을 기다려 온 턴어라운드인 만큼 성장 기대감은 단기에 그치지 않을 것"이라고 전망했다.

노선별 해운 동맹 합산 점유율

아시아~미국 동안
100%

아시아~미국 서안
58.5%

아시아~북유럽
93.6%

국제 해운 동맹 현황

동맹 이름	참여 선사	점유율(%)
2M	머스크(덴마크)	16.5
	MSC(스위스)	15.7
오션 얼라이언스	CMA CGM(프랑스)	11.4
	COSCO(중국)	12.3
	에버그린(대만)	5.1
디 얼라이언스	하파그-로이드(독일)	7.2
	ONE(일본)	6.5
	HMM(한국)	2.5
	양밍(대만)	2.5

자료 : 해양수산부

해운 동맹별 노선 선박 투입 현황

노선	해운 동맹	점유율(%)	해운 동맹 합산 점유율(%)
아시아~미국 동안	2M	33.7	100.0
	오션 얼라이언스	37.9	
	디 얼라이언스	28.4	
아시아~미국 서안	2M	12.6	58.5
	오션 얼라이언스	26.2	
	디 얼라이언스	19.7	
아시아~북유럽	2M	32.9	93.6
	오션 얼라이언스	39.4	
	디 얼라이언스	21.3	

자료 : 해양수산부 ※2019년 4월 기준

HMM 시장점유율

세계 **8**위

HMM 선대 현황

		운용 선대		사선		발주	
		적재량	척 수	적재량	척 수	적재량	척 수
컨테이너 단위 : 천TEU	합계	583	62	267	19	316	43
	2만 TEU 이상	143	6	143	6	0	0
	1만 TEU 이상	214	18	88	7	126	11
	1만 TEU 미만	225	38	36	6	190	32
유조선 단위 : 천DWT	합계	1,917	9	1,601	7	315	2
	원유선	1,815	7	1,500	5	315	2
	제품선	101	2	101	2	0	0
건화물선 단위 : 천DWT		2,360	24	303	3	2,058	21

자료 : HMM ※2020년 6월 기준

아시아~북미
물동량

2020년 5월

-19%

2020년 7월

+2%

팬오션 벌크선 운용 선대 규모

■ 핸디 ■ 핸디막스 ■ 파나막스 ■ 캡사이즈

단위 : 척

200

150 — 158 173 160 145 167 174 192 202

100

50

0
2019년 1분기 2분기 3분기 4분기 2020년 1분기 2분기 3분기 4분기

자료 : 팬오션

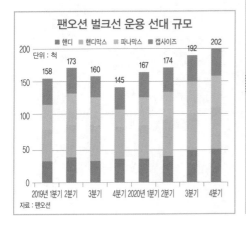

대형 선대 투입으로 점유율 높아질 HMM

한국 원양 선사 HMM이 21분기 만에 흑자 전환했다. 당초 계획했던 것보다 1분기 빠르게 흑자 전환에 성공했다. HMM은 글로벌 해운 동맹 '디 얼라이언스'의 정식 회원 합류와 대형선 투입으로 현재 글로벌 컨테이너 선사 중 8위를 차지하고 있다. 그간 각종 지원을 통해 대형선 발주 등을 꾸준히 추진해 온 만큼 앞으로 글로벌 시장에서의 활약이 기대된다.

10년 만에 돌아온 턴어라운드

2008년 리먼브라더스 사태 이후 휘청거리던 해운 시장은 2017년 한진해운의 도산으로 한 차례 위기를 더 겪어야 했다. 하지만 최근 들어 코로나19의 여파에도 불구하고 수요가 뒷받침되면서 시황이 회복될 수 있을 것이란 기대감이 높아지고 있다.

컨테이너 물동량의 꾸준한 증가

운임 상승의 원인은 꾸준한 수요 덕분이다. 선사들의 공급 조절도 영향을 미쳤지만 수요가 기대 이상이었다. 2020년 아시아~북미 수출 항로의 컨테이너 물동량은 5월 19% 감소에서 7월 2% 증가했다. 코로나19의 영향에도 불구하고 물량이 꾸준하면 향후 선사들의 실적 향상에 큰 영향을 미칠 것으로 보인다.

택배

쏟아지는 배송 물량…요금 인상 가능할까

2021년에도 택배 물동량 증가 추세가 계속 이어질 것으로 예상된다

택배 시장과 온라인 쇼핑은 떼려야 뗄 수 없는 관계. 2020년 신종 코로나바이러스 감염증(코로나19) 사태가 길어지면서 온라인 쇼핑으로 대표되는 비대면 소비가 새 트렌드가 됐다. 이에 발맞춰 택배 물동량 역시 크게 늘었다. 관련 업계에서는 공급이 수요를 따라가기 어렵다는 말이 나올 정도다. 이런 추세는 2021년에도 지속될 전망이다.

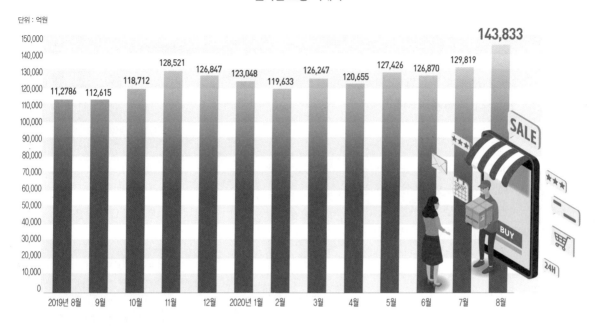

온라인 쇼핑 거래액

단위 : 억원

	2019년 8월	9월	10월	11월	12월	2020년 1월	2월	3월	4월	5월	6월	7월	8월
거래액	11,2786	112,615	118,712	128,521	126,847	123,048	119,633	126,247	120,655	127,426	126,870	129,819	143,833

코로나19가 확산되면서 택배 회사들은 몰리는 업무량을 처리하기 어려울 만큼 바빠졌다. 관련 업계에 따르면 그간 택배 물동량은 매년 약 10% 정도 상승했다. 2020년은 달랐다. 온라인 쇼핑 증가로 인해 주문이 쏟아졌다.

2020년 2분기부터 3분기까지 택배 시장 물동량은 약 20.9% 증가하며 평년 대비 2배 정도의 성장세를 보인 것으로 전해진다. 한 업계 관계자는 "택배 회사들은 밀려드는 주문량을 따라가지 못할 만큼 업무 과부하가 걸린 상황"이라고 전했다.

2021년에도 이런 추세가 이어질 것으로 보인다. 소비자들이 온라인으로 물건을 구매하는 횟수는 계속해 늘어날 것으로 예상되기 때문이다. 다양한 소비자가 온라인 쇼핑의 편리함을 코로나19를 계기로 직접 체험했다. 따라서 코로나19가 종식되더라도 온라인 쇼핑의 강세는 꺾이지 않고 이어질 것이라는 시각이 지배적이다. 이런 측면에서 봤을 때 2021년에도 택배 물동량 역시

2020년 2~3분기 택배 물동량 증가율

20.9%

자료 : 각 사 주 : 전년 동기 대비 기준

계속 증가할 수밖에 없다고 업계는 보고 있다.

수익성 개선 여부 주목해야

특히 2021년에는 택배 업체들의 수익성 개선이 예상되는 점을 눈여겨볼 만하다. 2020년에는 늘어난 주문량이 큰 폭의 수익성 개선으로 이어진 것은 아니었다.

급증하는 수요를 공급이 따라가지 못할 경우 보통 상품이나 서비스 가격이 상승하기 마련이다. 하지만 택배업은 소비자에게 시장 가격을 바로 적용하기 어려운 구조를 갖추고 있어 단가 인상이 어려웠다.

택배업계는 그간 택배 요금 인상을 수차례 추진해 왔지만 번번이 실패했다. 단가를 올리면 화주가 택배 업체를 바꿔 버릴 수 있기 때문이다. 따라서 국내 택배 업체들의 단가는 해외 국가들과 비교하면 현저히 낮은 수준으로 유지돼 왔다. 하지만 2021년에는 택배 단가 인상이 가능할 것으로 분석된다. 코로나19로 물동량이 급

증하면서 택배 운송 운전사들의 노동 강도가 크게 높아졌고 안타까운 사고들이 빈번하게 발생하기에 이르렀다.

소비자들 역시 이런 문제를 해소해야 한다는 목소리를 내기 시작했는데 이런 분위기로 인해 택배 단가 인상에 대한 사회적 공감대가 어느 정도 형성된 상태라는 분석이 나온다. 택배 운송 운전사들의 처우 개선 얘기가 나오고 있는데 이를 개선하기 위해 들어가는 비용은 곧 택배 단가 인상과 직결될 수밖에 없다. 업계에서는 향후 택배 단가가 인상된다면 택배 업체 실적에 긍정적인 영향을 미칠 것으로 내다보고 있다. 실제로 정부도 2020년 11월 택배 운전사 과로방지대책을 발표했다. 이를 통해 택배 가격 구조 개선을 추진 세부 과제로 제시했다.

다만, 택배 단가 인상이 소비자 부담 증가로 이어질 수 있는 만큼 이를 결정하기 전에 사회적 논가 반드시 필요하다고 밝혔다. 이런 단서가 있어 2021년 택배 단가 인상이 이뤄질 것이라고 낙관할 수 있는 상황은 아니다.

연간 택배 이용 횟수
99.3회

주 : 경제활동인구 3인당, 2019년

택배 이용 횟수

단위 : 개 ※연간 이용 횟수

■ 국민 1인당 ■ 경제활동인구 1인당

연도	국민 1인당	경제활동인구 1인당
2000년	2.4	5.0
2005년	11.1	22.3
2010년	25.0	48.8
2015년	35.7	67.9
2017년	44.8	84.9
2018년	49.1	2.4
2019년	53.8	99.3

자료 : 한국통합물류협회

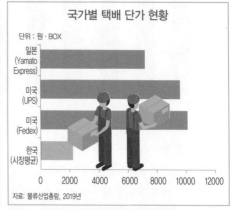

국가별 택배 단가 현황

단위 : 원·BOX

- 일본 (Yamato Express)
- 미국 (UPS)
- 미국 (Fedex)
- 한국 (시장평균)

0 2000 4000 6000 8000 10000 12000

자료: 물류산업총람, 2019년

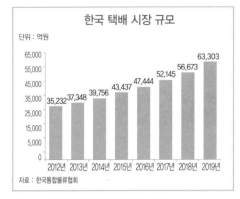

한국 택배 시장 규모

단위 : 억원

2012년	35,232
2013년	37,348
2014년	39,756
2015년	43,437
2016년	47,444
2017년	52,145
2018년	56,673
2019년	63,303

자료 : 한국통합물류협회

한국 택배 물동량

단위 : 만 박스

연도	물동량
2012년	140,598
2013년	150,931
2014년	162,325
2015년	181,596
2016년	204,666
2017년	231,946
2018년	254,278
2019년	278,980

자료 : 한국통합물류협회

택배 물동량

27억8980박스

주 : 2019년

국내 택배 시장 평균 단가

단위 : 원

연도	단가
2012년	2,506
2013년	2,475
2014년	2,449
2015년	2,392
2016년	2,318
2017년	2,248
2018년	2,229
2019년	2,269

자료 : 한국통합물류협회

택배 평균 단가

2269원

주 : 2019년

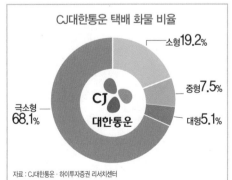

CJ대한통운 택배 화물 비율

- 소형 19.2%
- 중형 7.5%
- 대형 5.1%
- 극소형 68.1%

자료 : CJ대한통운 · 하이투자증권 리서치센터

2021 투자 포인트

코로나19 종식되면 물동량 줄 수도

2021년에도 택배 시장을 긍정적으로 바라보는 시각이 크지만 코로나19가 종식되면 택배 시장이 다소 침체될 수 있다는 견해도 나온다. 코로나19가 끝나면 이동의 자유가 생기고 그간 즐기지 못했던 오프라인 쇼핑의 매출 회복이 예상되는 만큼 택배 시장의 물동량 증가율이 둔화될 수 있기 때문이다.

해외 택배 업체들은 2020년 단가 인상 단행

택배 물동량이 급증하는 것은 한국의 얘기만은 아니다. 전 세계적인 추세다. 예컨대 미국은 밀려드는 주문량으로 인해 유피에스(UPS)와 페덱스(FEDEX) 등 주요 택배 회사들이 결국 배송료 인상을 결정한 상태다. 이들의 사례를 감안할 때 한국 택배 회사들 역시 2021년 단가를 인상할 수 있다는 전망에 더욱 힘이 실린다.

쿠팡의 택배 사업 진출도 관전 포인트

쿠팡의 물류 자회사인 쿠팡로지스틱스서비스(CLS)는 2020년 말 국토교통부에 화물 자동차 운송 사업자 신청서를 제출했다. 쿠팡은 그동안 회사가 선구매한 물품에 대해서만 배송해 왔는데 화물차 운송 사업 승인을 받게 되면 다른 업체의 물건을 대신 배송하는 '3자 배송'도 할 수 있게 된다.

돈의 흐름을 꿰뚫는
산업트렌드 2021

제1판 1쇄 인쇄 2020년 11월 30일
제1판 1쇄 발행 2020년 11월 30일

엮음 한경비즈니스 · 전병서
펴낸이 손희식
펴낸곳 한국경제신문 한경BP
책임편집 한경비즈니스
마케팅 한경BP
디자인 한국경제매거진
주소 서울특별시 중구 청파로463
기획출판팀 02-3604-590, 584
영업마케팅팀 02-3604-595, 583
FAX 02-3604-599

H | http://bp.hankyung.com
E | bp@hankyung.com
T | @hankbp
F | www.facebook.com/hankyungbp

등록 제2-315(1967. 5. 15)
ISBN 978-89-475-4671-3 (03320)